마린북스

이 책의 구성

문제 미리보기

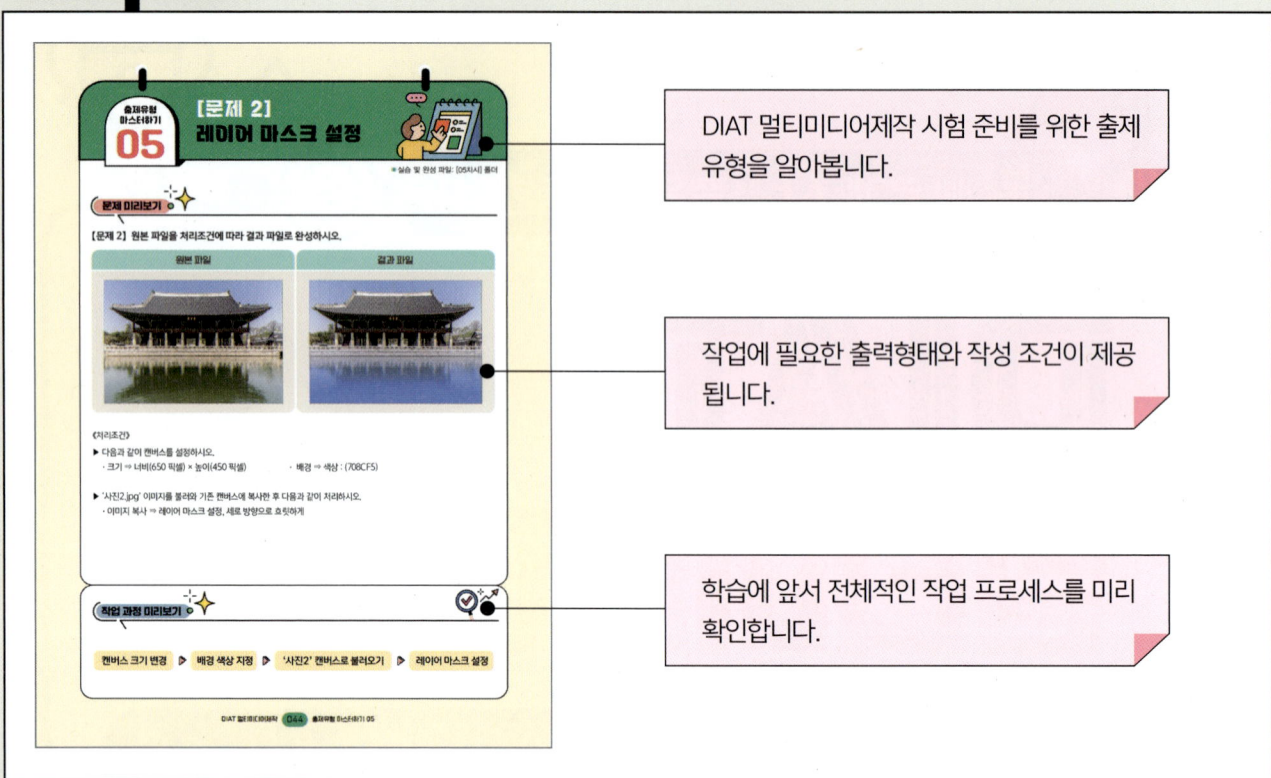

- DIAT 멀티미디어제작 시험 준비를 위한 출제 유형을 알아봅니다.
- 작업에 필요한 출력형태와 작성 조건이 제공됩니다.
- 학습에 앞서 전체적인 작업 프로세스를 미리 확인합니다.

출제 유형 따라하기

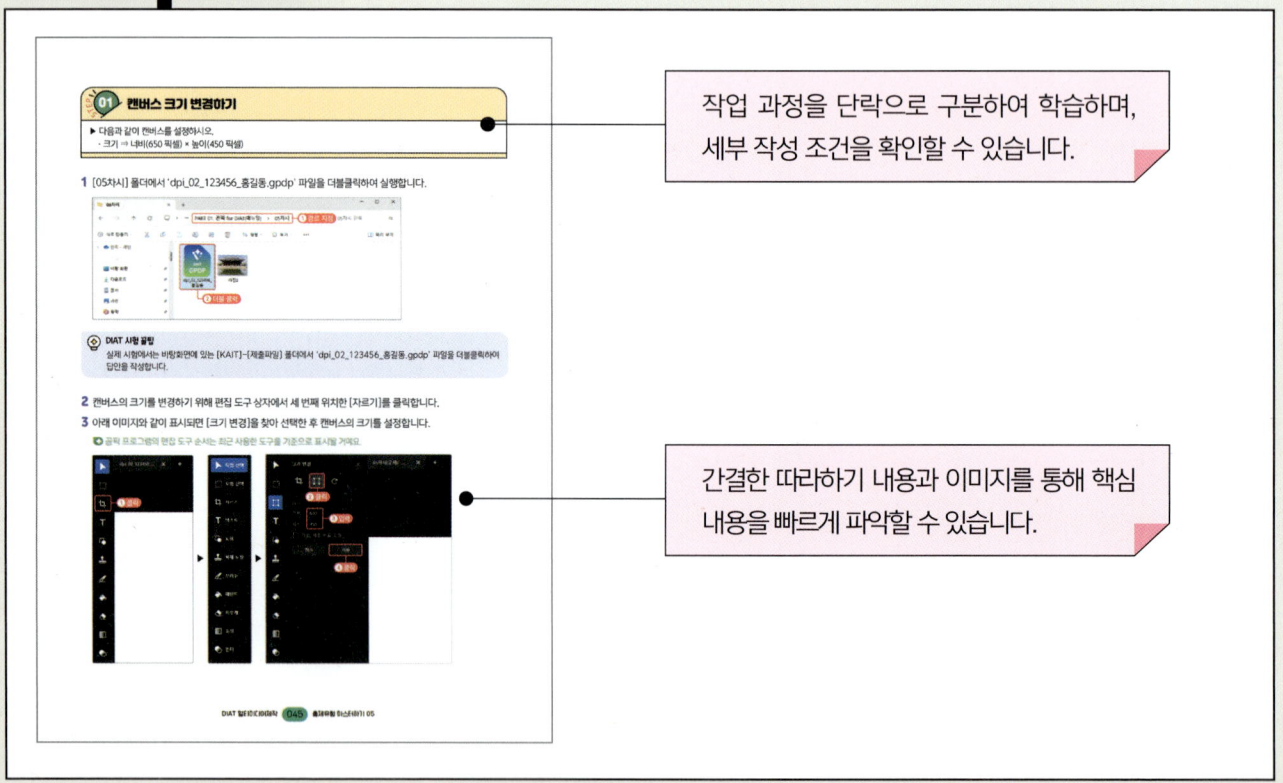

- 작업 과정을 단락으로 구분하여 학습하며, 세부 작성 조건을 확인할 수 있습니다.
- 간결한 따라하기 내용과 이미지를 통해 핵심 내용을 빠르게 파악할 수 있습니다.

◆ Digital Information Ability Test ◆

합격을 위한 TIP

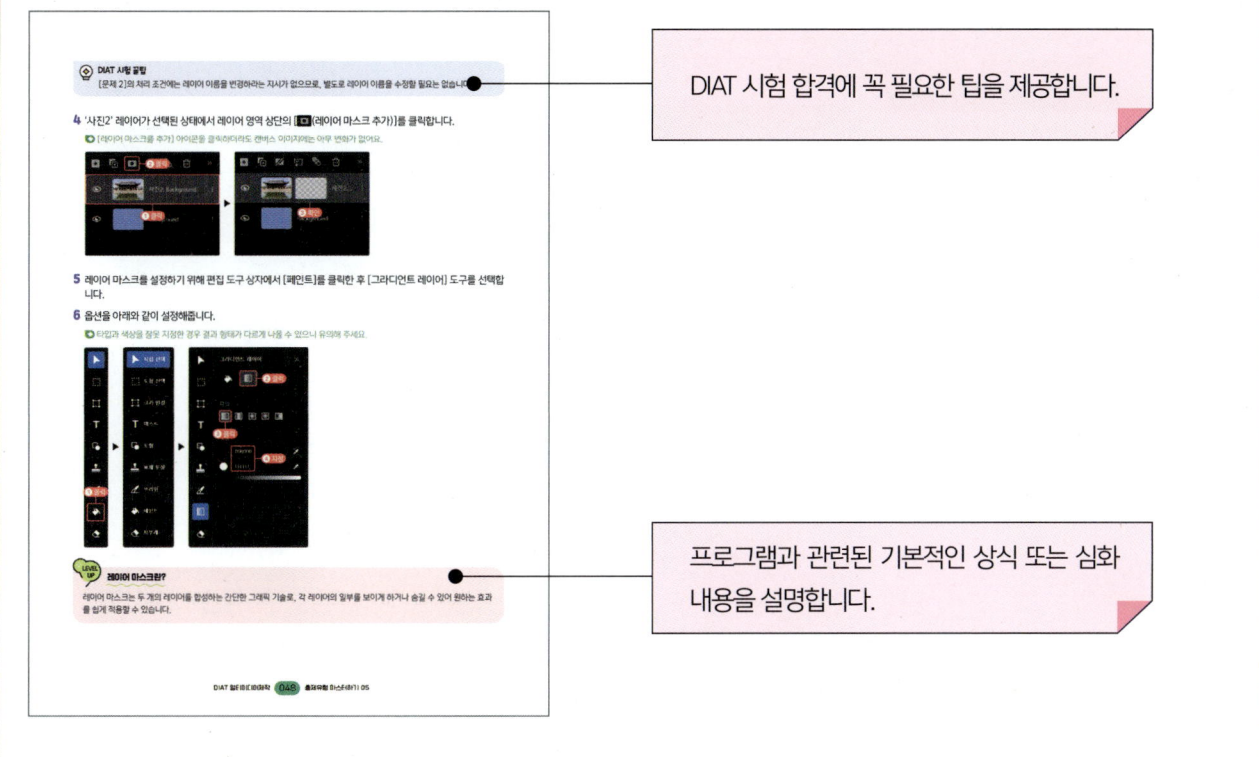

DIAT 시험 합격에 꼭 필요한 팁을 제공합니다.

프로그램과 관련된 기본적인 상식 또는 심화 내용을 설명합니다.

유형정리 연습문제

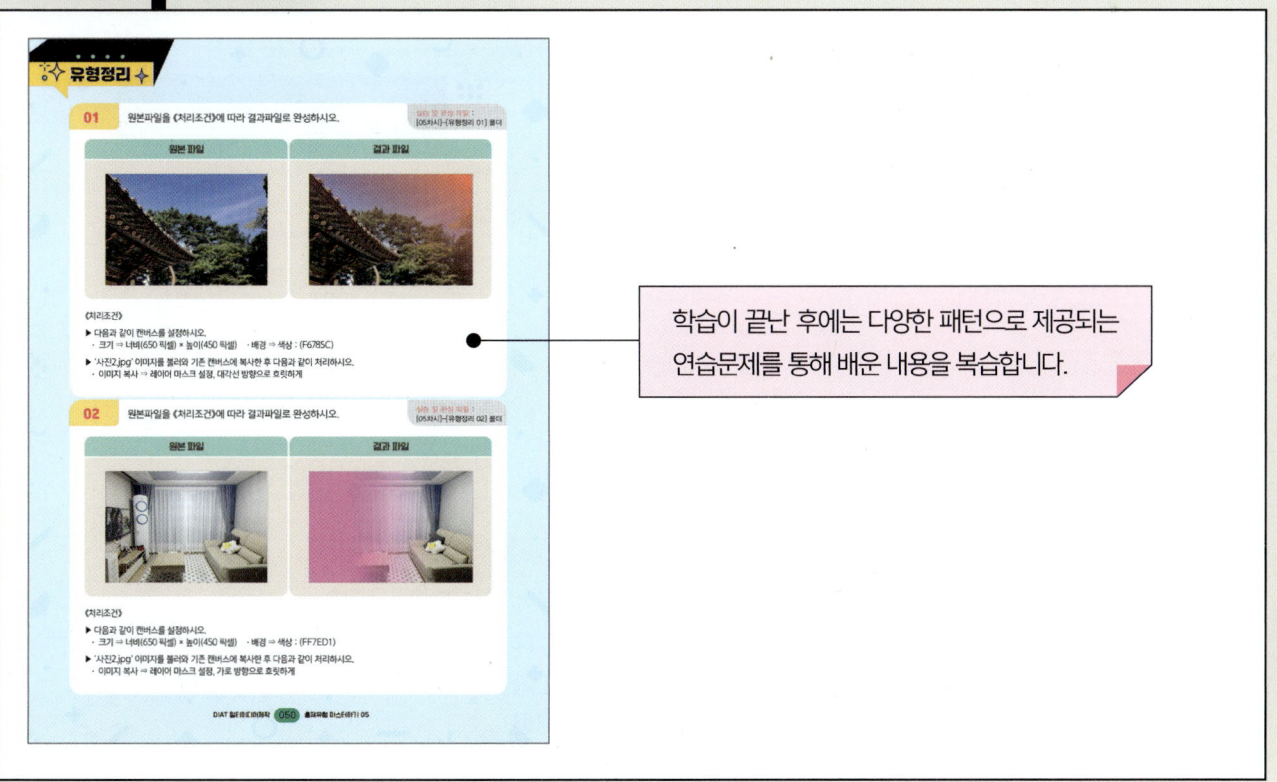

학습이 끝난 후에는 다양한 패턴으로 제공되는 연습문제를 통해 배운 내용을 복습합니다.

이 책의 구성

KAIT 공개 샘플 문제 & 실전 모의고사

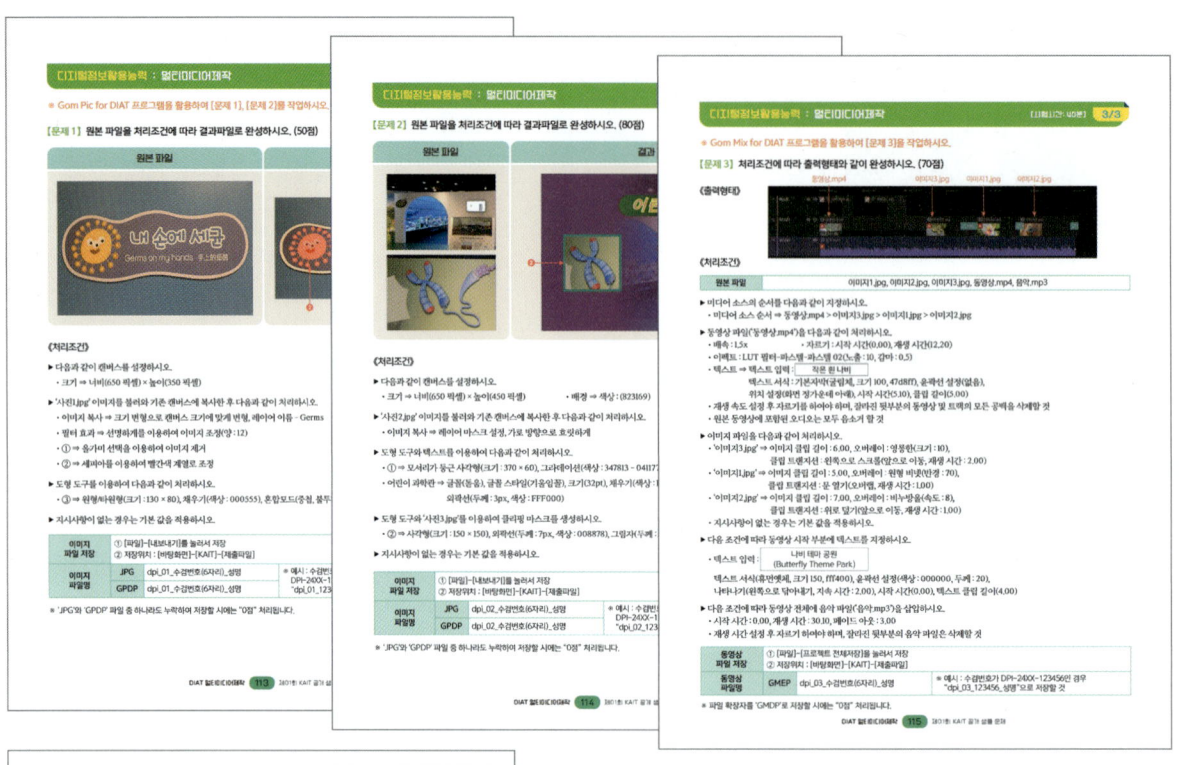

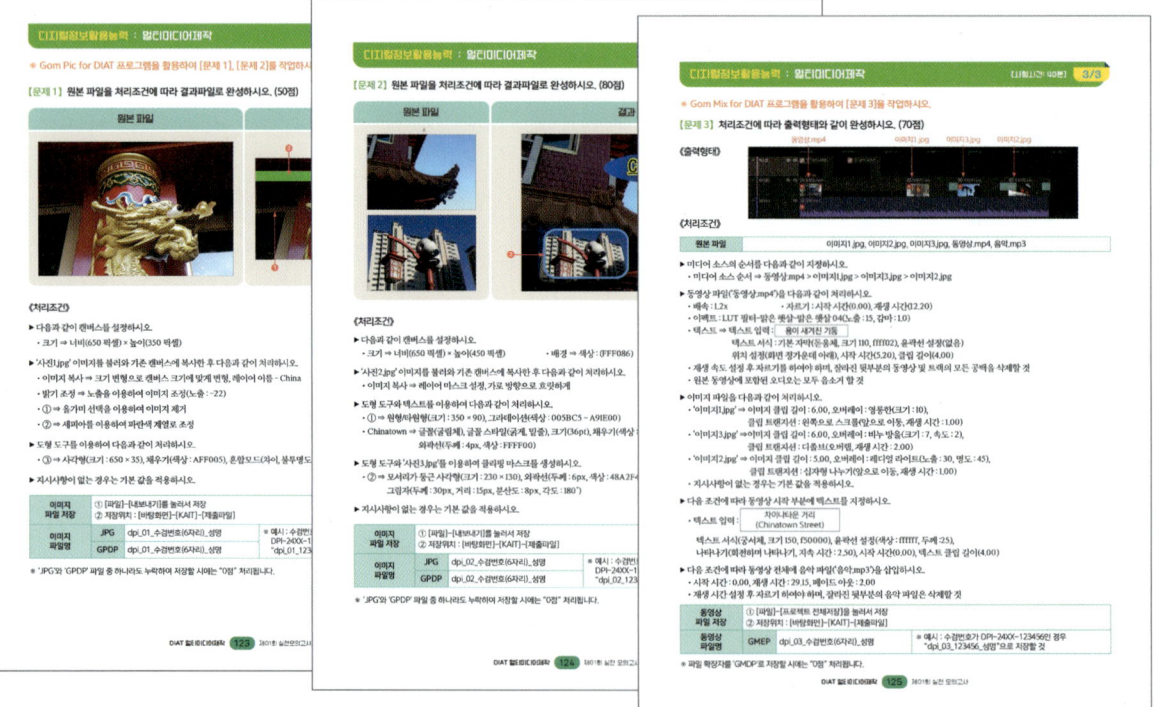

KAIT에서 제공하는 샘플 문제 2회분과, 과년도 문제 패턴을 분석하여 만든 실전모의고사 23회분을 제공합니다. 제한 시간 40분 안에 빠르고 정확하게 답안을 작성해 보세요.

◆ Digital Information Ability Test ◆

필수 단축키 활용

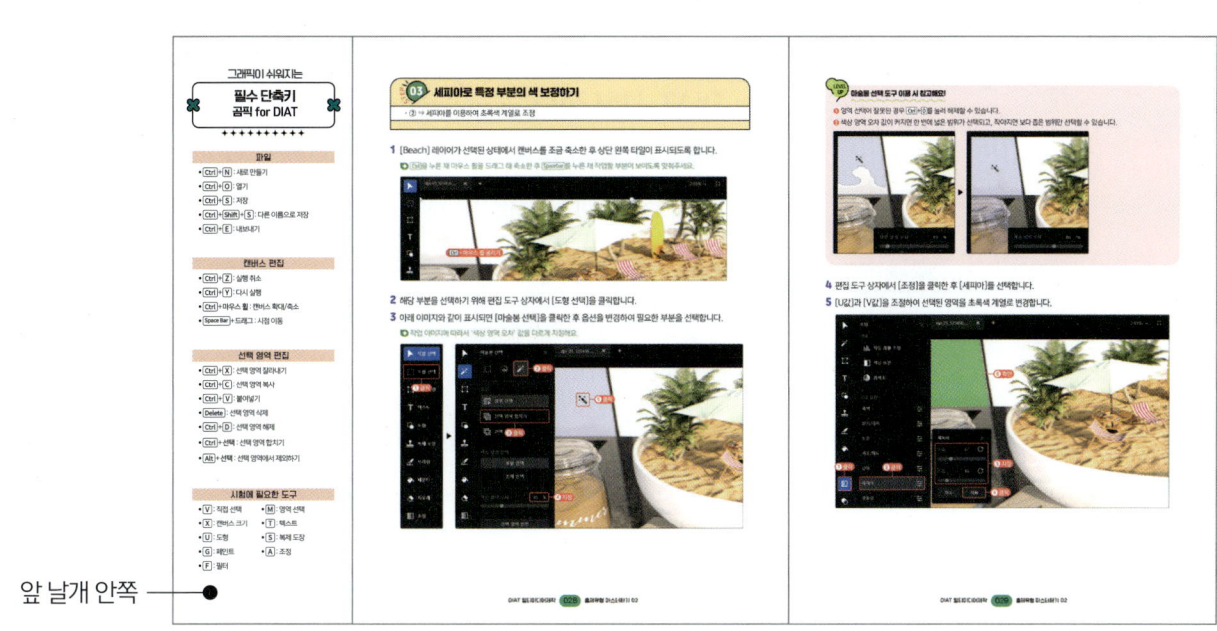

앞 날개 안쪽

뒷 날개 안쪽

책의 양쪽 날개를 펼쳤을 때 표시되는 <필수 단축키> 부록을 활용해 작업 시간을 단축시켜 보세요!

이 책의 목차

들어가기 전

- 이 책의 구성 ·· 002
- 이 책의 목차 ·· 006
- DIAT 시험 정보 ····································· 008
- 시험 환경 Check ··································· 010
- 시험 진행 과정 미리보기 ······················ 012

PART 01 출제유형 마스터하기

곰픽 for DIAT

- 유형 01 [문제 1] 캔버스 설정 및 이미지 조정 ········ 016
- 유형 02 [문제 1] 원본 이미지 편집하기 ················· 024
- 유형 03 [문제 1] 도형 추가 및 편집 ······················· 035
- 유형 04 [문제 1] 내보내기 기능으로 저장 ············· 042
- 유형 05 [문제 2] 레이어 마스크 설정 ···················· 046
- 유형 06 [문제 2] 도형 및 텍스트 추가 ··················· 054
- 유형 07 [문제 2] 클리핑 마스크 및 내보내기 저장 ··· 060

곰믹스 for DIAT

- 유형 08 [문제 3] 파일 추가 및 순서 지정 ·············· 070
- 유형 09 [문제 3] 동영상 파일 편집하기 ················· 079
- 유형 10 [문제 3] 이미지 파일 편집하기 ················· 088
- 유형 11 [문제 3] 텍스트 삽입하기 ·························· 095
- 유형 12 [문제 3] 음악 파일 삽입하기 ···················· 101
- 유형 13 [문제 3] 프로젝트로 저장하기 ·················· 106

◆ Digital Information Ability Test ◆

PART 02
KAIT 공개 샘플 문제

- 제01회 KAIT 공개 샘플 문제 ········· 114
- 제02회 KAIT 공개 샘플 문제 ········· 118

PART 03
실전모의고사

- 제01회 실전모의고사 ········· 124
- 제02회 실전모의고사 ········· 128
- 제03회 실전모의고사 ········· 132
- 제04회 실전모의고사 ········· 136
- 제05회 실전모의고사 ········· 140
- 제06회 실전모의고사 ········· 144
- 제07회 실전모의고사 ········· 148
- 제08회 실전모의고사 ········· 152
- 제09회 실전모의고사 ········· 156
- 제10회 실전모의고사 ········· 160
- 제11회 실전모의고사 ········· 164
- 제12회 실전모의고사 ········· 168
- 제13회 실전모의고사 ········· 172
- 제14회 실전모의고사 ········· 176
- 제15회 실전모의고사 ········· 180
- 제16회 실전모의고사 ········· 184
- 제17회 실전모의고사 ········· 188
- 제18회 실전모의고사 ········· 192
- 제19회 실전모의고사 ········· 196
- 제20회 실전모의고사 ········· 200
- 제21회 실전모의고사 ········· 204
- 제22회 실전모의고사 ········· 208
- 제23회 실전모의고사 ········· 212

DIAT 시험 정보

시험 과목

검정과목	사용 프로그램	검정방법	문항수	시험시간	배점	합격기준
프리젠테이션	MS 파워포인트	작업식	4문항	40분	200점	- 초급 : 80 ~ 119점 - 중급 : 120 ~ 159점 - 고급 : 160 ~ 200점
스프레드시트	MS 엑셀	작업식	5문항	40분	200점	
워드프로세서	한컴오피스 한글	작업식	2문항	40분	200점	
멀티미디어제작	포토샵+곰믹스 /곰픽+곰믹스	작업식	3문항	40분	200점	
인터넷정보검색	인터넷		8문항	40분	100점	- 초급 : 40 ~ 59점 - 중급 : 60 ~ 79점 - 고급 : 80 ~ 100점
정보통신상식	CBT 프로그램	객관식	40문항	40분	100점	

멀티미디어제작 출제 기준

문항	점수	과목	출제 내용
문제 1	50점	곰픽 (그래픽 편집)	캔버스 크기 설정
			이미지 복사 후 크기 조정
			레이어 이름 변경
			이미지 밝기 조정
			복제 도장 또는 올가미 선택으로 이미지 편집
			선택 부분 색상 변경
			도형 추가 및 크기 지정
			도형의 속성 및 혼합모드 변경
			파일 저장 규칙에 따라 저장
문제 2	80점	곰픽 (그래픽 편집)	배경 색상 지정
			이미지 복사 후 레이어 마스크 설정
			그라데이션 지정
			텍스트 입력 및 속성 변경
			클리핑 마스크 생성
			파일 저장 규칙에 따라 저장
문제 3	70점	곰믹스 (동영상 편집)	미디어 소스 타임라인에 배치
			클립 재생 시간 변경
			이미지 재생 시간과 오버레이 효과 지정
			텍스트 추가
			음악 파일 추가
			파일 저장 규칙에 따라 저장

멀티미디어제작 시험지 미리보기

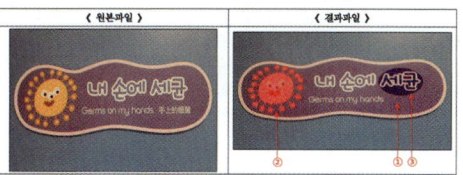

시험 환경 Check

DIAT 멀티미디어제작(곰픽+곰믹스)

DIAT 멀티미디어제작(곰픽+곰믹스) 시험은 '곰픽을 이용한 그래픽 편집'과 '곰믹스를 활용한 동영상 편집' 능력을 평가하며, 이 과정에서 여러 소스 파일을 다뤄야 합니다. 아래 내용을 참고하여 실제 시험 환경을 점검하고, 시험 전후의 폴더 상태를 미리 확인해 보세요.

시험 전 [KAIT]-[제출파일] 폴더

DIAT 멀티미디어제작 시험에서는 수검에 필요한 모든 파일이 [KAIT]-[제출파일] 폴더 안에 제공됩니다. 'dpi 과목 _01 문제번호 _123456 수검번호 _홍길동 성명 ' 형식으로 만들어진 3개의 파일은 답안 작성을 위한 빈 파일이므로, 편리한 수검 환경을 위해 해당 파일을 열어 작업을 진행하도록 합니다.

❶ 바탕화면의 [KAIT]-[제출파일] 폴더 안에 시험에 필요한 모든 파일들이 표시됩니다.
❷ 문제1 , 문제2 : 그래픽 편집을 위한 곰픽 전용 'gpdp' 파일 2개가 문제 번호에 맞추어 제공됩니다.
❸ 문제1 , 문제2 : 그래픽 편집에 필요한 소스(사진1, 사진2, 사진3)가 제공됩니다.
❹ 문제3 : 동영상 편집을 위한 곰믹스 전용 'gmep' 파일이 [dpi_03_123456_내이름] 폴더 안에 제공됩니다.
❺ 문제3 : 동영상 편집에 필요한 소스(동영상, 음악, 이미지1, 이미지2, 이미지3)가 제공됩니다.

답안 작성 후 [KAIT]-[제출파일] 폴더

문제 1(곰픽), 문제 2(곰픽), 문제 3(곰믹스)을 모두 제대로 작성했다면 [제출파일] 폴더에는 아래와 같이 파일이 존재하게 됩니다.

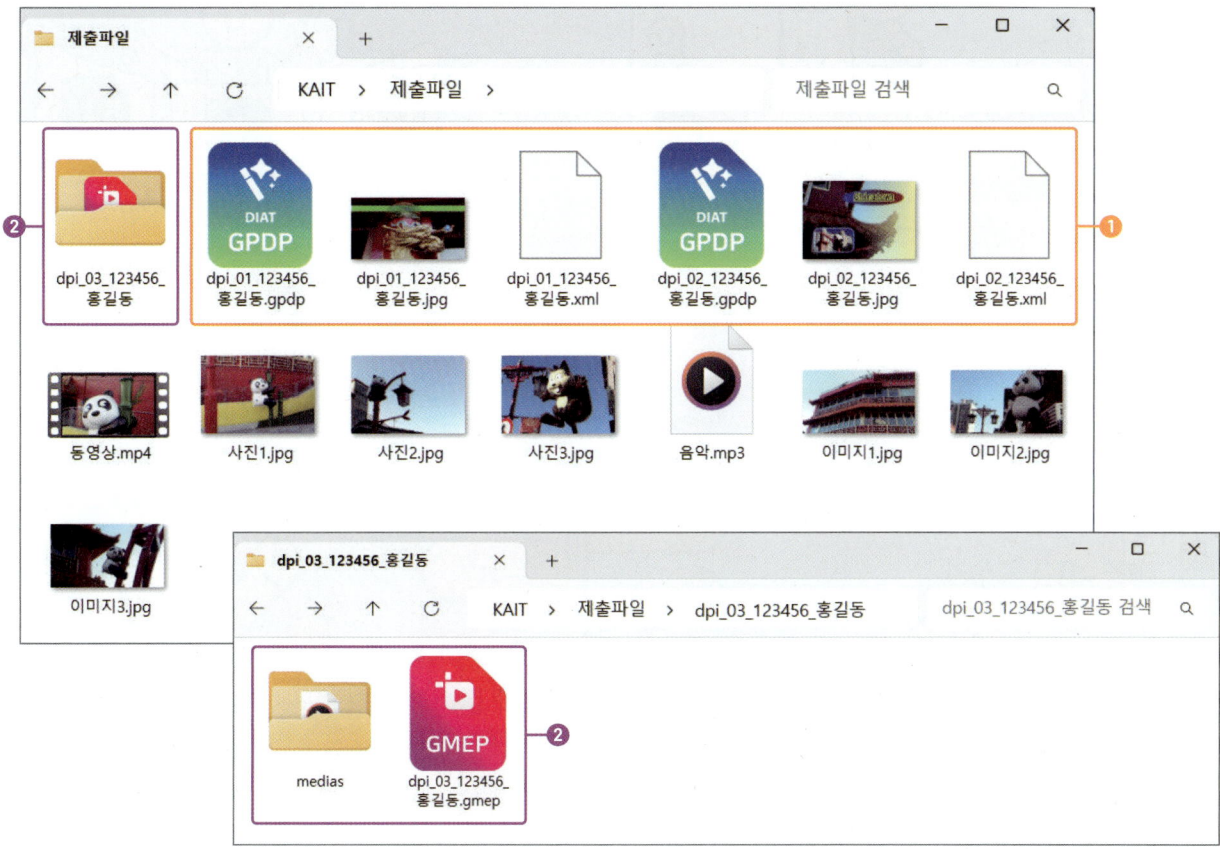

❶ 작업이 완료된 곰픽 전용 'gpdp' 파일과 함께 동일한 이름의 jpg 파일과 xml 파일이 추가됩니다.
- dpi_01_123456_홍길동.gpdp : 곰픽 편집을 위한 원본 파일
- dpi_01_123456_홍길동.jpg : 곰픽 편집이 완료된 이미지 형식의 파일
- dpi_01_123456_홍길동.xml : DIAT 멀티미디어제작 시험 채점을 위해 생성된 파일

❷ [제출파일]-[dpi_03_123456_홍길동] 폴더 안에는 작업이 완료된 곰믹스 전용 'gmep' 파일과 함께 [medias] 폴더가 표시됩니다.
- [medias]는 프로젝트에 사용된 소스들이 모여있는 폴더로, 최종 저장 후 자동 생성됨

시험 진행 과정 미리보기

01 www.ihd.or.kr 회원가입   02 시험 접수

05 시험 진행   04 시험 당일, 고사장 도착   03 꾸준한 연습

06 약 1달 후 합격자 발표   07 자격증 발급 신청

memo

Digital Information Ability Test

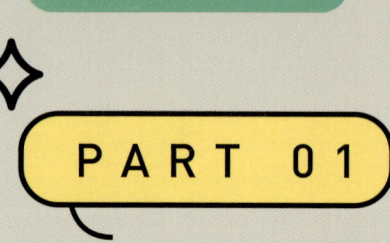

PART 01

출제유형 마스터하기

 DIAT 멀티미디어제작 시험의 최신 출제 유형을
연습하여 발 빠르게 자격증을 취득해 보세요!

곰픽 for DIAT

- **유형 01** [문제 1] 캔버스 설정 및 이미지 조정
- **유형 02** [문제 1] 원본 이미지 편집하기
- **유형 03** [문제 1] 도형 추가 및 편집
- **유형 04** [문제 1] 내보내기 기능으로 저장
- **유형 05** [문제 2] 레이어 마스크 설정
- **유형 06** [문제 2] 도형 및 텍스트 추가
- **유형 07** [문제 2] 클리핑 마스크 및 내보내기 저장

곰믹스 for DIAT

- **유형 08** [문제 3] 파일 추가 및 순서 지정
- **유형 09** [문제 3] 동영상 파일 편집하기
- **유형 10** [문제 3] 이미지 파일 편집하기
- **유형 11** [문제 3] 텍스트 삽입하기
- **유형 12** [문제 3] 음악 파일 삽입하기
- **유형 13** [문제 3] 프로젝트로 저장하기

[문제 1] 캔버스 설정 및 이미지 조정

❋ 실습 및 완성 파일: [01차시] 폴더

【문제 1】 원본 파일을 처리조건에 따라 결과 파일로 완성하시오.

원본 파일	결과 파일

《처리조건》

▶ 다음과 같이 캔버스를 설정하시오.
　· 크기 ⇒ 너비(650 픽셀) × 높이(350 픽셀)

▶ '사진1.jpg' 이미지를 불러와 기존 캔버스에 복사한 후 다음과 같이 처리하시오.
　· 이미지 복사 ⇒ 크기 변형으로 캔버스 크기에 맞게 변형, 레이어 이름 – Beach
　· 밝기 조정 ⇒ 밝기/대비를 이용하여 이미지 조정 (밝기 : 15, 대비 : 10)

작업 과정 미리보기

캔버스 크기 변경 ▷ '사진1' 캔버스로 불러오기 ▷ 사진의 크기 변형 ▷

'사진1' 레이어 이름 변경 ▷ 이미지 조정

01 캔버스 크기 변경하기

▶ 다음과 같이 캔버스를 설정하시오.
  · 크기 ⇒ 너비(650 픽셀) × 높이(350 픽셀)

1 [01차시] 폴더에서 'dpi_01_123456_홍길동.gpdp' 파일을 더블클릭하여 실행합니다.

> **DIAT 시험 꿀팁**
> 실제 시험에서는 바탕화면에 있는 [KAIT]-[제출파일] 폴더에서 'dpi_01_123456_홍길동.gpdp' 파일을 더블클릭하여 답안을 작성합니다.(010-011p 참고)

2 캔버스의 크기를 변경하기 위해 편집 도구 상자에서 세 번째 위치한 [자르기]를 클릭합니다.

3 아래와 같이 표시되면 [크기 변경]을 선택한 후 캔버스의 크기를 설정합니다.

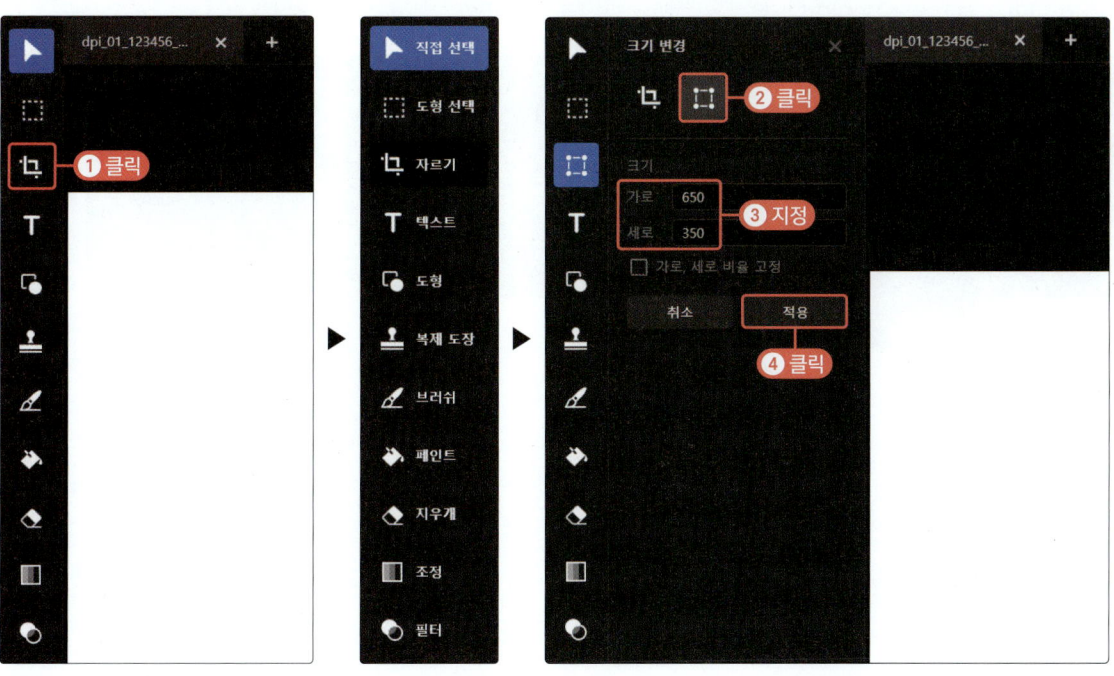

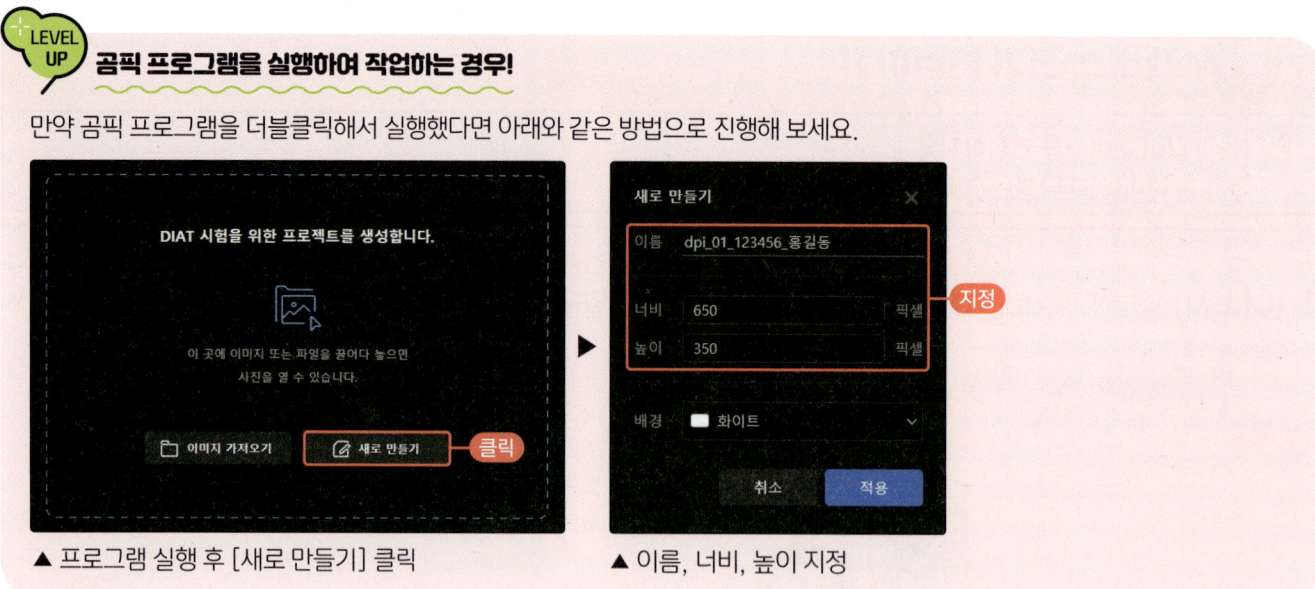

곰픽 프로그램을 실행하여 작업하는 경우!

만약 곰픽 프로그램을 더블클릭해서 실행했다면 아래와 같은 방법으로 진행해 보세요.

▲ 프로그램 실행 후 [새로 만들기] 클릭　　▲ 이름, 너비, 높이 지정

STEP 02 캔버스로 사진 불러오기 및 레이어 이름 변경하기

▶ '사진1.jpg' 이미지를 불러와 기존 캔버스에 복사한 후 다음과 같이 처리하시오.
  · 이미지 복사 ⇒ 크기 변형으로 캔버스 크기에 맞게 변형, 레이어 이름 – Beach

1 작업에 필요한 사진을 불러오기 위해 [파일] 탭-[열기]를 클릭합니다.

 Ctrl+O를 눌러 파일을 불러올 수도 있어요.

2 [01차시] 폴더에서 '**사진1.jpg**' 파일을 불러온 후 [**현재 파일에서 열기**]를 클릭합니다.

> ➕ 크기를 변경한 캔버스로 불러오기 위해 [현재 파일에서 열기]를 선택해요.

> 💡 **DIAT 시험 꿀팁**
> 실제 시험에서는 바탕화면에 있는 [KAIT]-[제출파일] 폴더에서 작업에 필요한 이미지를 찾을 수 있습니다. (010-011p 참고)

3 아래와 같이 캔버스 크기에 맞추어 그림의 크기를 조절합니다.

> ➕ 그림의 오른쪽 가운데 조절점을 드래그하여 맞춰보세요.

4 레이어 영역에서 '사진1'에 해당하는 레이어 이름을 더블클릭하여 **이름을 변경**합니다.

> ➕ 016페이지의 처리조건을 통해 변경해야 하는 레이어 이름을 확인할 수 있어요.

STEP 03 밝기/대비 기능으로 이미지 조정하기

· 밝기 조정 ⇒ 밝기/대비를 이용하여 이미지 조정 (밝기 : 15, 대비 : 10)

1 편집 도구 상자에서 [조정]을 클릭한 후 [밝기/대비]를 찾아 적용합니다.

▲ 밝기/대비 조정 전

▲ 밝기/대비 조정 후

💡 DIAT 시험 꿀팁

시험에서 [조정] 또는 [필터] 도구를 이용해 이미지를 조정하는 문제가 출제되고 있습니다. 문제지에 제시된 기능과 수치 값을 정확히 입력하여 출력형태와 동일하게 이미지를 편집합니다.

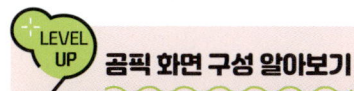
곰픽 화면 구성 알아보기

❶ **탑바 메뉴** : 파일 관리, 환경설정 등 프로젝트의 전반적인 작업이 가능한 탑바 메뉴 영역입니다.
❷ **편집 도구 상자** : 이미지 편집을 위한 도구를 모아놓은 영역으로 마우스 포인터를 위치시키면 메뉴의 이름이 활성화됩니다. 각 메뉴를 클릭하여 기능 및 옵션을 변경할 수 있습니다.
❸ **레이어 영역** : 레이어와 관련된 전반적인 부분 및 레이어 마스크, 클리핑 마스크, 혼합 모드 등의 기능을 제공하는 영역입니다.

2 작업이 끝나면 [파일] 탭-[저장]을 클릭하여 저장합니다.

 Ctrl + S 를 눌러 파일을 저장할 수도 있어요.

◆ **DIAT 시험 꿀팁**
파일 저장은 시험에서 가장 중요한 단계입니다. 시험이 진행되는 40분 동안 수시로 저장하여 작업된 내용이 누락되지 않도록 유의합니다. 제출용 내보내기 저장 방법은 042페이지에서 학습 예정입니다.

유형정리

01 원본파일을 《처리조건》에 따라 결과파일로 완성하시오.

실습 및 완성 파일 : [01차시]-[유형정리 01] 폴더

원본 파일	결과 파일

《처리조건》

▶ 다음과 같이 캔버스를 설정하시오.
 · 크기 ⇒ 너비(650 픽셀) × 높이(350 픽셀)

▶ '사진1.jpg' 이미지를 불러와 기존 캔버스에 복사한 후 다음과 같이 처리하시오.
 · 이미지 복사 ⇒ 크기 변형으로 캔버스 크기에 맞게 변형, 레이어 이름 – Cake
 · 필터 효과 ⇒ 선명하게를 이용하여 이미지 조정 (양 : 10)

02 원본파일을 《처리조건》에 따라 결과파일로 완성하시오.

실습 및 완성 파일 : [01차시]-[유형정리 02] 폴더

원본 파일	결과 파일

《처리조건》

▶ 다음과 같이 캔버스를 설정하시오.
 · 크기 ⇒ 너비(650 픽셀) × 높이(350 픽셀)

▶ '사진1.jpg' 이미지를 불러와 기존 캔버스에 복사한 후 다음과 같이 처리하시오.
 · 이미지 복사 ⇒ 크기 변형으로 캔버스 크기에 맞게 변형, 레이어 이름 – Bookcase
 · 밝기 조정 ⇒ 감마를 이용하여 이미지 조정 (어두운 영역 : 0.64)

03 원본파일을 《처리조건》에 따라 결과파일로 완성하시오.

실습 및 완성 파일 :
[01차시]-[유형정리 03] 폴더

원본 파일	결과 파일

《처리조건》

▶ 다음과 같이 캔버스를 설정하시오.
 · 크기 ⇒ 너비(650 픽셀) × 높이(350 픽셀)

▶ '사진1.jpg' 이미지를 불러와 기존 캔버스에 복사한 후 다음과 같이 처리하시오.
 · 이미지 복사 ⇒ 크기 변형으로 캔버스 크기에 맞게 변형, 레이어 이름 – Halloween
 · 밝기 조정 ⇒ 노출을 이용하여 이미지 조정 (노출 : 28)

04 원본파일을 《처리조건》에 따라 결과파일로 완성하시오.

실습 및 완성 파일 :
[01차시]-[유형정리 04] 폴더

원본 파일	결과 파일

《처리조건》

▶ 다음과 같이 캔버스를 설정하시오.
 · 크기 ⇒ 너비(650 픽셀) × 높이(350 픽셀)

▶ '사진1.jpg' 이미지를 불러와 기존 캔버스에 복사한 후 다음과 같이 처리하시오.
 · 이미지 복사 ⇒ 크기 변형으로 캔버스 크기에 맞게 변형, 레이어 이름 – Plant
 · 필터 효과 ⇒ 선명하게를 이용하여 이미지 조정 (양 : 6)

[문제 1]
원본 이미지 편집하기

※ 실습 및 완성 파일: [02차시] 폴더

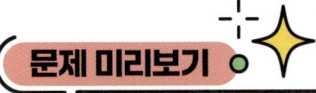 문제 미리보기

【문제 1】 원본 파일을 처리조건에 따라 결과 파일로 완성하시오.

원본 파일	결과 파일

《처리조건》
- ① ⇒ 복제 도장을 이용하여 이미지 제거
- ② ⇒ 세피아를 이용하여 초록색 계열로 조정

 작업 과정 미리보기

캔버스 확대 ▶ 복제 도장으로 이미지의 특정 부분 제거 ▶ 이미지 영역 지정 ▶ 세피아로 색 보정

세밀한 작업을 위해 캔버스 확대하기

1 [02차시] 폴더에서 'dpi_01_123456_홍길동.gpdp' 파일을 더블클릭하여 실행한 후 [Beach] 레이어를 선택합니다.

> 실제 시험에서는 바탕화면에 있는 [KAIT]-[제출파일]에서 작업에 필요한 파일을 열어주세요. (010-011p 참고)

2 Ctrl 을 누른 상태에서 마우스 휠을 굴려 캔버스를 확대합니다.

3 Spacebar 를 눌러 마우스 포인터가 ✋ 모양으로 변경되면 캔버스를 드래그하여 작업할 부분이 잘 보이도록 맞춰줍니다.

> 냅킨 아래쪽 밑줄을 지우기 위해 해당 부분이 잘 보이도록 확대해 주세요.

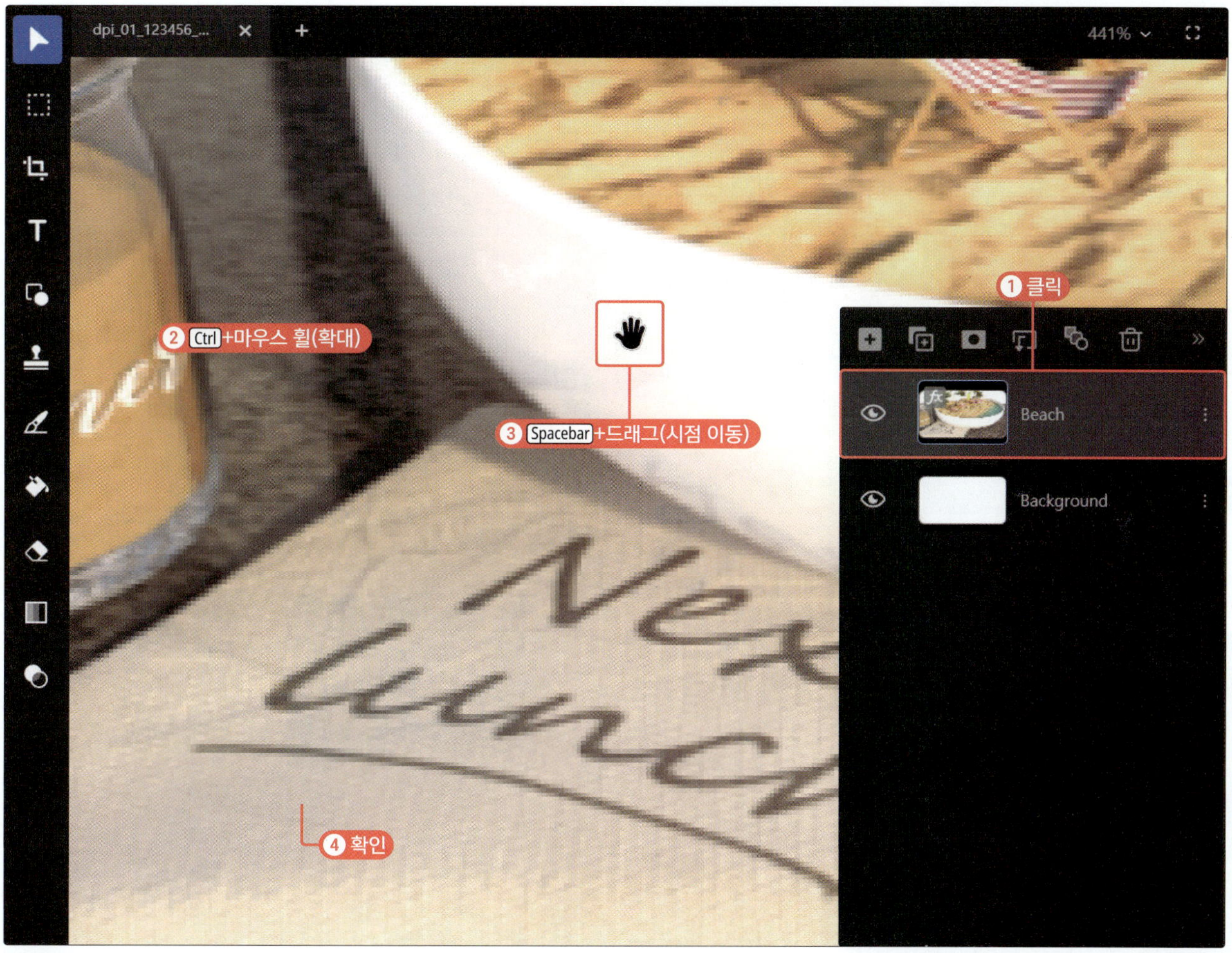

화면과 관련된 단축키 살펴보기

❶ 화면 확대 및 축소 : Ctrl 을 누른 채 마우스 휠 굴리기
❷ 화면 시점 이동 : Spacebar 를 누른 채 캔버스를 드래그

 복제 도장으로 이미지 제거하기

· ① ⇒ 복제 도장을 이용하여 이미지 제거

1 편집 도구 상자에서 [복제 도장]을 클릭하여 크기를 20px 정도로 맞춰줍니다.

2 Alt 를 누른 채 냅킨의 빈 곳을 선택합니다.

> 반드시 [Beach] 레이어가 선택된 상태에서 작업하도록 해요.

3 이번에는 Alt 를 누르지 않은 상태에서 제거할 부분을 클릭하거나 드래그하여 지워줍니다.

복제 도장 작업 시 참고해요!

❶ 작업 결과가 마음에 들지 않을 경우 Ctrl+Z를 여러 번 눌러서 단계를 되돌릴 수 있어요.
❷ 제거할 영역이 넓어 자연스럽게 복제되지 않을 때는 Alt를 누른 채 주변의 새로운 영역을 다시 선택한 다음 작업해 보세요.

DIAT 시험 꿀팁

[문제 1]에서는 '올가미 선택' 또는 '복제 도장' 도구로 이미지의 특정 부분을 제거하거나 복사하는 문제가 출제되고 있어요. [02차시] 폴더의 '올가미_복제도장.gpdp' 파일을 열어 [새로운 파일로 열기]를 클릭 후 기능을 연습해 보세요.

・올가미 선택을 이용하여 붉은색 공룡 제거하기

① [올가미 선택] 도구로 붉은색 공룡을 덮을 영역을 선택 → 영역 복사(Ctrl+C)

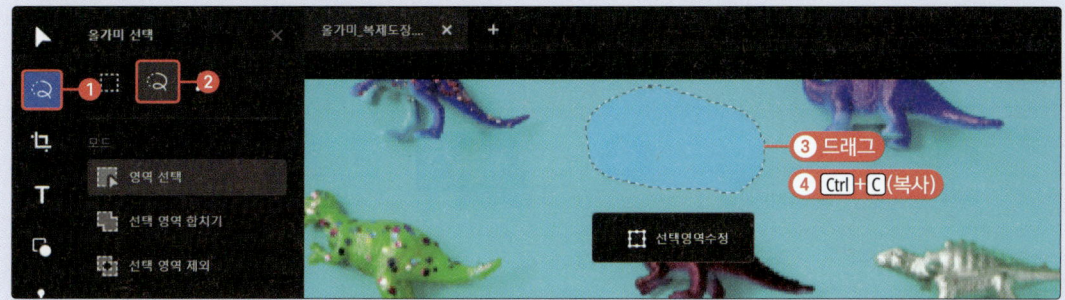

② 선택된 영역을 붙여넣기(Ctrl+V) → 붉은색 공룡 위치에 레이어를 이동시킨 후 크기 조절

・복제 도장을 이용하여 은색 공룡 복사하기

① 원본 이미지가 있는 레이어 선택
② [복제 도장] 도구의 크기를 40px 정도로 지정 → Alt를 누른 채 은색 공룡 선택
③ 은색 공룡의 아래쪽을 드래그하여 이미지 복사

 **선택 도구 연습하기**

다양한 도구를 활용해 이미지에서 특정 부분을 선택하는 연습을 해보겠습니다. [02차시] 폴더의 '선택연습.gpdp' 파일을 열어 [새로운 파일로 열기]를 클릭 후 기능을 연습해 보세요.

· 마술봉 선택을 이용하여 3개의 열매 색 변경하기

❶ [마술봉 선택] 도구의 옵션을 아래와 같이 지정 → 선택할 부분을 연속 클릭

➕ 선택 영역 오차 값이 커지면 넓은 범위가 선택되고, 작아지면 좁은 범위만 선택할 수 있어요.

➕ Ctrl + Z 를 누르면 전 단계로 이동, Ctrl + D 를 누르면 모든 선택을 해제할 수 있어요.

❷ [조정]-[색조/채도]를 이용하여 빨간색 계열로 변경 → Ctrl + D 를 눌러 선택 해제

· 도형 선택을 이용하여 파인애플을 선택한 후 복사하기

❶ [도형 선택] 도구의 옵션을 아래와 같이 지정 → 드래그하여 파인애플 선택

➕ 선택 영역을 드래그한 후 주변에 표시된 [선택영역수정]을 클릭하여 범위 수정이 가능해요.

❷ '선택 영역 제외' 옵션을 설정 → 드래그하여 파인애플 안쪽 선택

❸ 선택 영역 복사(Ctrl+C) → 붙여넣기(Ctrl+V) → 위치 조절 → Ctrl+D를 눌러 선택 해제

 세피아로 특정 부분의 색 보정하기

· ② ⇒ 세피아를 이용하여 초록색 계열로 조정

1 [Beach] 레이어가 선택된 상태에서 캔버스를 조금 축소한 후 상단 왼쪽 타일이 표시되도록 합니다.

➕ `Ctrl`을 누른 채 마우스 휠을 드래그 해 축소한 후 `Spacebar`를 누른 채 작업할 부분이 보이도록 맞춰주세요.

2 해당 부분을 선택하기 위해 편집 도구 상자에서 [도형 선택]을 클릭합니다.

3 아래와 같이 표시되면 [마술봉 선택]을 클릭한 후 옵션을 변경하여 필요한 부분을 선택합니다.

➕ 작업 이미지에 따라서 '색상 영역 오차' 값을 다르게 지정해요.

LEVEL UP 마술봉 선택 도구 이용 시 참고해요!

❶ 영역 선택이 잘못된 경우 `Ctrl`+`D`를 눌러 해제할 수 있습니다.
❷ 색상 영역 오차 값이 커지면 한 번에 넓은 범위가 선택되고, 작아지면 보다 좁은 범위만 선택할 수 있습니다.

4 편집 도구 상자에서 [조정]을 클릭한 후 [세피아]를 선택합니다.

5 [U값]과 [V값]을 조절하여 선택된 영역을 **초록색 계열**로 변경합니다.

> **DIAT 시험 꿀팁**
> [문제 1]에서는 특정 영역의 색상을 변경하는 문제가 고정적으로 출제됩니다. '세피아' 또는 '색조/채도' 중 처리조건에 명시된 기능을 이용하여 비슷한 색상이 나오도록 옵션 값을 적절히 조정하여 맞춰주세요.

6 Ctrl+D를 눌러 선택된 영역을 해제합니다.

7 작업이 끝나면 [파일] 탭-[저장]을 클릭하거나 Ctrl+S를 눌러 파일을 저장합니다.

➕ 시험이 진행되는 40분 동안 수시로 저장하여 작업된 내용이 누락되지 않도록 해요.

01 원본파일을 《처리조건》에 따라 결과파일로 완성하시오.

실습 및 완성 파일 : [02차시]-[유형정리 01] 폴더

원본 파일	결과 파일

《처리조건》
- ① ⇒ 올가미 선택을 이용하여 이미지 복사
- ② ⇒ 색조/채도를 이용하여 파란색 계열로 조정

02 원본파일을 《처리조건》에 따라 결과파일로 완성하시오.

실습 및 완성 파일 : [02차시]-[유형정리 02] 폴더

원본 파일	결과 파일

《처리조건》
- ① ⇒ 복제 도장을 이용하여 이미지 제거
- ② ⇒ 색조/채도를 이용하여 노란색 계열로 조정

03 원본파일을 《처리조건》에 따라 결과파일로 완성하시오.

실습 및 완성 파일 : [02차시]-[유형정리 03] 폴더

원본 파일	결과 파일

《처리조건》
- ① ⇒ 올가미 선택을 이용하여 이미지 제거
- ② ⇒ 세피아를 이용하여 보라색 계열로 조정

04 원본파일을 《처리조건》에 따라 결과파일로 완성하시오.

실습 및 완성 파일 : [02차시]-[유형정리 04] 폴더

원본 파일	결과 파일

《처리조건》
- ① ⇒ 복제 도장을 이용하여 이미지 복사
- ② ⇒ 세피아를 이용하여 파란색 계열로 조정

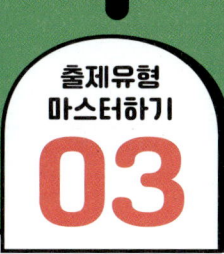

[문제 1]
도형 추가 및 편집

✱실습 및 완성 파일: [03차시] 폴더

【문제 1】 원본 파일을 처리조건에 따라 결과 파일로 완성하시오.

원본 파일	결과 파일

《처리조건》

▶ 도형 도구를 이용하여 다음과 같이 처리하시오.
- ③ ⇒ 원형/타원형(크기 : 440 × 110), 채우기(색상 : 003AFF), 혼합모드(중첩, 불투명도 : 55)

도형 추가 ▷ 도형 크기 지정 ▷ 도형 채우기 색 변경 ▷ 혼합모드 지정

 원형/타원형 도형 추가하기

▶ 도형 도구를 이용하여 다음과 같이 처리하시오.
 · ③ ⇒ 채우기(색상 : 003AFF)

1 [03차시] 폴더에서 'dpi_01_123456_홍길동.gpdp' 파일을 더블클릭하여 실행한 후 [Beach] 레이어를 선택합니다.

> 💡 실제 시험에서는 바탕화면에 있는 [KAIT]-[제출파일]에서 작업에 필요한 파일을 열어주세요. (010-011p 참고)

2 편집 도구 상자에서 [도형]을 클릭한 후 [원형/타원형]을 선택합니다.

3 옵션에서 [채우기]-[단색]을 선택해 색상 코드를 입력한 다음 Enter 를 눌러 서식을 미리 변경합니다.

> 💡 '외곽선' 또는 '그림자'가 활성화 되었다면 반드시 해제해주세요.
> 💡 색상 코드에 영문 입력이 되지 않을 경우, 한/영 키를 눌러 영문 입력 상태에서 작업해요.

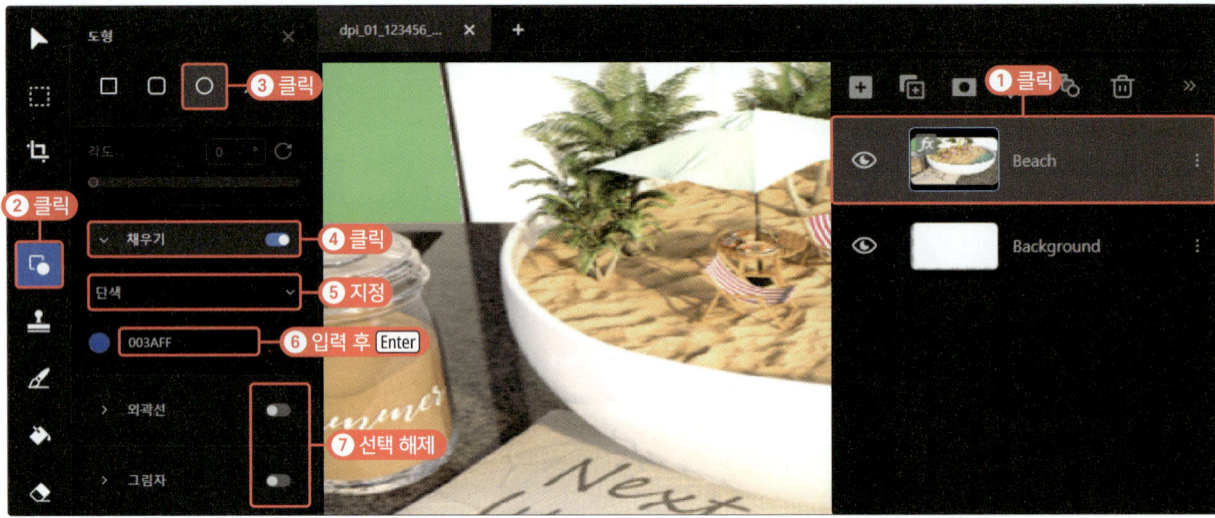

4 마우스 포인터가 모양으로 변경되면 캔버스를 드래그하여 도형을 추가합니다.

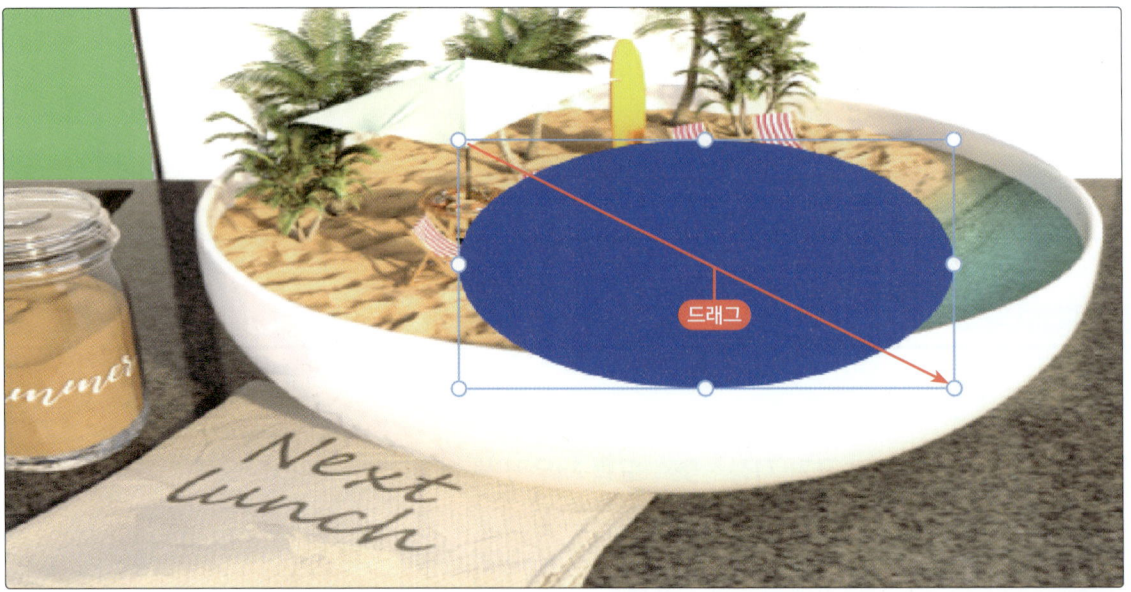

DIAT 시험 꿀팁
도형의 종류는 '사각형, 모서리가 둥근 사각형, 원형/타원형' 세 개 중 하나가 출제됩니다. 도형은 처리조건에 따라 크기를 지정하기 때문에 임의의 크기로 그려주세요.

 **도형의 크기 지정하기**

▶ 도형 도구를 이용하여 다음과 같이 처리하시오.
  · ③ ⇒ 원형/타원형(크기 : 440 × 110)

1 레이어 영역에서 새롭게 생성된 도형 레이어를 확인할 수 있습니다.

2 해당 레이어의 ⋮(대상 정보)를 클릭하여 **가로와 세로 크기를 지정**합니다.

 ▶

 **입력된 수치가 함께 변경될 경우!**

가로와 세로에 원하는대로 숫자가 입력되지 않을 경우 비율 고정을 해제 상태로 변경한 후 입력합니다.

▲ 비율 고정 상태   ▲ 비율 고정 해제 상태

3 편집 도구 상자에서 **[직접 선택]** 도구를 클릭한 후 마우스 포인터가 모양으로 변경되면 도형의 위치를 맞춰줍니다.

➕ 도형의 위치를 조절할 때는 반드시 [직접 선택(▶)] 도구가 활성화된 상태에서 작업해요.

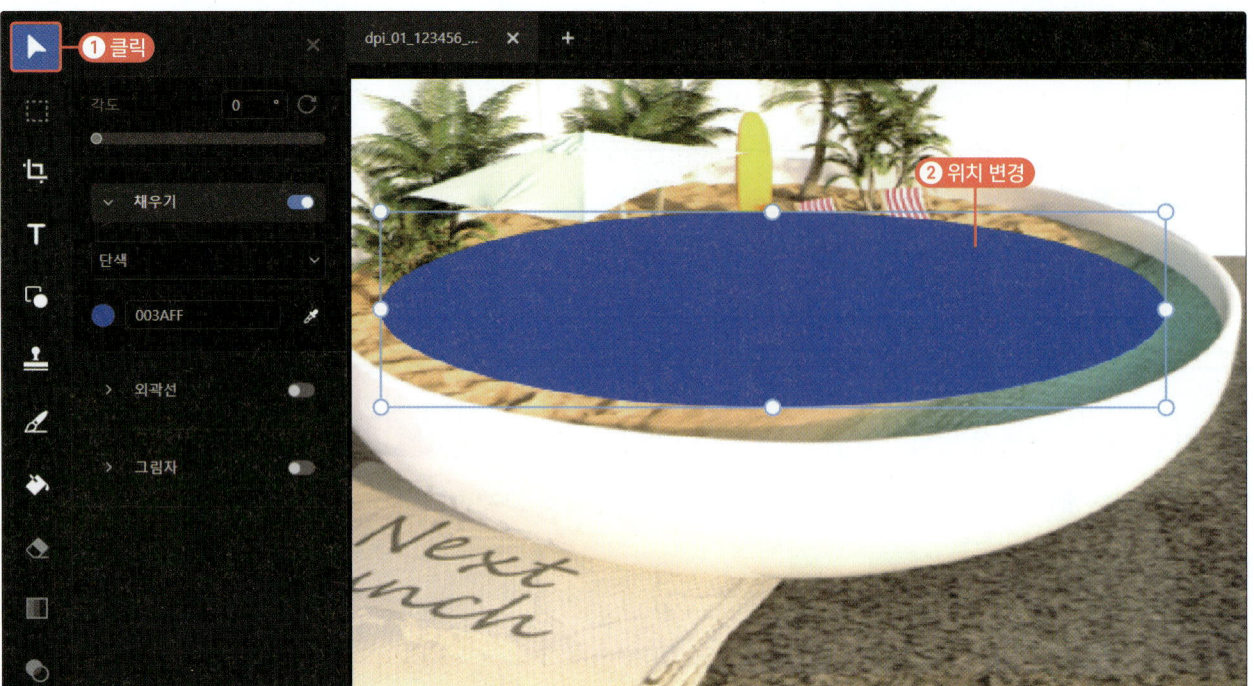

LEVEL UP 도형의 서식 변경

도형이 삽입된 상태에서 도형의 서식(채우기, 외곽선, 그림자 등)을 변경하기 위해서는 아래와 같이 작업합니다.

① 편집 도구 상자의 [직접 선택] 클릭
② 캔버스에 삽입된 도형 선택
③ 도형의 서식(옵션) 변경

 03 도형에 혼합모드를 지정하고 불투명도 조절하기

▶ 도형 도구를 이용하여 다음과 같이 처리하시오.
  · ③ ⇒ 혼합모드(중첩, 불투명도 : 55)

1 도형 레이어가 선택된 상태에서 레이어 영역 상단의 [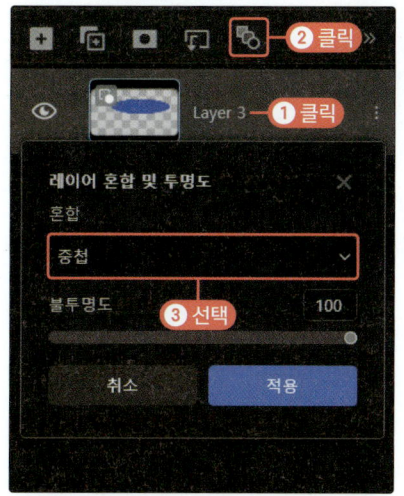(혼합모드)]를 클릭합니다.

2 혼합을 '중첩'으로 변경하고 **불투명도를 '55'**로 지정합니다.

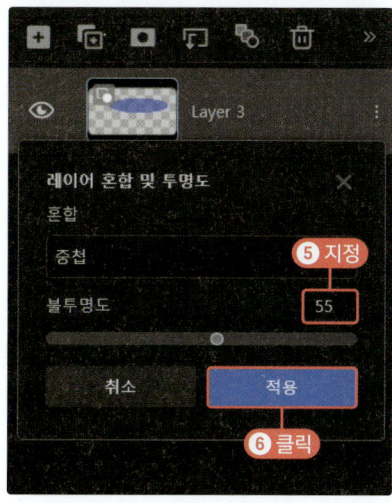 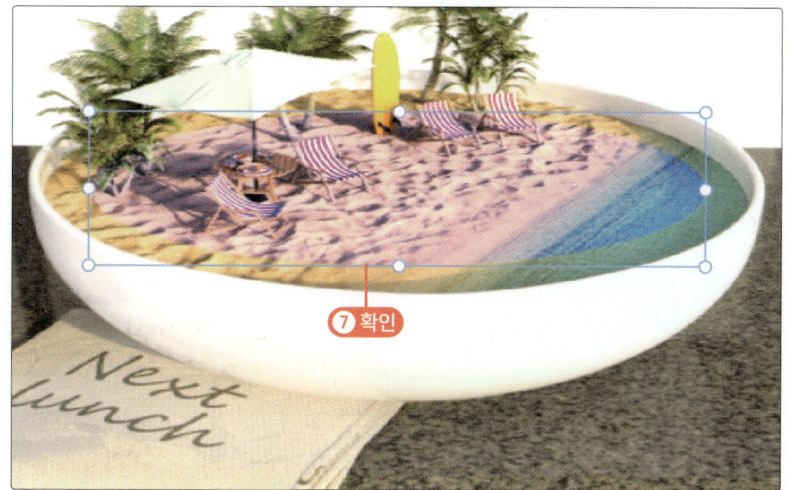

3 작업이 끝나면 [파일] 탭-[저장]을 클릭하거나 Ctrl+S를 눌러 파일을 저장합니다.

  ➕ 시험이 진행되는 40분 동안 수시로 저장하여 작업된 내용이 누락되지 않도록 해요.

유형정리

01 원본파일을 《처리조건》에 따라 결과파일로 완성하시오.

실습 및 완성 파일 :
[03차시]-[유형정리 01] 폴더

원본 파일	결과 파일

《처리조건》

▶ 도형 도구를 이용하여 다음과 같이 처리하시오.
 · ③ ⇒ 모서리가 둥근 사각형(크기 : 600 × 60), 채우기(색상 : 02FF28), 혼합모드(밝게, 불투명도 : 80)
  ➕ 모서리가 둥근 사각형 도형의 라운딩 값은 출력 형태와 비슷하게 맞춰주세요.

02 원본파일을 《처리조건》에 따라 결과파일로 완성하시오.

실습 및 완성 파일 :
[03차시]-[유형정리 02] 폴더

원본 파일	결과 파일

《처리조건》

▶ 도형 도구를 이용하여 다음과 같이 처리하시오.
 · ③ ⇒ 원형/타원형(크기 : 165 × 165), 채우기(색상 : DD3DE6), 혼합모드(어둡게, 불투명도 : 30)

03 원본파일을 《처리조건》에 따라 결과파일로 완성하시오.

실습 및 완성 파일 :
[03차시]–[유형정리 03] 폴더

원본 파일	결과 파일

《처리조건》

▶ 도형 도구를 이용하여 다음과 같이 처리하시오.
　・③ ⇒ 사각형(크기 : 200 × 200), 채우기(색상 : 00FF56), 혼합모드(곱하기, 불투명도 : 65)

　➕ 삽입된 도형의 대각선 조절점 주변에서 마우스 포인터가 ↻ 모양으로 바뀌었을 때 드래그하여 회전할 수 있어요.

04 원본파일을 《처리조건》에 따라 결과파일로 완성하시오.

실습 및 완성 파일 :
[03차시]–[유형정리 04] 폴더

원본 파일	결과 파일

《처리조건》

▶ 도형 도구를 이용하여 다음과 같이 처리하시오.
　・③ ⇒ 사각형(크기 : 650 × 100), 채우기(색상 : 0085FF), 혼합모드(색 굽기, 불투명도 : 55)

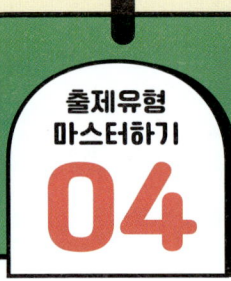

[문제 1] 내보내기 기능으로 저장

❋ 실습 및 완성 파일: [04차시] 폴더

 문제 미리보기

【문제 1】 원본 파일을 처리조건에 따라 결과 파일로 완성하시오.

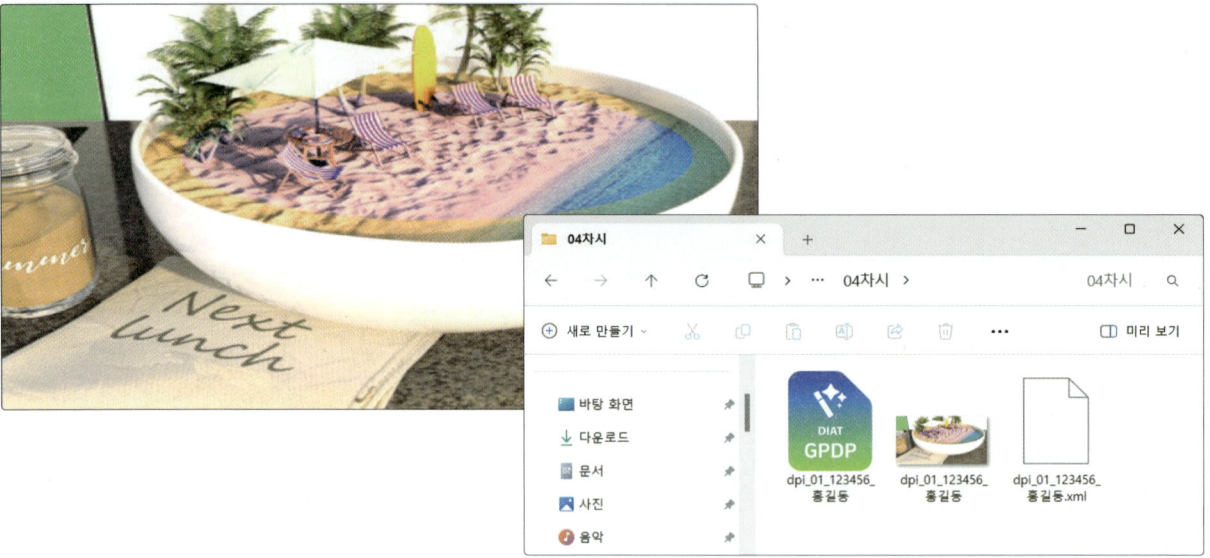

《처리조건》

▶ 지시사항이 없는 경우는 기본 값을 적용하시오.

이미지 파일 저장		① [파일]-[내보내기]를 눌러서 저장 ② 저장위치 : [바탕화면]-[KAIT]-[제출파일]	
이미지 파일명	JPG	dpi_01_수검번호(6자리)_성명	※ 예시 : 수검번호가 DPI-XXXX-123456인 경우 "dpi_01_123456_성명"으로 저장할 것
	GPDP	dpi_01_수검번호(6자리)_성명	

※ 'JPG'와 'GPDP' 파일 중 하나라도 누락하여 저장할 시에는 "0점" 처리됩니다.

 작업 과정 미리보기

작업 내용 최종 확인 ▷ 내보내기 기능으로 저장하기

STEP 01 내보내기 기능으로 저장하기

① [파일]-[내보내기]를 눌러서 저장
② 저장위치 : [바탕화면]-[KAIT]-[제출파일]

1 [04차시] 폴더에서 'dpi_01_123456_홍길동.gpdp' 파일을 더블클릭하여 실행합니다.

2 최종 작업물을 저장하기 위해 [파일] 탭-[내보내기]를 클릭한 후 경로를 지정하고 <저장>합니다.

> 실제 시험에서는 [바탕화면]-[KAIT]-[제출파일] 폴더에 dpi_01_수검번호_성명으로 저장해요.

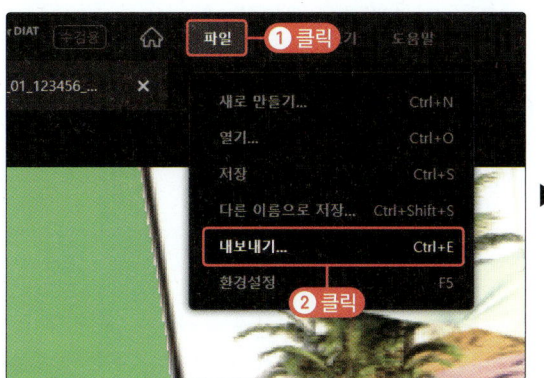
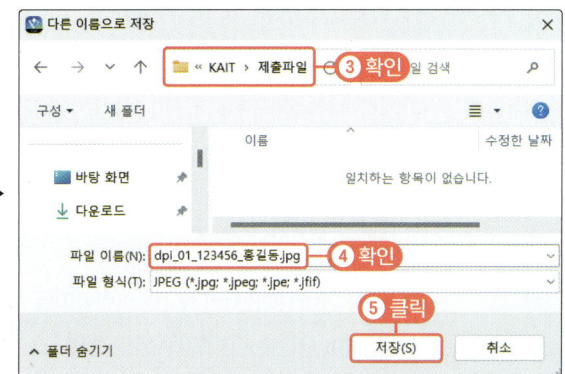

3 파일 저장 옵션 창이 표시되면 **품질을 95%** 정도로 지정하고 <저장>을 클릭합니다.

💡 DIAT 시험 꿀팁

① 파일을 내보내기로 저장한 다음에는 수정이 번거로우므로, 최종 확인 후 내보내기로 저장하세요.
② DIAT 시험에서 제출용 파일이 제대로 저장되었는지 확인하려면, 저장된 폴더에 'JPEG', 'GPDP', 'XML' 확장자를 가진 파일 3개가 생성되었는지 점검합니다. (010-011p 참고)
  · JPEG : 이미지 형태의 파일 형식
  · GPDP : 곰픽 프로그램 내에서 수정이 가능한 원본 파일 형식
  · XML : DIAT 멀티미디어제작 채점을 위해 생성되는 파일 형식

유형정리

01 작업된 결과물을 내보내기 기능으로 저장합니다.

실습 및 완성 파일 :
[04차시]–[유형정리 01] 폴더

원본 파일	결과 파일
	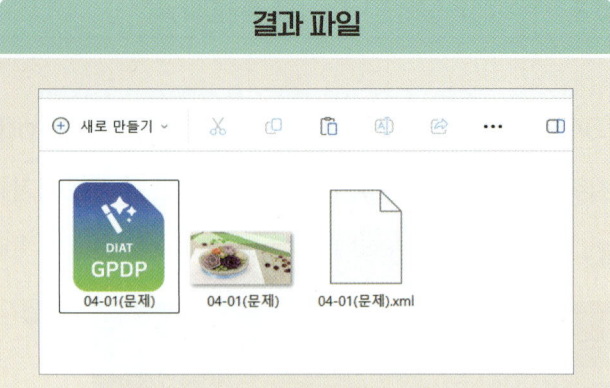

《처리조건》

▶ 지시사항이 없는 경우는 기본 값을 적용하시오.

이미지 파일 저장	① [파일]–[내보내기]를 눌러서 저장 ② 저장위치 : [바탕화면]–[KAIT]–[제출파일]	
이미지 파일명	JPG	dpi_01_수검번호(6자리)_성명
	GPDP	dpi_01_수검번호(6자리)_성명

※ 예시 : 수검번호가 DPI-XXXX-123456인 경우 "dpi_01_123456_성명"으로 저장할 것

※ 'JPG'와 'GPDP' 파일 중 하나라도 누락하여 저장할 시에는 "0점" 처리됩니다.

---

02 작업된 결과물을 내보내기 기능으로 저장합니다.

실습 및 완성 파일 :
[04차시]–[유형정리 02] 폴더

원본 파일	결과 파일

《처리조건》

▶ 지시사항이 없는 경우는 기본 값을 적용하시오.

이미지 파일 저장	① [파일]–[내보내기]를 눌러서 저장 ② 저장위치 : [바탕화면]–[KAIT]–[제출파일]	
이미지 파일명	JPG	dpi_01_수검번호(6자리)_성명
	GPDP	dpi_01_수검번호(6자리)_성명

※ 예시 : 수검번호가 DPI-XXXX-123456인 경우 "dpi_01_123456_성명"으로 저장할 것

※ 'JPG'와 'GPDP' 파일 중 하나라도 누락하여 저장할 시에는 "0점" 처리됩니다.

03 작업된 결과물을 내보내기 기능으로 저장합니다.

실습 및 완성 파일 : [04차시]-[유형정리 03] 폴더

원본 파일

결과 파일

《처리조건》

▶ 지시사항이 없는 경우는 기본 값을 적용하시오.

이미지 파일 저장	① [파일]-[내보내기]를 눌러서 저장 ② 저장위치 : [바탕화면]-[KAIT]-[제출파일]	
이미지 파일명	JPG	dpi_01_수검번호(6자리)_성명
	GPDP	dpi_01_수검번호(6자리)_성명

※ 예시 : 수검번호가 DPI-XXXX-123456인 경우 "dpi_01_123456_성명"으로 저장할 것

※ 'JPG'와 'GPDP' 파일 중 하나라도 누락하여 저장할 시에는 "0점" 처리됩니다.

04 작업된 결과물을 내보내기 기능으로 저장합니다.

실습 및 완성 파일 : [04차시]-[유형정리 04] 폴더

원본 파일

결과 파일

《처리조건》

▶ 지시사항이 없는 경우는 기본 값을 적용하시오.

이미지 파일 저장	① [파일]-[내보내기]를 눌러서 저장 ② 저장위치 : [바탕화면]-[KAIT]-[제출파일]	
이미지 파일명	JPG	dpi_01_수검번호(6자리)_성명
	GPDP	dpi_01_수검번호(6자리)_성명

※ 예시 : 수검번호가 DPI-XXXX-123456인 경우 "dpi_01_123456_성명"으로 저장할 것

※ 'JPG'와 'GPDP' 파일 중 하나라도 누락하여 저장할 시에는 "0점" 처리됩니다.

출제유형 마스터하기 05

[문제 2] 레이어 마스크 설정

✽ 실습 및 완성 파일: [05차시] 폴더

문제 미리보기

【문제 2】 원본 파일을 처리조건에 따라 결과 파일로 완성하시오.

원본 파일	결과 파일

《처리조건》

▶ 다음과 같이 캔버스를 설정하시오.
 · 크기 ⇒ 너비(650 픽셀) × 높이(450 픽셀)   · 배경 ⇒ 색상 : (708CF5)

▶ '사진2.jpg' 이미지를 불러와 기존 캔버스에 복사한 후 다음과 같이 처리하시오.
 · 이미지 복사 ⇒ 레이어 마스크 설정, 세로 방향으로 흐릿하게

작업 과정 미리보기

| 캔버스 크기 변경 | ▶ | 배경 색상 지정 | ▶ | '사진2' 캔버스로 불러오기 | ▶ | 레이어 마스크 설정 |

STEP 01 캔버스 크기 변경하기

▶ 다음과 같이 캔버스를 설정하시오.
· 크기 ⇒ 너비(650 픽셀) × 높이(450 픽셀)

1 [05차시] 폴더에서 'dpi_02_123456_홍길동.gpdp' 파일을 더블클릭하여 실행합니다.

> **DIAT 시험 꿀팁**
> 실제 시험에서는 바탕화면에 있는 [KAIT]-[제출파일] 폴더에서 'dpi_02_123456_홍길동.gpdp' 파일을 더블클릭하여 답안을 작성합니다.(010-011p 참고)

2 캔버스의 크기를 변경하기 위해 편집 도구 상자에서 세 번째 위치한 [자르기]를 클릭합니다.

3 아래와 같이 표시되면 [크기 변경]을 선택한 후 캔버스의 크기를 설정합니다.

➕ 곰픽 프로그램의 편집 도구 순서는 최근 사용한 도구를 기준으로 표시될 거예요.

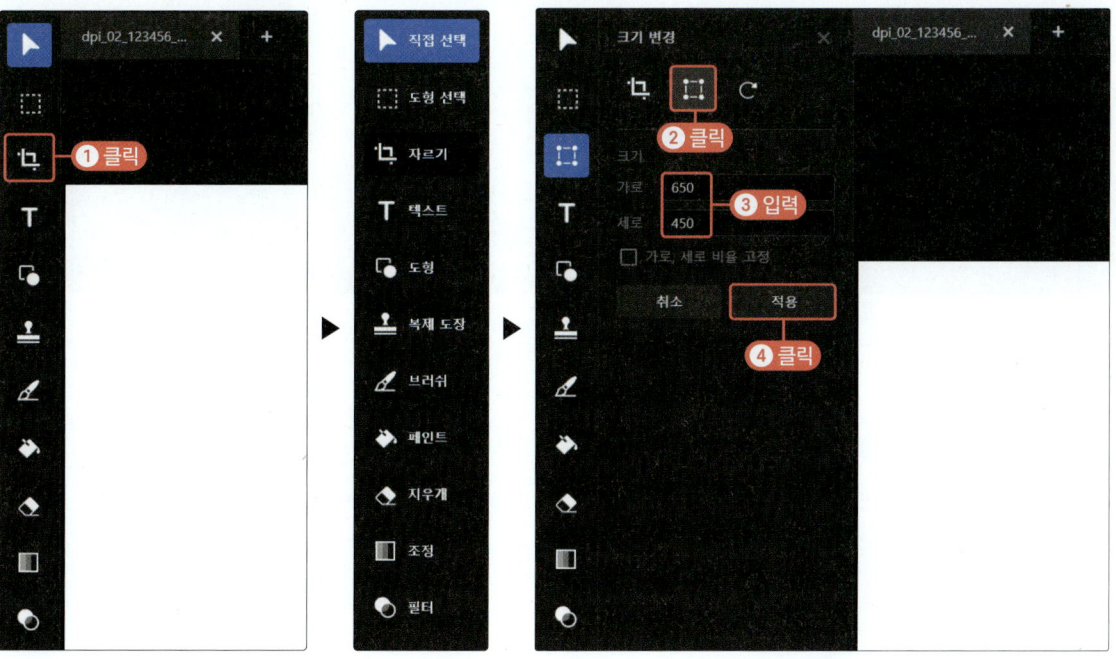

DIAT 시험 꿀팁
- [문제1] 캔버스 설정 : 너비(650 픽셀) × 높이(350 픽셀)
- [문제2] 캔버스 설정 : 너비(650 픽셀) × 높이(450 픽셀), 배경 색상 지정

STEP 02 색상코드를 입력하여 배경 색상 지정하기

▶ 다음과 같이 캔버스를 설정하시오.
  · 배경 ⇒ 색상 : (708CF5)

1 편집 도구 상자에서 [페인트]를 클릭한 후 색상 코드를 입력합니다.

2 마우스 포인터가  모양으로 변경되면 캔버스를 클릭하여 배경 색을 채워줍니다.

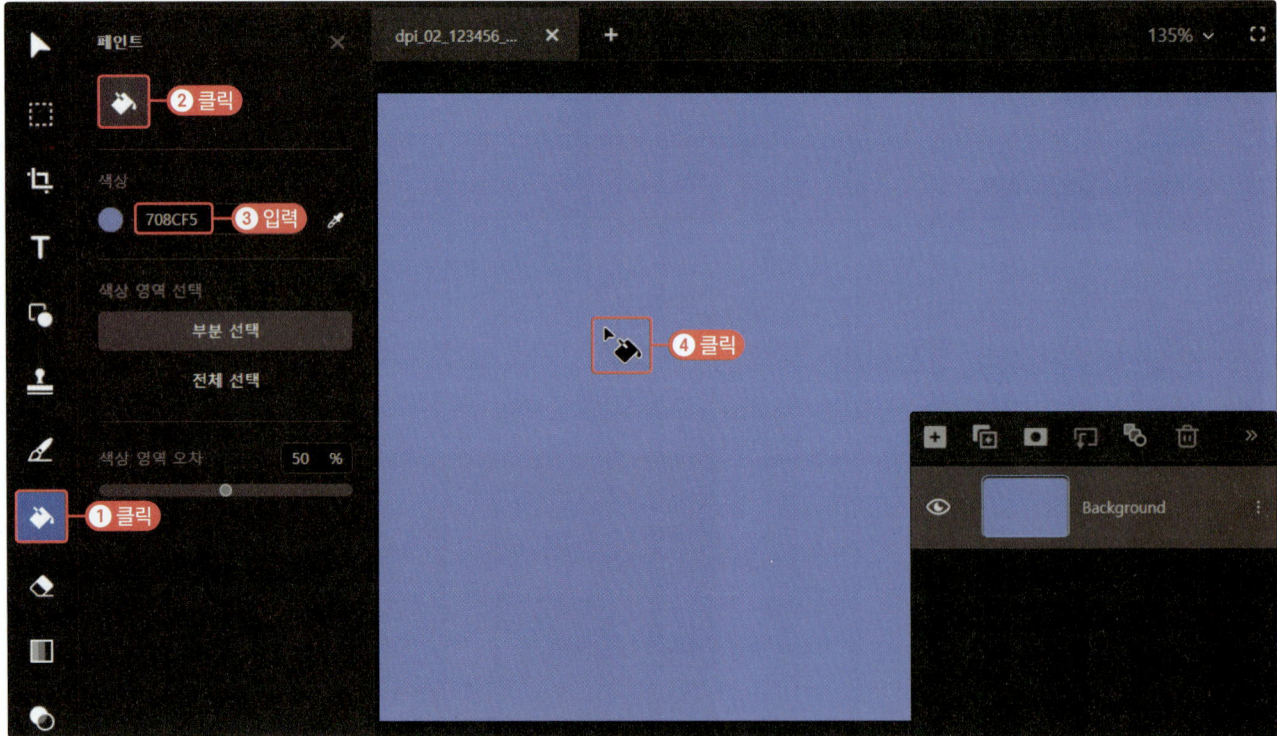

03 사진을 불러온 후 레이어 마스크 설정하기

▶ '사진2.jpg' 이미지를 불러와 기존 캔버스에 복사한 후 다음과 같이 처리하시오.
　· 이미지 복사 ⇒ 레이어 마스크 설정, 세로 방향으로 흐릿하게

1 작업에 필요한 사진을 불러오기 위해 [파일] 탭-[열기]를 클릭합니다.

　➕ Ctrl+O를 눌러 파일을 불러올 수도 있어요.

2 [05차시] 폴더에서 '사진2.jpg' 파일을 불러온 후 [현재 파일에서 열기]를 클릭합니다.

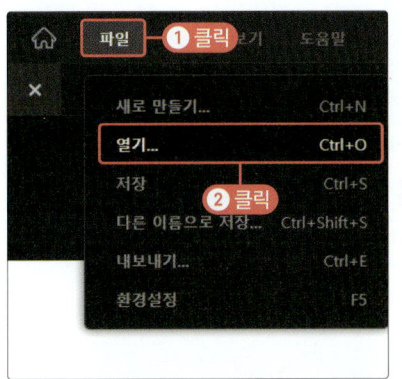

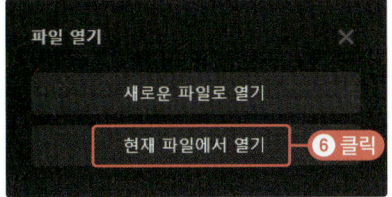

 DIAT 시험 꿀팁
실제 시험에서는 바탕화면에 있는 [KAIT]-[제출파일] 폴더에서 작업에 필요한 이미지를 찾을 수 있습니다. (010-011p 참고)

3 아래와 같이 캔버스에 사진이 배치된 것을 확인합니다.

DIAT 시험 꿀팁

[문제 2]의 처리 조건에는 레이어 이름을 변경하라는 지시가 없으므로, 별도로 레이어 이름을 수정할 필요는 없습니다.

4 '사진2' 레이어가 선택된 상태에서 레이어 영역 상단의 [▣(레이어 마스크 추가)]를 클릭합니다.

➕ [레이어 마스크 추가] 아이콘을 클릭하더라도 캔버스 이미지에는 아무 변화가 없어요.

5 레이어 마스크를 설정하기 위해 편집 도구 상자에서 [페인트]를 클릭한 후 [그라디언트 레이어] 도구를 선택합니다.

6 옵션을 아래와 같이 설정해줍니다.

➕ 타입과 색상을 잘못 지정한 경우 결과 형태가 다르게 나올 수 있으니 유의해 주세요.

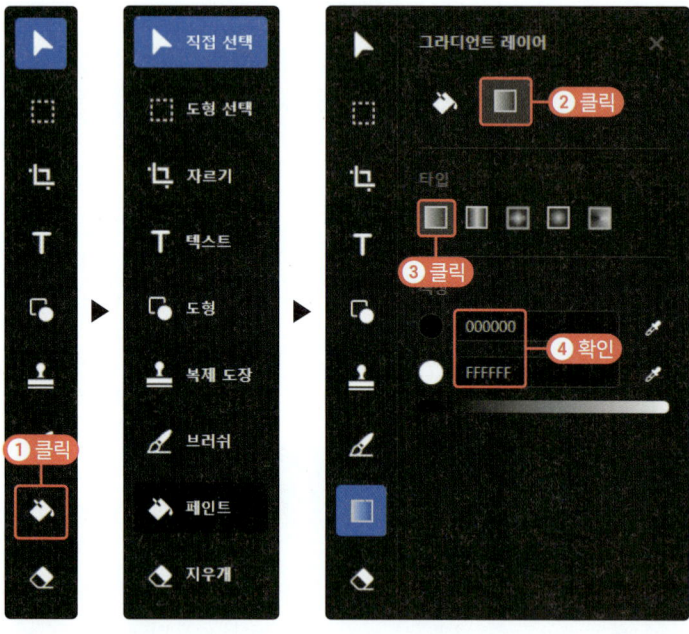

 레이어 마스크란?

레이어 마스크는 두 개의 레이어를 합성하는 간단한 그래픽 기술로, 각 레이어의 일부를 보이게 하거나 숨길 수 있어 원하는 효과를 쉽게 적용할 수 있습니다.

7 Shift를 누른 채 캔버스의 아래쪽부터 드래그하여 아래와 같이 이미지를 합성해 줍니다.

➕ 레이어 마스크 색상 위치가 마음에 들지 않을 경우 캔버스를 다시 드래그 해보세요.

8 Enter를 눌러 레이어 마스크 설정을 완료합니다.

> **DIAT 시험 꿀팁**
> 레이어 마스크는 가로, 세로, 대각선의 3가지 방향으로 지정할 수 있습니다. 주어진 조건과 출력 형태를 참고하여 작업을 진행하세요.

9 작업이 끝나면 [파일] 탭-[저장]을 클릭하거나 Ctrl+S를 눌러 파일을 저장합니다.

➕ 시험이 진행되는 40분 동안 수시로 저장하여 작업된 내용이 누락되지 않도록 해요.

유형정리

01
원본파일을 《처리조건》에 따라 결과파일로 완성하시오.

실습 및 완성 파일 : [05차시]–[유형정리 01] 폴더

원본 파일	결과 파일

《처리조건》

▶ 다음과 같이 캔버스를 설정하시오.
　　· 크기 ⇒ 너비(650 픽셀) × 높이(450 픽셀)　　· 배경 ⇒ 색상 : (F6785C)

▶ '사진2.jpg' 이미지를 불러와 기존 캔버스에 복사한 후 다음과 같이 처리하시오.
　　· 이미지 복사 ⇒ 레이어 마스크 설정, 대각선 방향으로 흐릿하게

02
원본파일을 《처리조건》에 따라 결과파일로 완성하시오.

실습 및 완성 파일 : [05차시]–[유형정리 02] 폴더

원본 파일	결과 파일

《처리조건》

▶ 다음과 같이 캔버스를 설정하시오.
　　· 크기 ⇒ 너비(650 픽셀) × 높이(450 픽셀)　　· 배경 ⇒ 색상 : (FF7ED1)

▶ '사진2.jpg' 이미지를 불러와 기존 캔버스에 복사한 후 다음과 같이 처리하시오.
　　· 이미지 복사 ⇒ 레이어 마스크 설정, 가로 방향으로 흐릿하게

03 원본파일을 《처리조건》에 따라 결과파일로 완성하시오.

실습 및 완성 파일 : [05차시]-[유형정리 03] 폴더

원본 파일	결과 파일

《처리조건》

▶ 다음과 같이 캔버스를 설정하시오.
  · 크기 ⇒ 너비(650 픽셀) × 높이(450 픽셀)   · 배경 ⇒ 색상 : (B27D1E)

▶ '사진2.jpg' 이미지를 불러와 기존 캔버스에 복사한 후 다음과 같이 처리하시오.
  · 이미지 복사 ⇒ 레이어 마스크 설정, 가로 방향으로 흐릿하게

04 원본파일을 《처리조건》에 따라 결과파일로 완성하시오.

실습 및 완성 파일 : [05차시]-[유형정리 04] 폴더

원본 파일	결과 파일

《처리조건》

▶ 다음과 같이 캔버스를 설정하시오.
  · 크기 ⇒ 너비(650 픽셀) × 높이(450 픽셀)   · 배경 ⇒ 색상 : (2C4B1C)

▶ '사진2.jpg' 이미지를 불러와 기존 캔버스에 복사한 후 다음과 같이 처리하시오.
  · 이미지 복사 ⇒ 레이어 마스크 설정, 세로 방향으로 흐릿하게

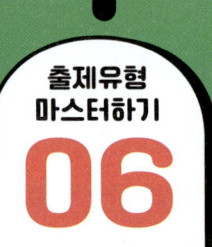

[문제 2]
도형 및 텍스트 추가

✱실습 및 완성 파일: [06차시] 폴더

【문제 2】 원본 파일을 처리조건에 따라 결과 파일로 완성하시오.

원본 파일	결과 파일

《처리조건》
▶ 도형 도구와 텍스트를 이용하여 다음과 같이 처리하시오.
  · ① ⇒ 모서리가 둥근 사각형(크기 : 300 × 65), 그라데이션(색상 : EC007F – 6D00B1)
  · 경복궁의 전경 ⇒ 글꼴(맑은 고딕), 글꼴 스타일(굵게, 밑줄), 크기(26pt),
         채우기(색상 : 003A8C), 외곽선(두께 : 6px, 색상 : FFFF00)

작업 과정 미리보기

도형 추가 ▶ 도형 크기 지정 ▶ 도형에 그라데이션 색상 채우기 ▶
텍스트 추가 ▶ 텍스트 서식 변경

모서리가 둥근 사각형 도형 작업하기

▶ 도형 도구와 텍스트를 이용하여 다음과 같이 처리하시오.
· ① ⇒ 모서리가 둥근 사각형(크기 : 300 × 65), 그라데이션(색상 : EC007F – 6D00B1)

1 [06차시] 폴더에서 'dpi_02_123456_홍길동.gpdp' 파일을 더블클릭하여 실행한 후 맨 위쪽 레이어를 선택합니다.

> 실제 시험에서는 바탕화면에 있는 [KAIT]-[제출파일]에서 작업에 필요한 파일을 열어주세요. (010-011p 참고)

2 편집 도구 상자에서 [도형]을 클릭한 후 [모서리가 둥근 사각형]을 선택합니다.

3 옵션에서 [채우기]-[그라데이션]을 선택해 색상 코드를 입력한 다음 Enter를 눌러 적용합니다.

> 도형을 추가하기 전에 채우기 옵션을 미리 변경하면 작업이 더 편리해요.

DIAT 시험 꿀팁

· 모서리가 둥근 사각형 도형을 넣을 때는 라운딩 값을 따로 지정하지 않고 기본 값으로 작업합니다.
· 도형 작업 시 불필요한 기능은 비활성화하세요. 이 작업에서는 '외곽선'과 '그림자' 옵션이 해제되어 있어야 합니다.

4 마우스 포인터가 모양으로 변경되면 캔버스를 드래그하여 도형을 추가합니다.

5 도형 레이어의 (대상 정보)를 클릭하여 가로와 세로 크기를 지정하고 위치를 맞춰줍니다.

➕ 도형의 위치를 조절할 때는 반드시 [직접 선택(▶)] 도구가 활성화된 상태에서 작업해요.

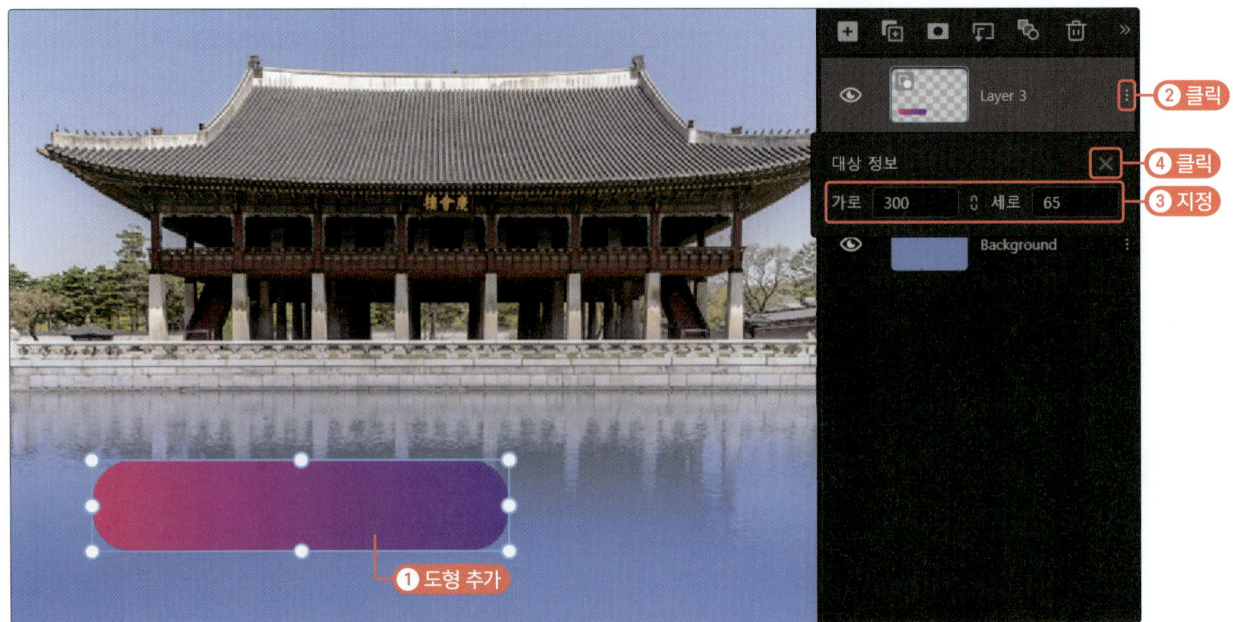

STEP 02 텍스트를 추가한 후 서식 변경하기

▶ 도형 도구와 텍스트를 이용하여 다음과 같이 처리하시오.
 · 경복궁의 전경 ⇒ 글꼴(맑은 고딕), 글꼴 스타일(굵게, 밑줄), 크기(26pt),
  채우기(색상 : 003A8C), 외곽선(두께 : 6px, 색상 : FFFF00)

1 편집 도구 상자에서 [텍스트]를 클릭한 후 아래와 같이 글꼴 서식을 지정합니다.

2 텍스트의 **채우기 서식**과 **외곽선 서식**을 지정합니다.

> 텍스트를 추가하기 전에 서식을 미리 변경하면 작업이 더 편리해요.

3 마우스 포인터가 모양으로 변경되면 도형 안쪽을 클릭하여 내용을 입력합니다.

4 Esc 를 눌러 내용 입력을 마친 후 텍스트 상자의 위치를 맞춰줍니다.

> 텍스트 작업 후 조절점을 드래그하면 글꼴의 크기도 함께 변경되니 작업에 유의해요.

5 작업이 끝나면 [파일] 탭-[저장]을 클릭하거나 Ctrl + S 를 눌러 파일을 저장합니다.

> 시험이 진행되는 40분 동안 수시로 저장하여 작업된 내용이 누락되지 않도록 해요.

유형정리

01 원본파일을 《처리조건》에 따라 결과파일로 완성하시오.

실습 및 완성 파일 :
[06차시]-[유형정리 01] 폴더

원본 파일	결과 파일
	 ①

《처리조건》

▶ 도형 도구와 텍스트를 이용하여 다음과 같이 처리하시오.
- ① ⇒ 사각형(크기 : 380 × 58), 그라데이션(색상 : 28A864 – BFC621)
- 한국의 전통 건축 양식 ⇒ 글꼴(궁서), 글꼴 스타일(기울임꼴), 크기(26pt), 채우기(색상 : FFE3F2), 외곽선(두께 : 6px, 색상 : 1C492A)

02 원본파일을 《처리조건》에 따라 결과파일로 완성하시오.

실습 및 완성 파일 :
[06차시]-[유형정리 02] 폴더

원본 파일	결과 파일
	 ①

그라데이션의 각도를 270°로 변경

《처리조건》

▶ 도형 도구와 텍스트를 이용하여 다음과 같이 처리하시오.
- ① ⇒ 모서리가 둥근 사각형(크기 : 270 × 60), 그라데이션(색상 : FFFFFF – 3A1A8C)
- Cleaning up ⇒ 글꼴(맑은 고딕), 글꼴 스타일(굵게), 크기(28pt), 채우기(색상 : F5E257), 외곽선(두께 : 7px, 색상 : 51310A)

03 원본파일을 《처리조건》에 따라 결과파일로 완성하시오.

실습 및 완성 파일 :
[06차시]–[유형정리 03] 폴더

《처리조건》

▶ 도형 도구와 텍스트를 이용하여 다음과 같이 처리하시오.
  · ① ⇒ 원형/타원형(크기 : 175 × 175), 그라데이션(색상 : FF00F1 – EDFF00)
  · 한식의 품격 ⇒ 글꼴(궁서체), 글꼴 스타일(굵게), 크기(30pt),
               채우기(색상 : 4E00FF), 외곽선(두께 : 10px, 색상 : FFFFFF)

04 원본파일을 《처리조건》에 따라 결과파일로 완성하시오.

실습 및 완성 파일 :
[06차시]–[유형정리 04] 폴더

《처리조건》

▶ 도형 도구와 텍스트를 이용하여 다음과 같이 처리하시오.
  · ① ⇒ 원형/타원형(크기 : 400 × 90), 그라데이션(색상 : 001BFF – 9ED0FF)
  · 올해 패션 트렌드 ⇒ 글꼴(돋움), 글꼴 스타일(굵게, 기울임꼴, 밑줄), 크기(27pt),
                  채우기(색상 : 341F06), 외곽선(두께 : 13px, 색상 : EDFF5D)

출제유형 마스터하기 07

[문제 2] 클리핑 마스크 및 내보내기 저장

※ 실습 및 완성 파일: [07차시] 폴더

문제 미리보기

【문제 2】 원본 파일을 처리조건에 따라 결과 파일로 완성하시오.

원본 파일	결과 파일

《처리조건》

▶ 도형 도구와 '사진3.jpg'를 이용하여 클리핑 마스크를 생성하시오.
　· ② ⇒ 사각형(크기 : 170 × 130), 외곽선(두께 : 6px, 색상 : 79FF00),
　　그림자(두께 : 5px, 거리 : 10px, 분산도 : 2px, 각도 : 320°)

▶ 지시사항이 없는 경우는 기본 값을 적용하시오.

이미지 파일 저장		① [파일]-[내보내기]를 눌러서 저장 ② 저장위치 : [바탕화면]-[KAIT]-[제출파일]	
이미지 파일명	JPG	dpi_02_수검번호(6자리)_성명	※ 예시 : 수검번호가 DPI-XXXX-123456인 경우 "dpi_02_123456_성명"으로 저장할 것
	GPDP	dpi_02_수검번호(6자리)_성명	

※ 'JPG'와 'GPDP' 파일 중 하나라도 누락하여 저장할 시에는 "0점" 처리됩니다.

작업 과정 미리보기

도형 추가 ▶ 도형 크기 지정 ▶ 클리핑 마스크 설정 ▶ 내보내기 기능으로 저장하기

 ## 사각형 도형을 삽입한 후 클리핑 마스크 생성하기

▶ 도형 도구와 '사진3.jpg'를 이용하여 클리핑 마스크를 생성하시오.
 · ② ⇒ 사각형(크기 : 170 × 130)

1 [07차시] 폴더에서 'dpi_02_123456_홍길동.gpdp' 파일을 더블클릭하여 실행한 후 맨 위쪽 레이어를 선택합니다.

> 실제 시험에서는 바탕화면에 있는 [KAIT]-[제출파일]에서 작업에 필요한 파일을 열어주세요. (010-011p 참고)

2 편집 도구 상자에서 [도형]-[사각형]을 추가한 후 도형의 **가로와 세로 크기를 지정**하고 위치를 맞춰줍니다.

> 도형의 위치를 조절할 때는 반드시 [직접 선택(▶)] 도구가 활성화된 상태에서 작업해요.

◆ DIAT 시험 꿀팁
도형 안에 클리핑 마스크를 사용해 사진을 넣을 예정이므로 채우기 색은 신경 쓰지 않아도 괜찮아요.

3 작업에 필요한 사진을 불러오기 위해 [파일] 탭-[열기]를 클릭합니다.

➕ Ctrl+O를 눌러 파일을 불러올 수도 있어요.

4 [07차시] 폴더에서 '사진3.jpg' 파일을 불러온 후 [현재 파일에서 열기]를 클릭합니다.

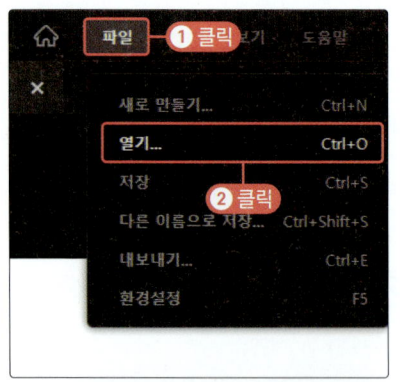 

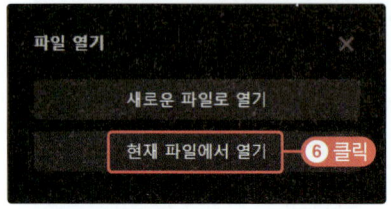

> **DIAT 시험 꿀팁**
> 실제 시험에서는 바탕화면에 있는 [KAIT]-[제출파일] 폴더에서 작업에 필요한 이미지를 찾을 수 있습니다. (010-011p 참고)

5 그림의 크기를 적당하게 줄인 후 도형을 덮도록 위치를 맞춰줍니다.

➕ Shift를 누른 채 대각선 조절점을 드래그하여 그림의 가로 세로 비율을 일정하게 조절할 수 있어요.

 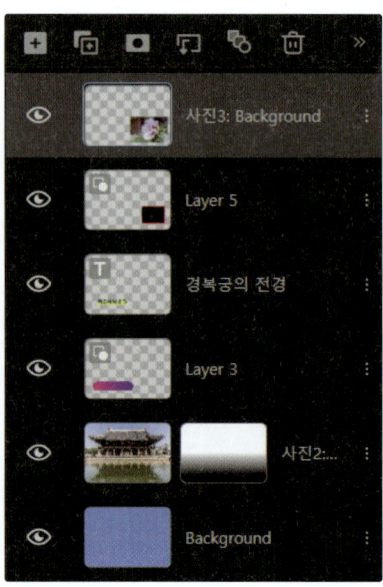

6 '사진3' 레이어가 선택된 상태에서 레이어 영역 상단의 [▣(클리핑 마스크)]를 클릭합니다.

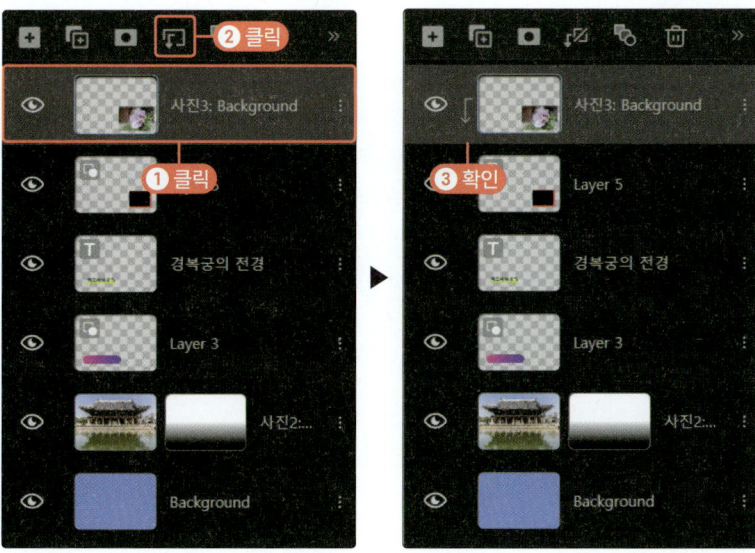

7 클리핑 마스크를 통해 도형 속성에 맞춰 사진이 잘라진 것을 확인한 후 편집 도구 상자에서 [직접 선택]을 클릭합니다.

8 '사진3' 레이어가 선택된 상태에서 **도형 주변을 클릭**하여 사진의 크기 조절점을 활성화합니다.

> **DIAT 시험 꿀팁**
> 곰픽 프로그램에서 클리핑 마스크 적용 후 그림의 크기와 위치를 맞추기 위해서는 그림 레이어가 선택된 상태에서 그림 주변을 드래그합니다. 만약, 캔버스에 배치된 그림을 선택하여 드래그할 경우, 도형 레이어가 자동으로 선택되니 유의하여 작업합니다.

9 출력형태와 비슷하게 그림의 크기와 위치를 조절한 후 Esc를 눌러 완료합니다.

 Shift를 누른 채 대각선 조절점을 드래그하면 그림의 가로 세로 비율에 맞춰 크기 조절이 가능해요.

LEVEL UP 클리핑 마스크란?

두 개의 레이어 중 아래쪽에 있는 레이어(도형)에 맞추어 위 레이어(그림)을 자르는 기능을 클리핑 마스크라고 합니다. 간단히 말하면, 위의 이미지는 아래 레이어의 모양에 맞게 잘리게 되는 효과입니다. 클리핑 마스크를 사용할 때는 레이어 순서를 올바르게 설정해야 합니다.

 STEP 02 도형의 외곽선과 그림자 서식 지정하기

· 외곽선(두께 : 6px, 색상 : 79FF00), 그림자(두께 : 5px, 거리 : 10px, 분산도 : 2px, 각도 : 320°)

1 사각형 도형이 있는 레이어를 선택한 후 편집 도구 상자에서 **[직접 선택]**을 클릭합니다.

2 외곽선 항목을 활성화한 후 옵션을 아래와 같이 지정합니다.

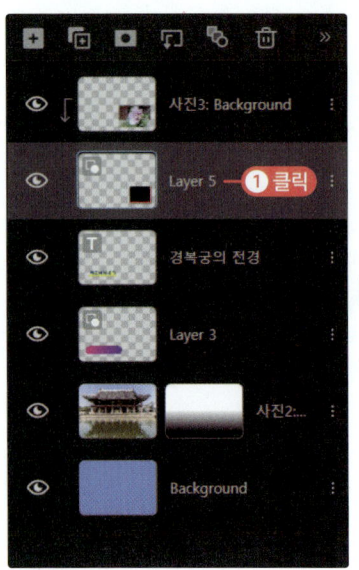  

3 이번에는 **그림자 항목**을 활성화하여 옵션을 지정합니다.

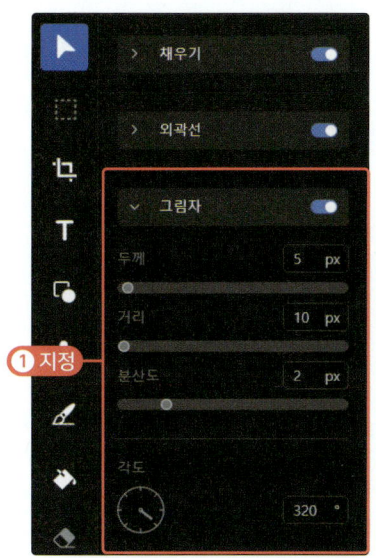 

> **DIAT 시험 꿀팁**
> 클리핑 마스크 생성 후, 도형 레이어에 외곽선과 그림자를 지정하는 형태의 문제가 출제됩니다. 그림자의 색상은 작성 조건에 명시된 내용이 없으므로 기본값(000000)으로 설정합니다.

 **내보내기 기능으로 저장하기**

① [파일]-[내보내기]를 눌러서 저장
② 저장위치 : [바탕화면]-[KAIT]-[제출파일]

1 최종 작업물을 저장하기 위해 **[파일] 탭-[내보내기]**를 클릭한 다음 경로를 지정한 후 **<저장>**합니다.

> 실제 시험에서는 [바탕화면]-[KAIT]-[제출파일] 폴더에 dpi_02_수검번호_성명으로 저장해요.

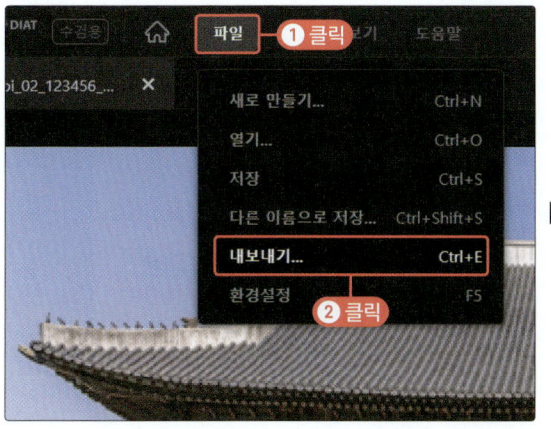 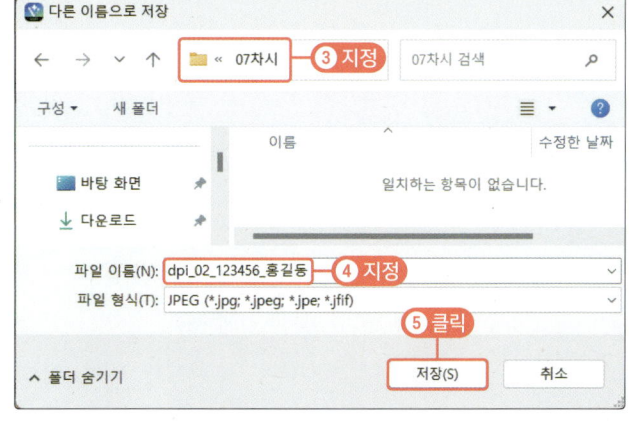

2 파일 저장 옵션 창이 표시되면 품질을 95% 정도로 지정하고 **<저장>**을 클릭합니다.

01 원본파일을 《처리조건》에 따라 결과파일로 완성하시오.

실습 및 완성 파일 : [07차시]-[유형정리 01] 폴더

원본 파일	결과 파일

《처리조건》

▶ 도형 도구와 '사진3.jpg'를 이용하여 클리핑 마스크를 생성하시오.
  · ② ⇒ 원형/타원형(크기 : 150 × 185)
        외곽선(두께 : 5px, 색상 : FFFFFF)
        그림자(두께 : 18px, 거리 : 18px, 분산도 : 5px, 각도 : 0°)

▶ 지시사항이 없는 경우는 기본 값을 적용하시오.

이미지 파일 저장	① [파일]-[내보내기]를 눌러서 저장 ② 저장위치 : [바탕화면]-[KAIT]-[제출파일]		※ 예시 : 수검번호가 DPI-XXXX-123456인 경우 "dpi_02_123456_성명"으로 저장할 것
이미지 파일명	JPG	dpi_02_수검번호(6자리)_성명	
	GPDP	dpi_02_수검번호(6자리)_성명	

※ 'JPG'와 'GPDP' 파일 중 하나라도 누락하여 저장할 시에는 "0점" 처리됩니다.

02

원본파일을 《처리조건》에 따라 결과파일로 완성하시오.

실습 및 완성 파일 : [07차시]-[유형정리 02] 폴더

| 원본 파일 | 결과 파일 |

《처리조건》

▶ 도형 도구와 '사진3.jpg'를 이용하여 클리핑 마스크를 생성하시오.
  · ② ⇒ 모서리가 둥근 사각형(크기 : 190 × 135)
     외곽선(두께 : 7px, 색상 : 8FD0CD)
     그림자(두께 : 3px, 거리 : 10px, 분산도 : 5px, 각도 : 270°)

▶ 지시사항이 없는 경우는 기본 값을 적용하시오.

이미지 파일 저장	\multicolumn{2}{l|}{① [파일]-[내보내기]를 눌러서 저장 ② 저장위치 : [바탕화면]-[KAIT]-[제출파일]}	
이미지 파일명	JPG	dpi_02_수검번호(6자리)_성명	※ 예시 : 수검번호가 DPI-XXXX-123456인 경우 "dpi_02_123456_성명"으로 저장할 것
	GPDP	dpi_02_수검번호(6자리)_성명	

※ 'JPG'와 'GPDP' 파일 중 하나라도 누락하여 저장할 시에는 "0점" 처리됩니다.

03 원본파일을 《처리조건》에 따라 결과파일로 완성하시오.

실습 및 완성 파일 :
[07차시]-[유형정리 03] 폴더

원본 파일	결과 파일

《처리조건》

▶ 도형 도구와 '사진3.jpg'를 이용하여 클리핑 마스크를 생성하시오.
   · ② ⇒ 사각형(크기 : 200 × 110)
        외곽선(두께 : 3px, 색상 : 4959BF)
        그림자(두께 : 8px, 거리 : 15px, 분산도 : 2px, 각도 : 320°)

▶ 지시사항이 없는 경우는 기본 값을 적용하시오.

이미지 파일 저장	① [파일]-[내보내기]를 눌러서 저장 ② 저장위치 : [바탕화면]-[KAIT]-[제출파일]		
이미지 파일명	JPG	dpi_02_수검번호(6자리)_성명	※ 예시 : 수검번호가 DPI-XXXX-123456인 경우 "dpi_02_123456_성명"으로 저장할 것
	GPDP	dpi_02_수검번호(6자리)_성명	

※ 'JPG'와 'GPDP' 파일 중 하나라도 누락하여 저장할 시에는 "0점" 처리됩니다.

04

원본파일을 《처리조건》에 따라 결과파일로 완성하시오.

실습 및 완성 파일 :
[07차시]-[유형정리 04] 폴더

원본 파일	결과 파일

《처리조건》

▶ 도형 도구와 '사진3.jpg'를 이용하여 클리핑 마스크를 생성하시오.
  - ② ⇒ 사각형(크기 : 140 × 140)
    외곽선(두께 : 6px, 색상 : FA286F)
    그림자(두께 : 10px, 거리 : 8px, 분산도 : 1px, 각도 : 180°)

▶ 지시사항이 없는 경우는 기본 값을 적용하시오.

이미지 파일 저장	① [파일]-[내보내기]를 눌러서 저장 ② 저장위치 : [바탕화면]-[KAIT]-[제출파일]		
이미지 파일명	JPG	dpi_02_수검번호(6자리)_성명	※ 예시 : 수검번호가 DPI-XXXX-123456인 경우 "dpi_02_123456_성명"으로 저장할 것
	GPDP	dpi_02_수검번호(6자리)_성명	

※ 'JPG'와 'GPDP' 파일 중 하나라도 누락하여 저장할 시에는 "0점" 처리됩니다.

[문제 3] 파일 추가 및 순서 지정

★ 실습 및 완성 파일: [08차시] 폴더

【문제 3】 처리조건에 따라 출력형태와 같이 완성하시오.

《출력형태》

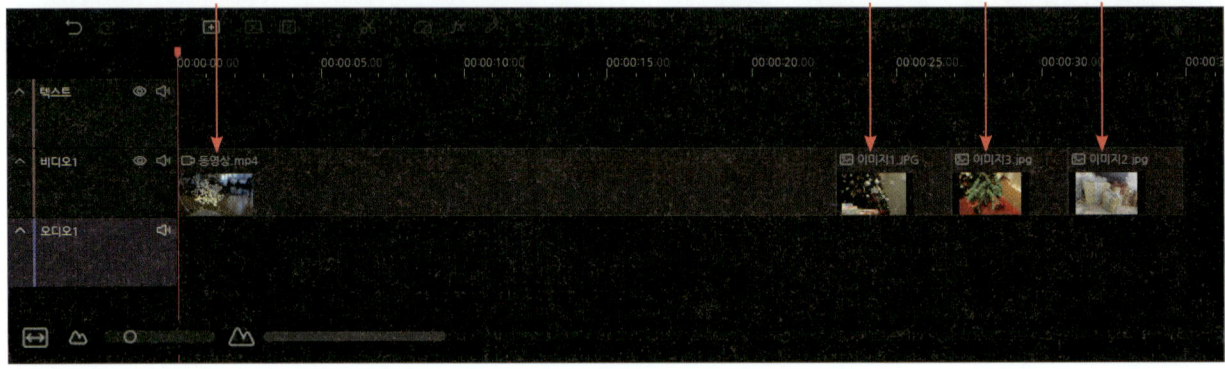

《처리조건》

원본 파일	이미지1.jpg, 이미지2.jpg, 이미지3.jpg, 동영상.mp4, 음악.mp3

▶ 미디어 소스의 순서를 다음과 같이 지정하시오.
　· 미디어 소스 순서 ⇒ 동영상.mp4 > 이미지1.jpg > 이미지3.jpg > 이미지2.jpg

작업에 필요한 파일 불러오기　▶　동영상/이미지 타임라인에 배치　▶　순서 지정

 곰믹스 프로그램을 실행하고 원본 파일 불러오기

원본 파일	이미지1.jpg, 이미지2.jpg, 이미지3.jpg, 동영상.mp4, 음악.mp3

1 [08차시] 폴더에서 'dpi_03_123456_홍길동.gmep' 파일을 더블클릭하여 실행합니다.

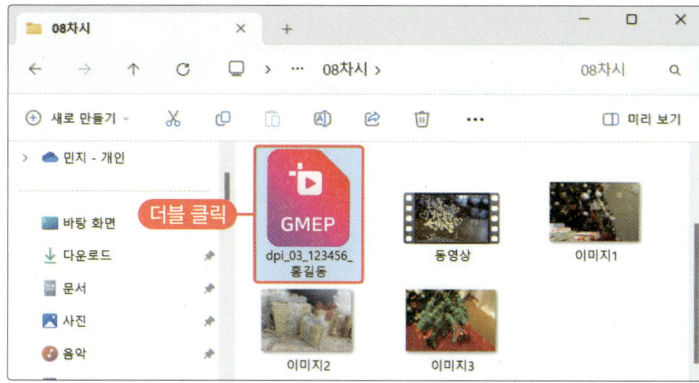

> **DIAT 시험 꿀팁**
> 실제 시험에서는 바탕화면에 있는 [KAIT]-[제출파일]-[dpi_03_123456_홍길동] 폴더에서 'dpi_03_123456_홍길동.gmep' 파일을 더블클릭하여 답안을 작성합니다. (010-011p 참고)

2 곰믹스 for DIAT 프로그램이 실행되면 [미디어 파일 추가하기]를 클릭합니다.

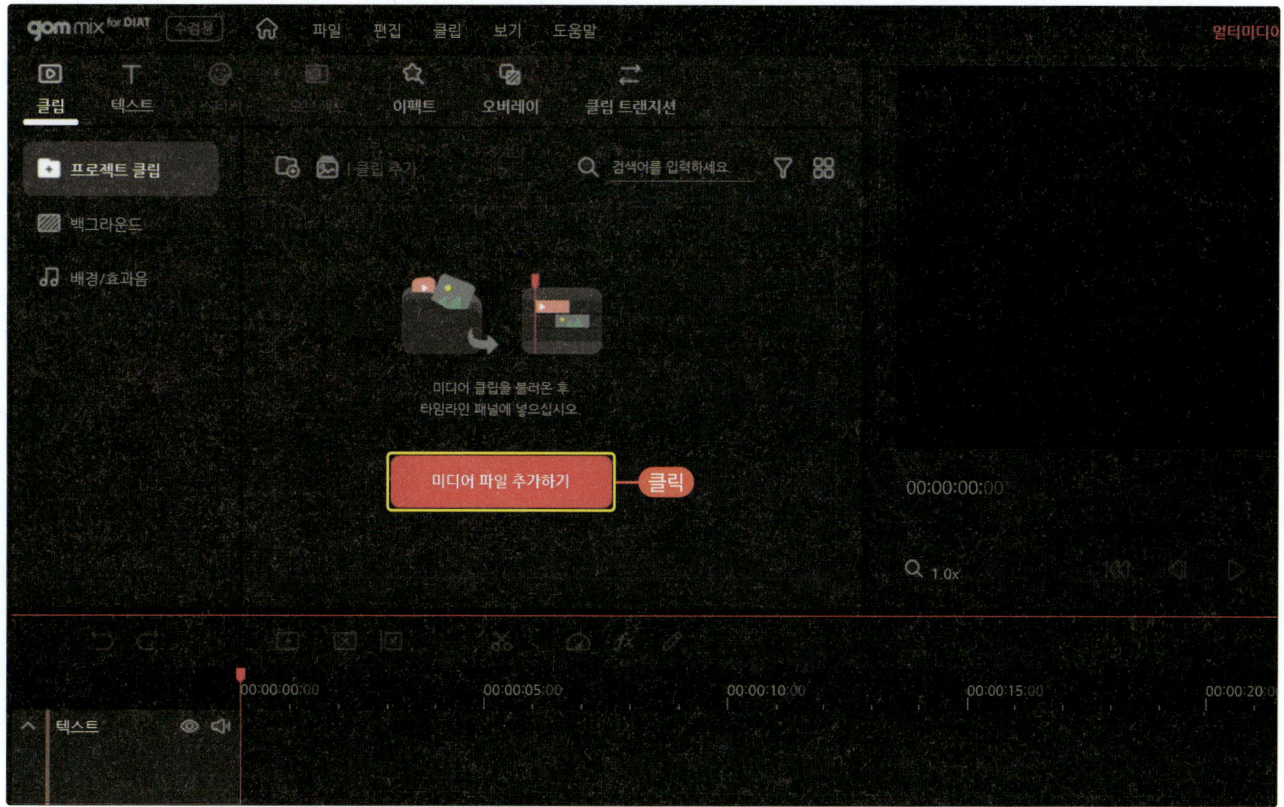

3 [08차시] 폴더에서 필요한 이미지와 동영상 파일을 불러옵니다.

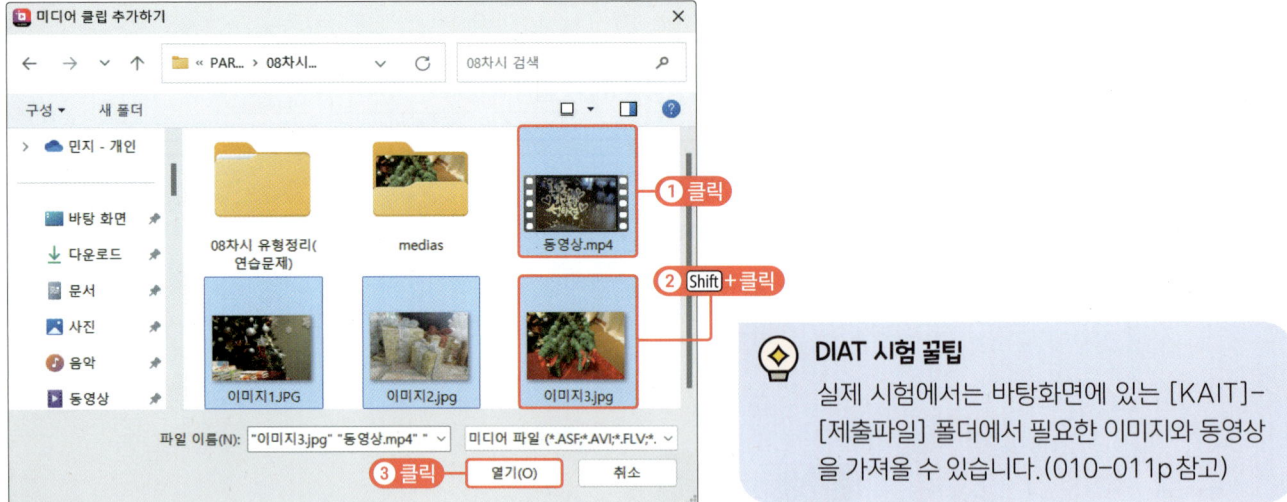

> **DIAT 시험 꿀팁**
> 실제 시험에서는 바탕화면에 있는 [KAIT]-[제출파일] 폴더에서 필요한 이미지와 동영상을 가져올 수 있습니다. (010-011p 참고)

 **여러 개의 파일 한 번에 선택하기**

· Shift를 이용하면 연속되는 이미지를 한 번에 선택할 수 있습니다.

· Ctrl을 이용하면 떨어져 있는 이미지를 한 번에 선택할 수 있습니다.

4 선택한 미디어 파일이 클립으로 추가된 것을 확인할 수 있습니다.

> **DIAT 시험 꿀팁**
>
> 만약 곰믹스 프로그램을 더블클릭해서 실행했다면 <DIAT 시험 프로젝트 생성하기> 단추를 클릭해 작업을 시작합니다. 만약 <교육용 프로젝트 생성하기>로 들어가 작업할 경우에는 0점으로 처리될 수 있으니 반드시 유의해주세요.
>
>

LEVEL UP 곰믹스 for DIAT 화면 구성

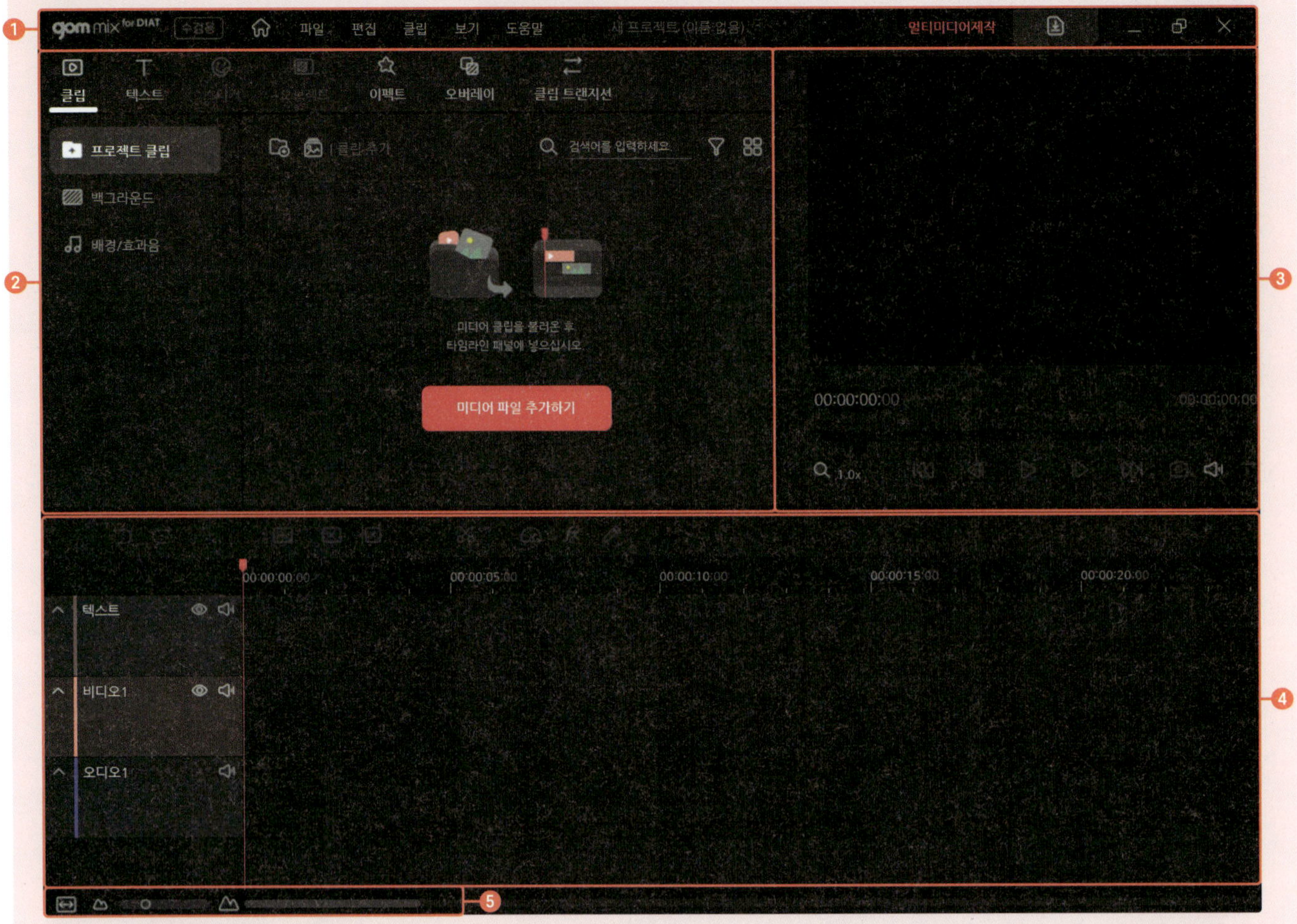

❶ **[탑바 영역]** : 프로그램과 관련된 기본 메뉴 목록과 현재 프로젝트 이름이 표시됩니다.

❷ **[소스 및 효과 영역]** : 작업할 파일 목록을 관리하거나 텍스트 또는 다양한 효과를 추가할 수 있습니다.

❸ **[미리보기 영역]** : 현재 편집 중인 프로젝트의 영상을 확인할 수 있습니다.

❹ **[타임라인 영역]** : 영상 작업을 위해 추가한 클립이나 효과를 편집할 수 있습니다.

❺ **[화면 조절 영역]** : 프로그램의 화면을 확대/축소하거나 타임라인의 위치를 맞출 수 있습니다.

 동영상과 이미지를 타임라인에 순서대로 배치하기

▶ 미디어 소스의 순서를 다음과 같이 지정하시오.
  · 미디어 소스 순서 ⇒ 동영상.mp4 > 이미지1.jpg > 이미지3.jpg > 이미지2.jpg

1 문제지에 제시된 순서대로 [타임라인]에 클립을 배치해 보겠습니다. 먼저 동영상을 삽입하기 위해 '**동영상.mp4**' 파일을 [타임라인]의 [**비디오1**] 트랙으로 드래그합니다.

DIAT 시험 꿀팁
동영상 파일을 타임라인 맨 왼쪽 가장자리 쪽으로 붙여서 드래그해야 0초부터 영상이 시작됩니다.

2 [비디오1] 트랙에 동영상 파일의 길이만큼 표시되고 상단 미리보기 화면에도 영상이 표시되는 것을 확인합니다.

3 같은 방법으로 '이미지1.jpg', '이미지3.jpg', '이미지2.jpg'를 차례대로 드래그하여 '동영상.mp4' 뒤쪽에 배치합니다.

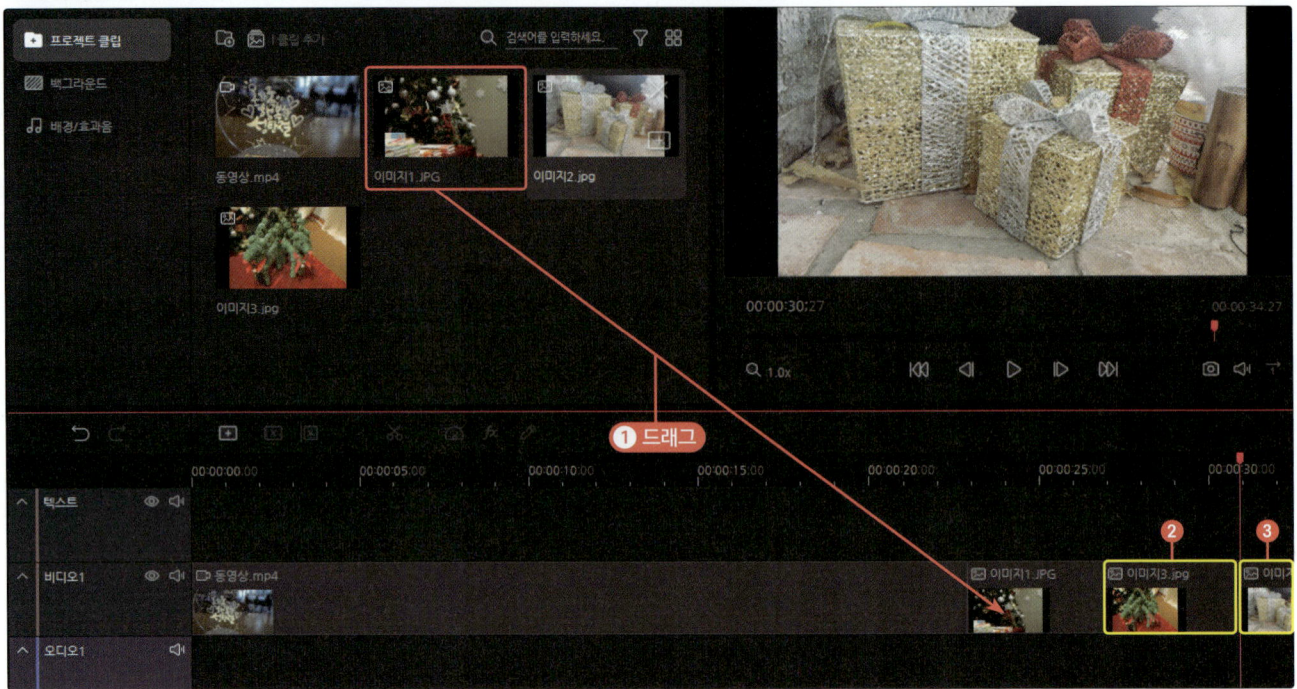

> **DIAT 시험 꿀팁**
> · 이미지의 배치 순서가 이미지 번호 순서대로가 아니므로 꼭 《처리조건》을 확인해야 합니다.
> · 배치 순서가 잘못되었을 경우 [비디오1] 트랙에서 변경할 파일을 선택하여 원하는 위치로 드래그합니다.

4 원활한 편집을 위해 미디어 소스가 충분한 크기로 표시되도록 타임라인 하단에서 타임라인 확대/축소를 이용합니다.

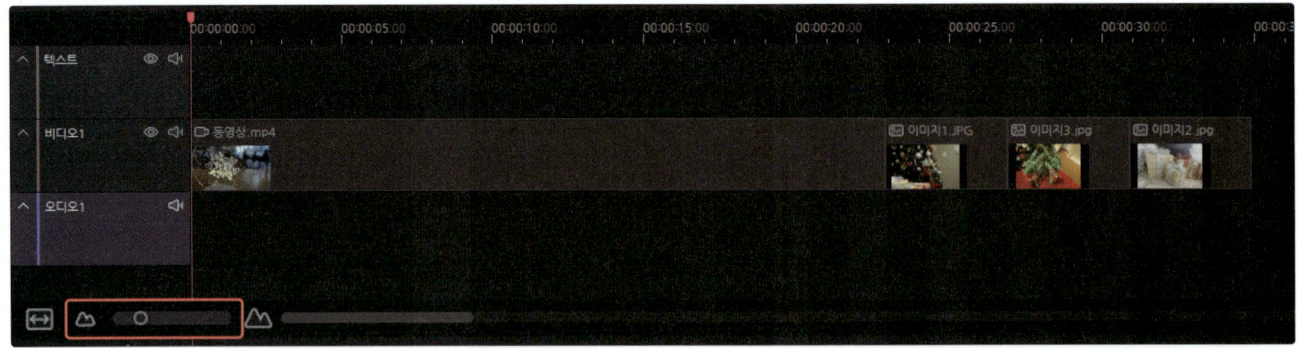

> **DIAT 시험 꿀팁**
> · Ctrl+마우스 휠을 굴려도 화면 확대/축소가 가능하며, 스크롤 막대를 이용하지 않는 범위 내에서 확대합니다.
> · [비디오1] 트랙에 삽입된 파일 위에 마우스를 가져가면 해당 파일의 이름, 시작 시간, 재생 시간 정보 확인이 가능합니다.

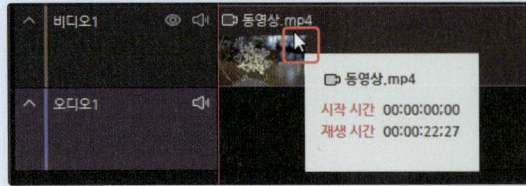

01 처리조건에 따라 출력형태와 같이 완성하시오.

실습 및 완성 파일 :
[08차시]-[유형정리 01] 폴더

《출력형태》

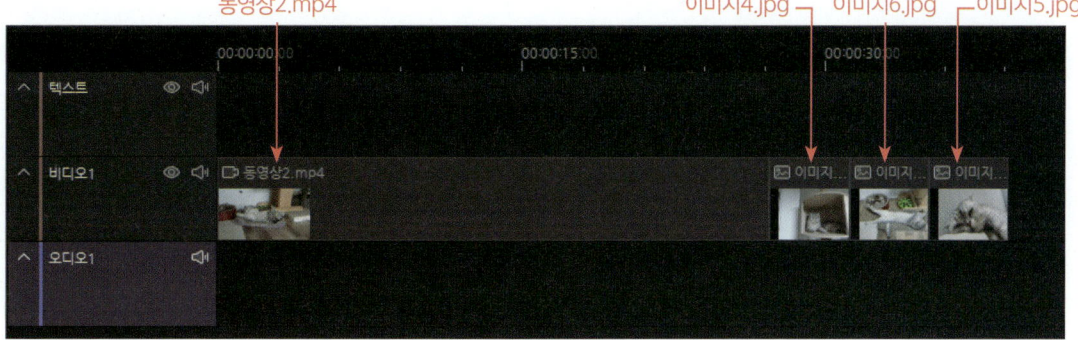

《처리조건》

| 원본 파일 | 이미지4.jpg, 이미지5.jpg, 이미지6.jpg, 동영상2.mp4 |

▶ 미디어 소스의 순서를 다음과 같이 지정하시오.
 · 미디어 소스 순서 ⇒ 동영상2.mp4 > 이미지4.jpg > 이미지6.jpg > 이미지5.jpg

02 처리조건에 따라 출력형태와 같이 완성하시오.

실습 및 완성 파일 :
[08차시]-[유형정리 02] 폴더

《출력형태》

《처리조건》

| 원본 파일 | 이미지7.jpg, 이미지8.jpg, 이미지9.jpg, 동영상3.mp4 |

▶ 미디어 소스의 순서를 다음과 같이 지정하시오.
 · 미디어 소스 순서 ⇒ 동영상3.mp4 > 이미지7.jpg > 이미지9.jpg > 이미지8.jpg

03 처리조건에 따라 출력형태와 같이 완성하시오.

실습 및 완성 파일 :
[08차시]-[유형정리 03] 폴더

《출력형태》

《처리조건》 | 원본 파일 | 이미지10.jpg, 이미지11.jpg, 이미지12.jpg 동영상4.mp4

▶ 미디어 소스의 순서를 다음과 같이 지정하시오.
  · 미디어 소스 순서 ⇒ 동영상4.mp4 > 이미지10.jpg > 이미지11.jpg > 이미지12.jpg

04 처리조건에 따라 출력형태와 같이 완성하시오.

실습 및 완성 파일 :
[08차시]-[유형정리 04] 폴더

《출력형태》

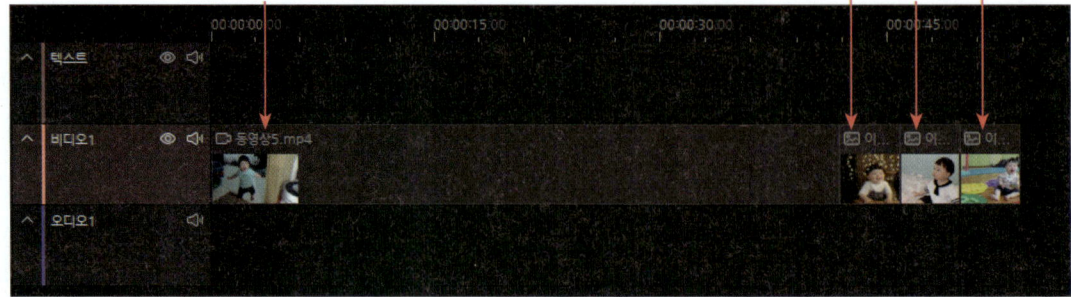

《처리조건》 | 원본 파일 | 이미지13.jpg, 이미지14.jpg, 이미지15.jpg, 동영상5.mp4

▶ 미디어 소스의 순서를 다음과 같이 지정하시오.
  · 미디어 소스 순서 ⇒ 동영상5.mp4 > 이미지15.jpg > 이미지14.jpg > 이미지13.jpg

[문제 3] 동영상 파일 편집하기

❋ 실습 및 완성 파일: [09차시] 폴더

【문제 3】 처리조건에 따라 출력형태와 같이 완성하시오.

《출력형태》

《처리조건》

▶ 동영상 파일('동영상.mp4')을 다음과 같이 처리하시오.
  · 배속 : 1.5x　　　· 자르기 : 시작 시간(0.00), 재생 시간(12.00)
  · 이펙트 : LUT 필터-맑은 햇살-맑은 햇살 04(노출 : 15, 감마 : 0.5)
  · 텍스트 ⇒ 텍스트 입력 : 우리들만의 크리스마스
    　　　　텍스트 서식 : 기본자막(바탕체, 크기 100, 47d8ff), 윤곽선 설정(없음),
    　　　　위치 설정(화면 정가운데 아래), 시작 시간(5.10), 클립 길이(5.00)
  · 재생 속도 설정 후 자르기를 하여야 하며, 잘라진 뒷부분의 동영상 및 트랙의 모든 공백을 삭제할 것
  · 원본 동영상에 포함된 오디오는 모두 음소거 할 것

음소거 설정 ▶ 재생 속도 설정 ▶ 동영상 자르기 ▶ 이펙트 적용 ▶ 텍스트 입력

 ## 음소거 설정하기

원본 동영상에 포함된 오디오는 모두 음소거 할 것

1 문제 파일을 실행하기 위해 [09차시] 폴더에서 'dpi_03_123456_홍길동.gmep' 파일을 더블클릭합니다.

> ◆ **DIAT 시험 꿀팁**
> 실제 시험에서는 바탕화면에 있는 [KAIT]-[제출파일]-[dpi_03_123456_홍길동] 폴더에서 'dpi_03_123456_홍길동.gmep' 파일을 더블클릭하여 답안을 작성합니다. (010-011p 참고)

2 파일이 열리면 음소거를 설정하기 위해 [타임라인]의 '동영상.mp4' 클립을 마우스 오른쪽 버튼으로 눌러 [음소거]를 선택합니다.

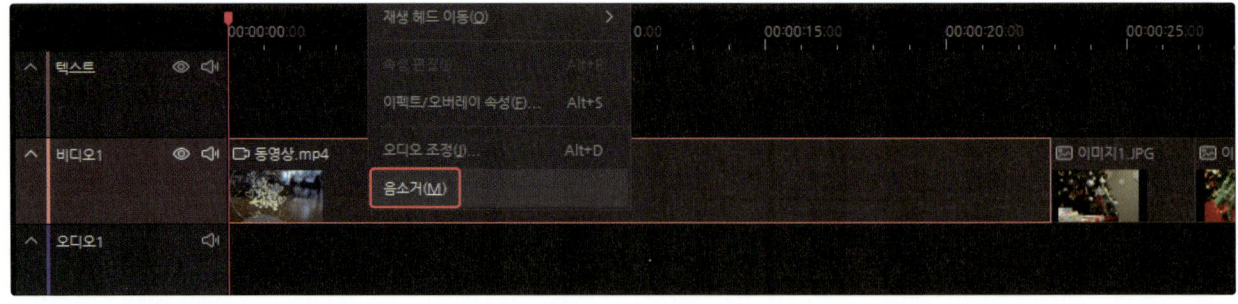

 **음소거 적용하기**

트랙에서 음소거가 설정된 클립 하단에는 다음과 같이 음소거가 표시됩니다.

STEP 02 재생 속도 설정하고 동영상 자르기

· 배속 : 1.5x   · 자르기 : 시작 시간(0.00), 재생 시간(12.00)
· 재생 속도 설정 후 자르기를 하여야 하며, 잘라진 뒷부분의 동영상 및 트랙의 모든 공백을 삭제할 것

1 동영상 파일의 재생 속도를 설정하기 위해 [타임라인]의 [비디오1] 트랙에서 '**동영상.mp4**' 클립을 선택하고 (배속) 아이콘을 클릭합니다.

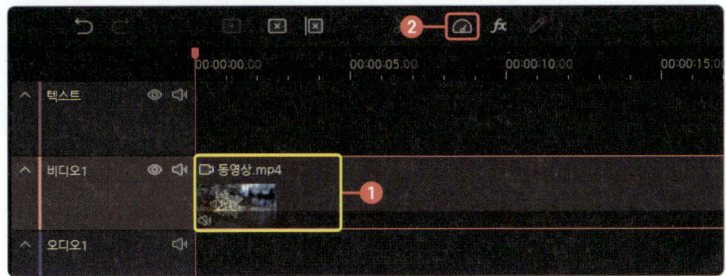

2 '배속'을 '1.5배속'으로 설정한 후 [확인] 버튼을 클릭합니다.

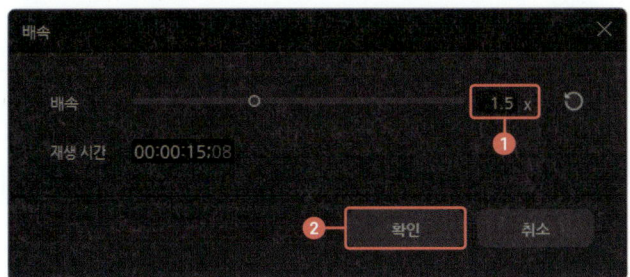

LEVEL UP 배속 설정하기

배속이 설정된 클립 하단에는 다음과 같이 표시됩니다.

3 동영상을 자르기 위해 [미리보기]의 재생위치를 '**12.00**'으로 지정합니다.

4 [타임라인]의 빨간색 선이 '12.00'에 위치한 것을 확인하고 메뉴 바의 '**클립 자르기( )**' 아이콘을 클릭하여 동영상을 잘라줍니다.

➡ 빨간색 선을 기준으로 동영상이 둘로 나눠질 거예요.
➡ 배속 설정을 먼저 완료한 후 동영상 자르기를 작업해요.

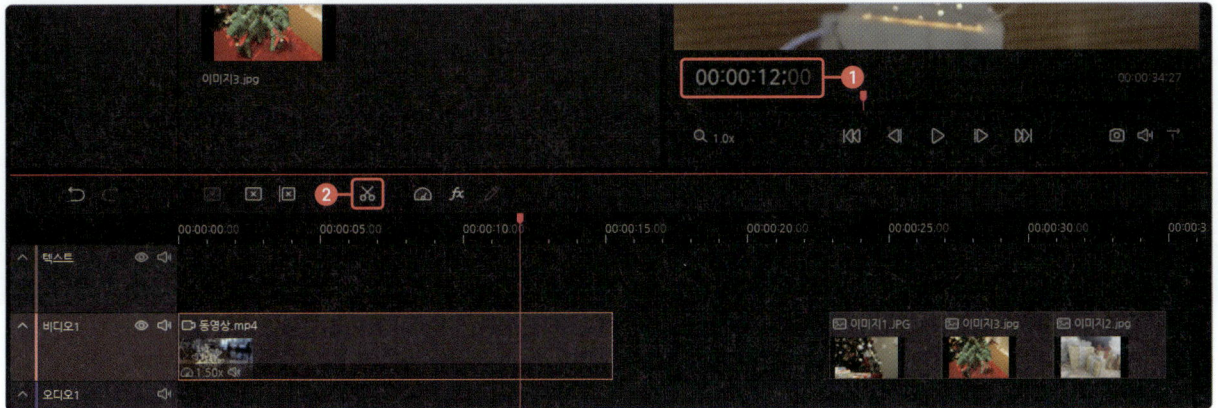

5 잘려진 뒤쪽 동영상을 선택한 후 Delete 를 눌러 삭제한 다음 트랙의 공백을 삭제해 줍니다.

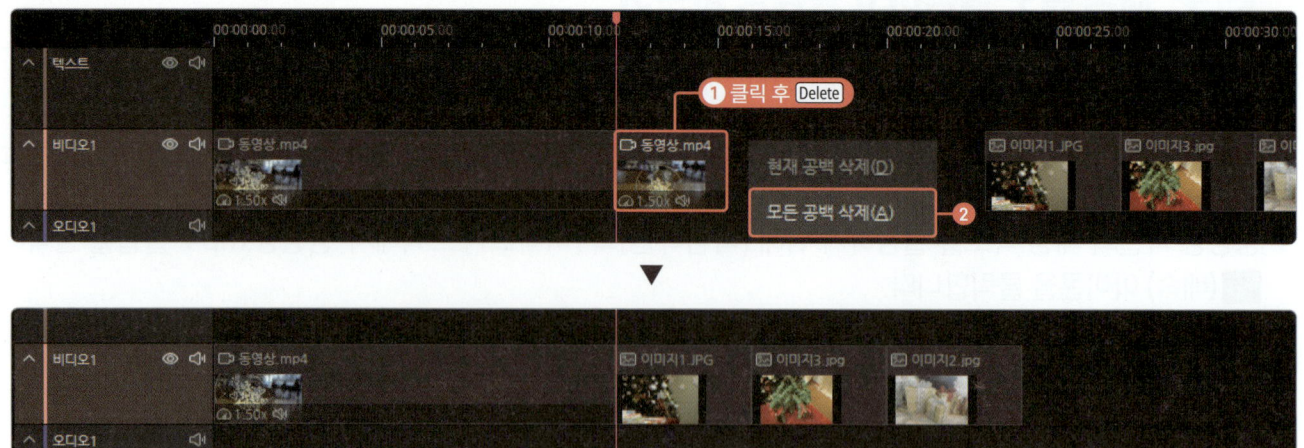

STEP 03 이펙트 지정하기

이펙트 : LUT 필터-맑은 햇살-맑은 햇살 04(노출 : 15, 감마 : 0.5)

1 [타임라인]에서 '동영상.mp4' 클립을 선택하고 상단에서 [이펙트] 탭을 클릭한 다음 '**햇살**'을 검색하여 효과를 선택합니다.

2 표시되는 목록 중 [**맑은 햇살 04**]를 선택하고 '**노출**'과 '**감마**' 값을 지정합니다.

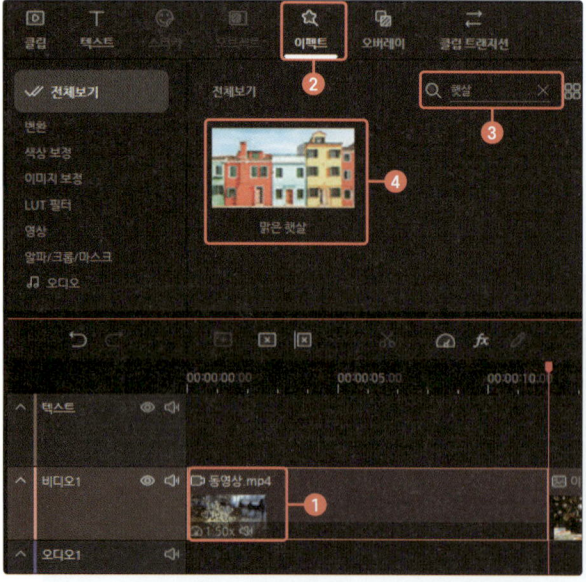 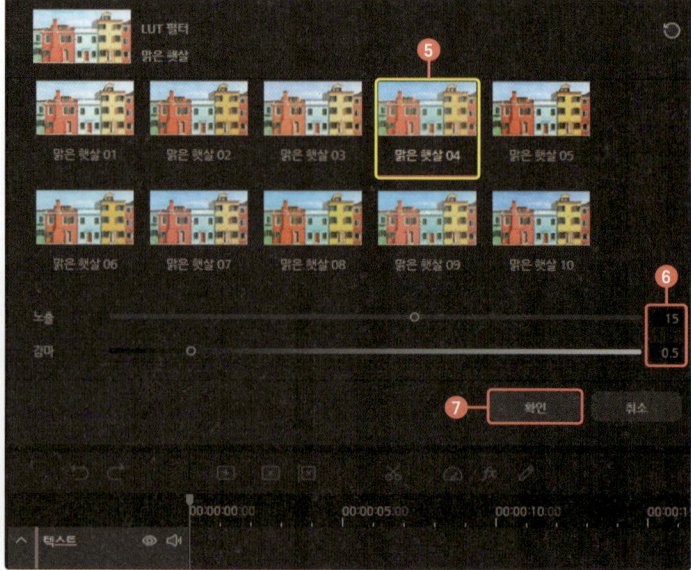

3 [미리보기] 화면에서 이펙트가 적용된 것을 확인합니다.

STEP 04 텍스트 입력하기

텍스트 ⇒ 텍스트 입력 : 우리들만의 크리스마스
　　　　텍스트 서식 : 기본자막(바탕체, 100, 47d8ff), 윤곽선 설정(없음),
　　　　위치 설정(화면 정가운데 아래), 시작 시간(5.10), 클립 길이(5.00)

1 동영상에 텍스트를 입력하기 위해 [타임라인]-[텍스트]를 선택한 후 [텍스트] 탭에서 [기본자막]을 찾아 ➕을 클릭합니다.

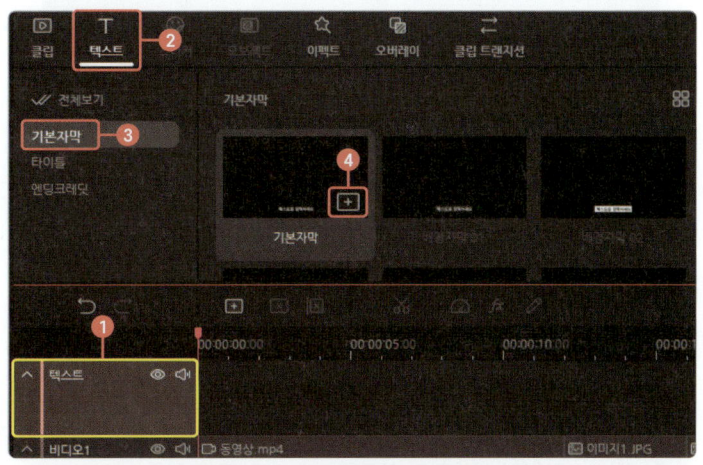

2 [타임라인]에 추가된 텍스트 클립을 더블클릭한 다음 《처리조건》에 제시된 '**우리들만의 크리스마스**'를 입력한 후 폰트 종류(바탕체), 폰트 크기(100), 위치 설정(화면 정가운데 아래)을 지정합니다.

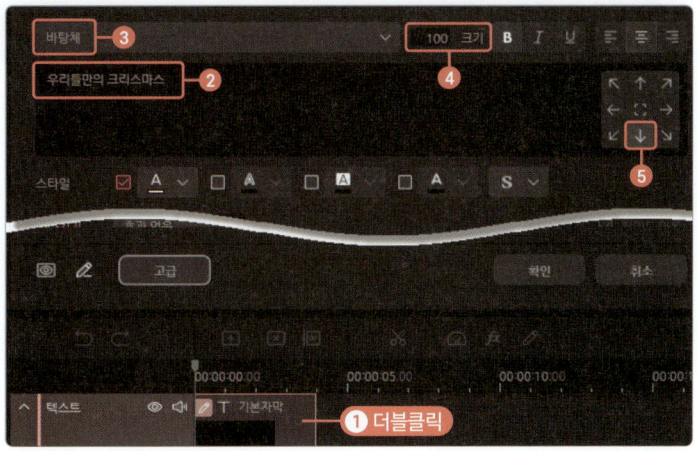

3 텍스트 색을 설정하기 위해 스타일에서 첫 번째 단추를 클릭한 후 [**다른 색상**]을 선택합니다.

 ▶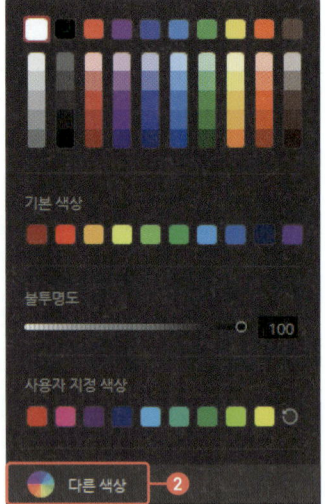

4 [색상 선택] 대화상자가 나타나면 《처리조건》에 표시된 색상 값(**47d8ff**)을 입력한 다음 [**확인**] 단추를 눌러 텍스트 편집을 완료합니다.

 ▶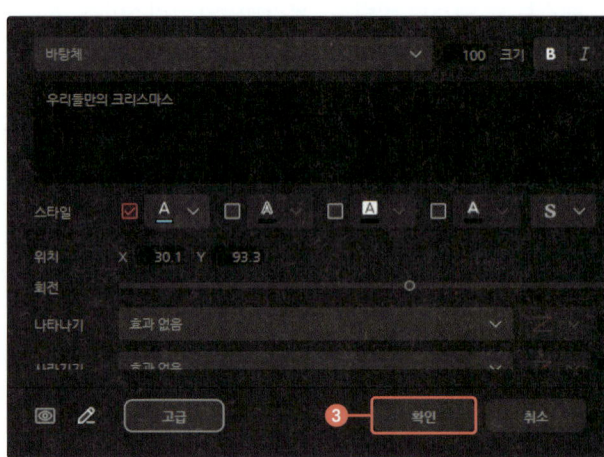

LEVEL UP 텍스트 스타일 알아보기

현재 DIAT 멀티미디어 시험에서는 텍스트 색상과 윤곽선 서식을 변경하는 문제가 출제되고 있습니다. 《처리조건》을 확인하여 관련 없는 스타일이 선택되어 있다면 반드시 체크 표시를 해제합니다.

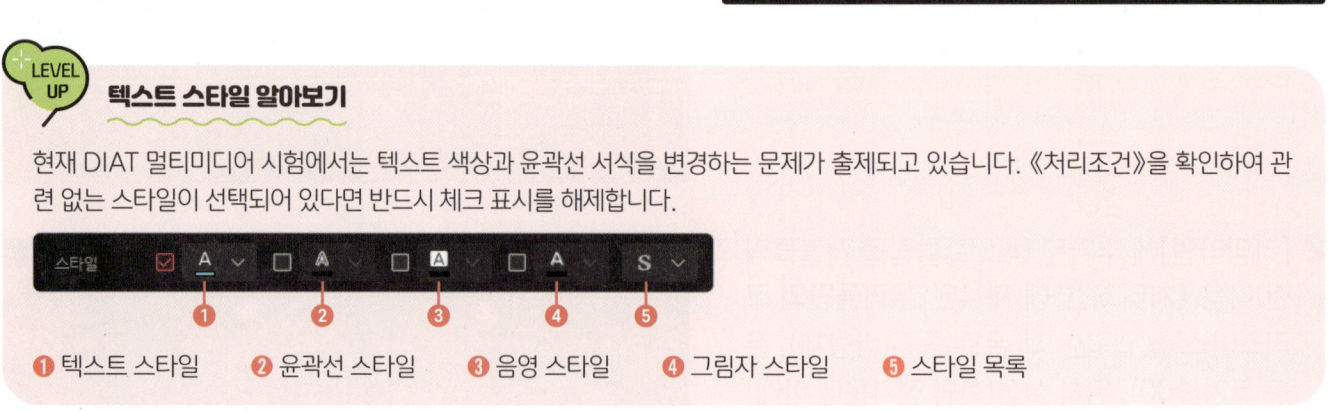

❶ 텍스트 스타일 ❷ 윤곽선 스타일 ❸ 음영 스타일 ❹ 그림자 스타일 ❺ 스타일 목록

5 텍스트의 재생 시간을 설정하기 위해 재생 위치를 '5.10'으로 지정한 다음 텍스트 클립을 빨간색 선 뒤쪽으로 드래그합니다.

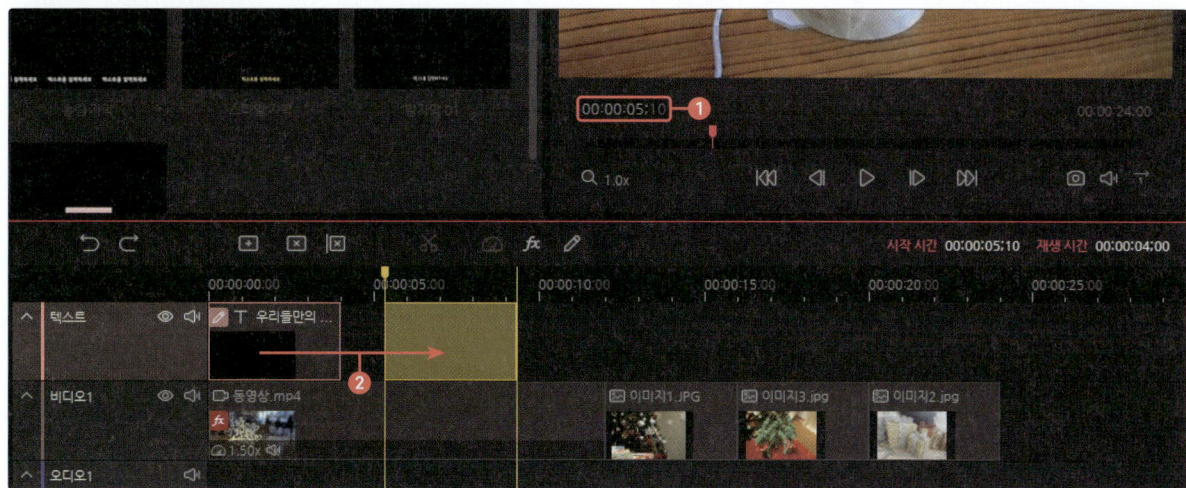

6 이동된 텍스트 클립 위에서 마우스 오른쪽 버튼을 눌러 [길이 변경]을 클릭한 후 클립 길이를 '5.00'로 지정합니다.

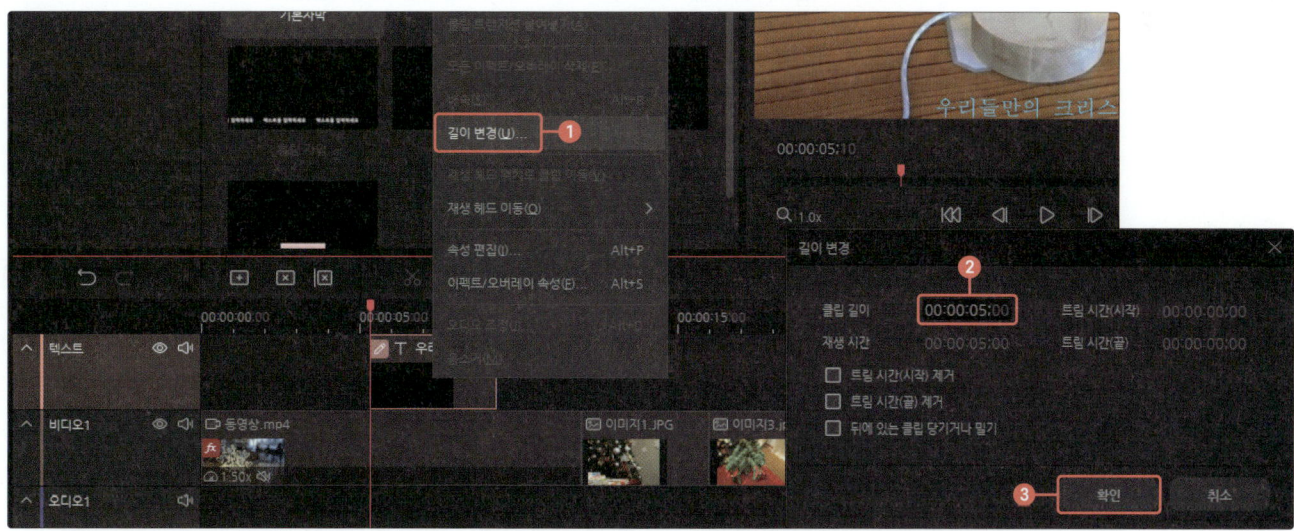

7 [미리보기 영역]에서 재생 단추를 눌러 편집된 영상을 확인해 보세요.

유형정리

01 처리조건에 따라 출력형태와 같이 완성하시오.

실습 및 완성 파일 : [09차시]-[유형정리 01] 폴더

《출력형태》

《처리조건》 ▶ 동영상 파일('동영상2.mp4')을 다음과 같이 처리하시오.
· 배속 : 1.5x · 자르기 : 시작 시간(0.00), 재생 시간(14.00)
· 이펙트 : 이미지 보정-톤맵(채도 : -15)
· 텍스트 ⇒ 텍스트 입력 : 로빈이의 하루
  텍스트 서식 : 기본자막(휴먼엑스포, 110, ffff02), 윤곽선 설정(없음)
  위치 설정(화면 정가운데 아래), 시작 시간(5.10), 클립 길이(5.00)
· 재생 속도 설정 후 자르기를 하여야 하며, 잘라진 뒷부분의 동영상 및 트랙의 모든 공백을 삭제할 것
· 원본 동영상에 포함된 오디오는 모두 음소거 할 것

02 처리조건에 따라 출력형태와 같이 완성하시오.

실습 및 완성 파일 : [09차시]-[유형정리 02] 폴더

《출력형태》

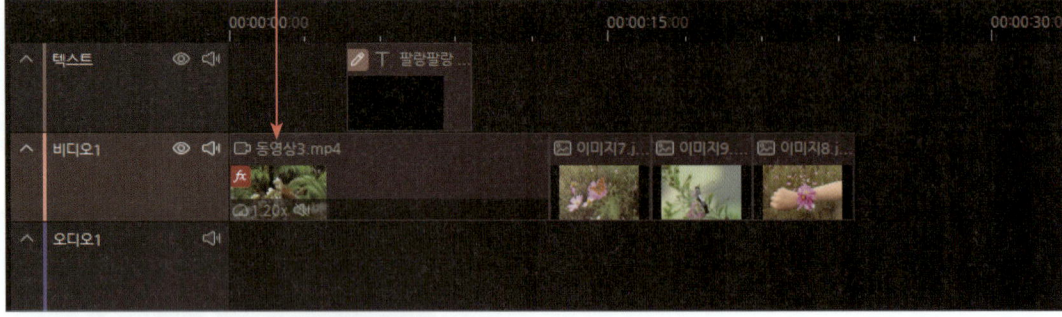

《처리조건》 ▶ 동영상 파일('동영상3.mp4')을 다음과 같이 처리하시오.
· 배속 : 1.2x · 자르기 : 시작 시간(0.00), 재생 시간(12.20)
· 이펙트 : LUT 필터-파스텔-파스텔 02(노출 : 10, 감마 : 0.5)
· 텍스트 ⇒ 텍스트 입력 : 팔랑팔랑 나비
  텍스트 서식 : 기본자막(궁서체, 100, 000000), 윤곽선 설정(없음)
  위치 설정(화면 정가운데 아래), 시작 시간(4.20), 클립 길이(5.00)
· 재생 속도 설정 후 자르기를 하여야 하며, 잘라진 뒷부분의 동영상 및 트랙의 모든 공백을 삭제할 것
· 원본 동영상에 포함된 오디오는 모두 음소거 할 것

03 처리조건에 따라 출력형태와 같이 완성하시오.

《실습 및 완성 파일 : [09차시]-[유형정리 03] 폴더》

《출력형태》

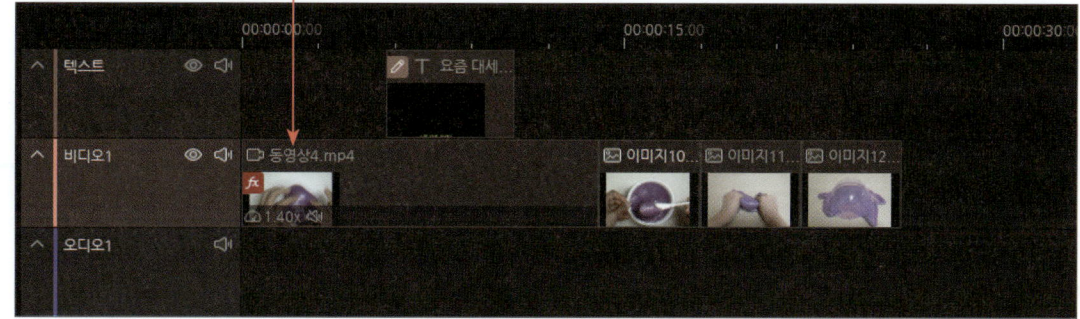

《처리조건》 ▶ 동영상 파일('동영상4.mp4')을 다음과 같이 처리하시오.
· 배속 : 1.4x   · 자르기 : 시작 시간(0.00), 재생 시간(14.00)
· 이펙트 : 이미지 보정-부드럽게(강도 : 20)
· 텍스트 ⇒ 텍스트 입력 : 요즘 대세 슬라임
    텍스트 서식 : 기본자막(휴먼옛체, 120, aff32a), 윤곽선 설정(없음)
    위치 설정(화면 정가운데 아래), 시작 시간(5.20), 클립 길이(5.00)
· 재생 속도 설정 후 자르기를 하여야 하며, 잘라진 뒷부분의 동영상 및 트랙의 모든 공백을 삭제할 것
· 원본 동영상에 포함된 오디오는 모두 음소거 할 것

04 처리조건에 따라 출력형태와 같이 완성하시오.

《실습 및 완성 파일 : [09차시]-[유형정리 04] 폴더》

《출력형태》

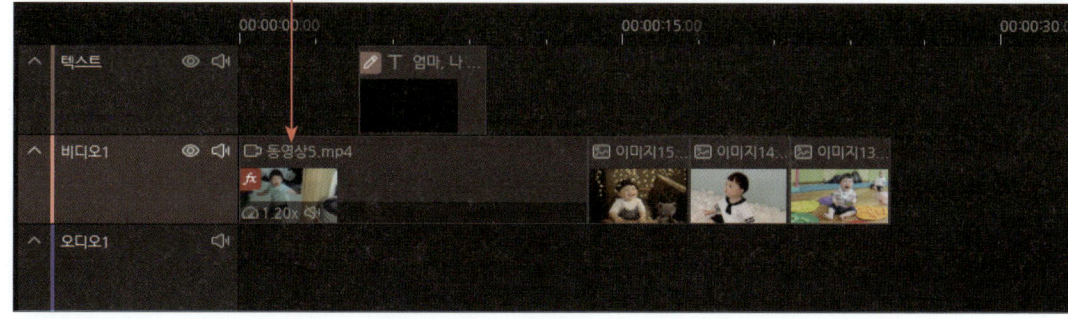

《처리조건》 ▶ 동영상 파일('동영상5.mp4')을 다음과 같이 처리하시오.
· 배속 : 1.2x   · 자르기 : 시작 시간(0.00), 재생 시간(13.20)
· 이펙트 : LUT 필터-맑은 햇살-맑은 햇살 03(노출 : 30, 감마 : 0.8)
· 텍스트 ⇒ 텍스트 입력 : 엄마, 나 잡아봐요
    텍스트 서식 : 기본자막(돋움체, 110, fcdf35), 윤곽선 설정(없음)
    위치 설정(화면 정가운데 아래), 시작 시간(4.20), 클립 길이(5.00)
· 재생 속도 설정 후 자르기를 하여야 하며, 잘라진 뒷부분의 동영상 및 트랙의 모든 공백을 삭제할 것
· 원본 동영상에 포함된 오디오는 모두 음소거 할 것

[문제 3] 이미지 파일 편집하기

✱ 실습 및 완성 파일: [10차시] 폴더

【문제 3】 처리조건에 따라 출력형태와 같이 완성하시오.

《출력형태》

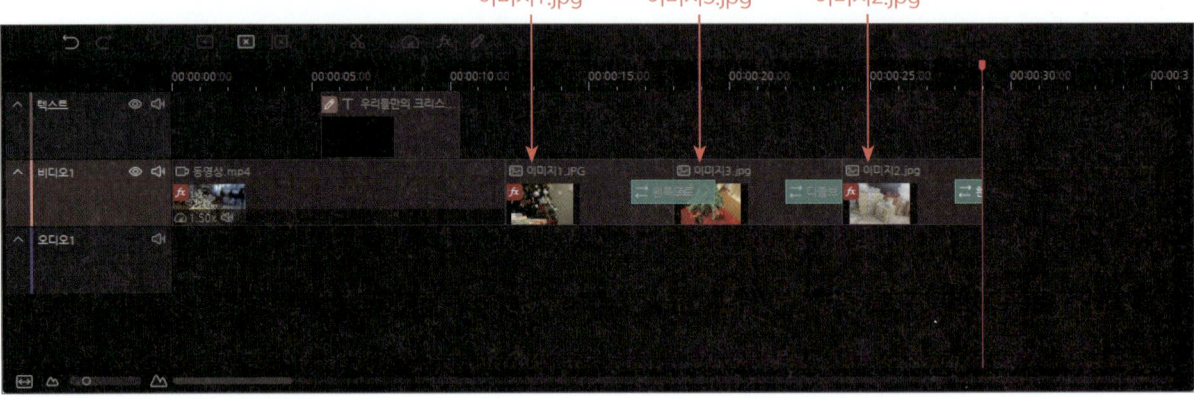

《처리조건》

▶ 이미지 파일을 다음과 같이 처리하시오.
  · '이미지1.jpg' ⇒ 이미지 클립 길이 : 6.00, 오버레이 : 비누 방울(크기 : 7, 속도 : 2),
                    클립 트랜지션 : 왼쪽으로 스크롤(오버랩, 재생 시간 : 2.30)
  · '이미지3.jpg' ⇒ 이미지 클립 길이 : 6.00, 오버레이 : 가랜드(줄 색상 : ff00ff),
                    클립 트랜지션 : 디졸브(앞으로 이동, 재생 시간 : 2.00)
  · '이미지2.jpg' ⇒ 이미지 클립 길이 : 5.00, 오버레이 : 원형 비넷(반경 : 60, 페더 : 80),
                    클립 트랜지션 : 흰색 페이드(앞으로 이동, 재생 시간 : 1.00)
  · 지시사항이 없는 경우는 기본 값을 적용하시오.

이미지1 편집하기 ▷ 이미지3 편집하기 ▷ 이미지2 편집하기

 '이미지1.jpg' 편집하기

'이미지1.jpg' ⇒ 이미지 클립 길이 : 6.00, 오버레이 : 비누 방울(크기 : 7, 속도 : 2),
　　　　　　클립 트랜지션 : 왼쪽으로 스크롤(오버랩, 재생 시간 : 2.30)

1 [10차시] 폴더에서 'dpi_03_123456_홍길동.gmep' 파일을 더블클릭합니다.

> ✚ 실제 시험에서는 바탕화면에 있는 [KAIT]-[제출파일]-[dpi_03_123456_홍길동] 폴더에서 'dpi_03_123456_홍길동.gmep' 파일을 열어 작업해요.

2 파일이 실행되면 [타임라인]의 '이미지1.jpg' 클립 위에서 마우스 오른쪽 버튼을 눌러 [길이 변경]을 클릭한 후 클립 길이를 '6.00'으로 지정합니다.

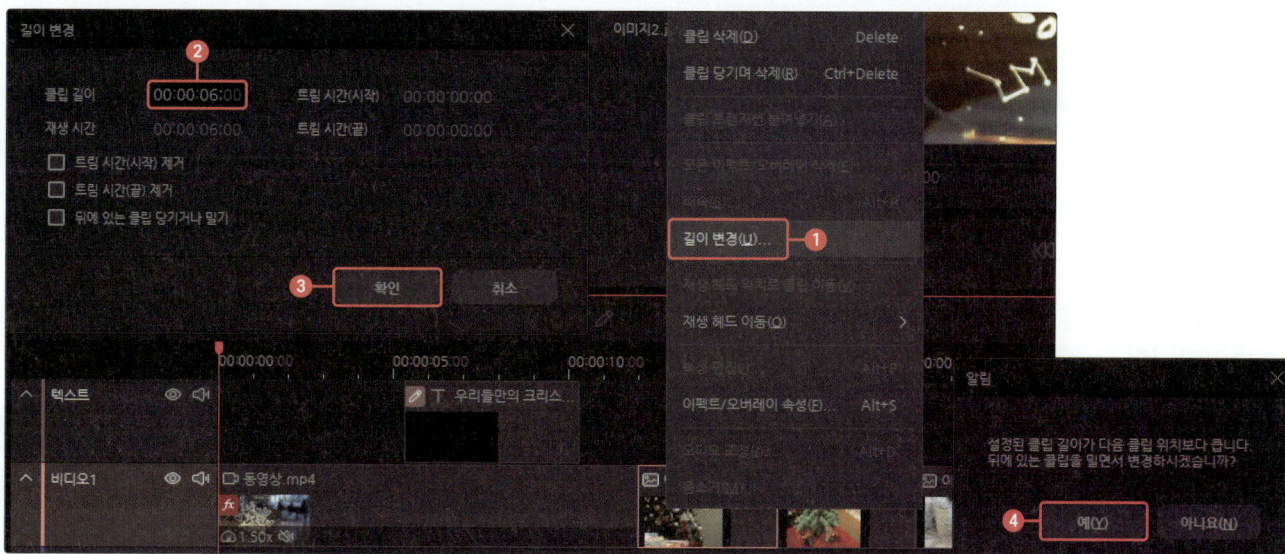

3 다음과 같이 '이미지1.jpg'의 클립시간이 변경된 것을 확인해 보세요.

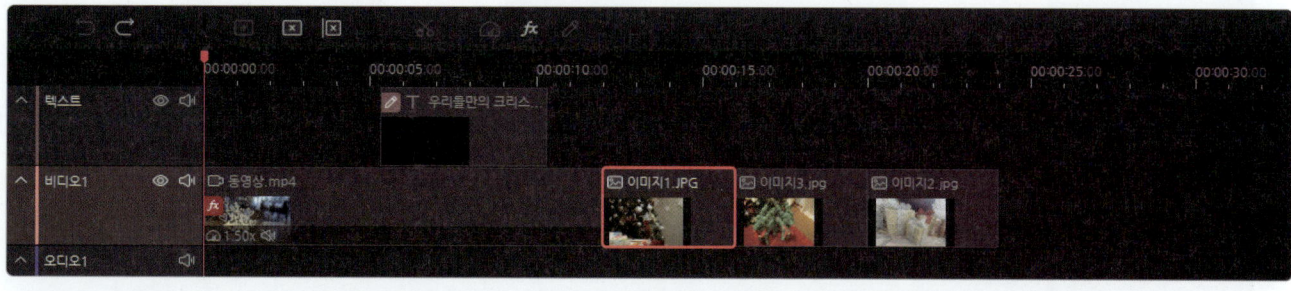

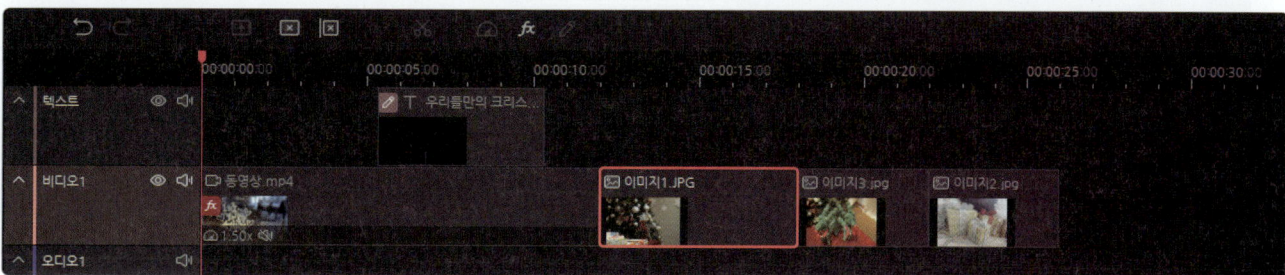

4 '이미지1.jpg'의 클립이 선택된 상태에서 상단의 [오버레이] 탭-[비누 방울]을 찾아 더블클릭합니다.

5 《처리조건》에 따라 **크기(7)**와 **속도(2)**를 조절한 후 [확인]을 클릭하세요.

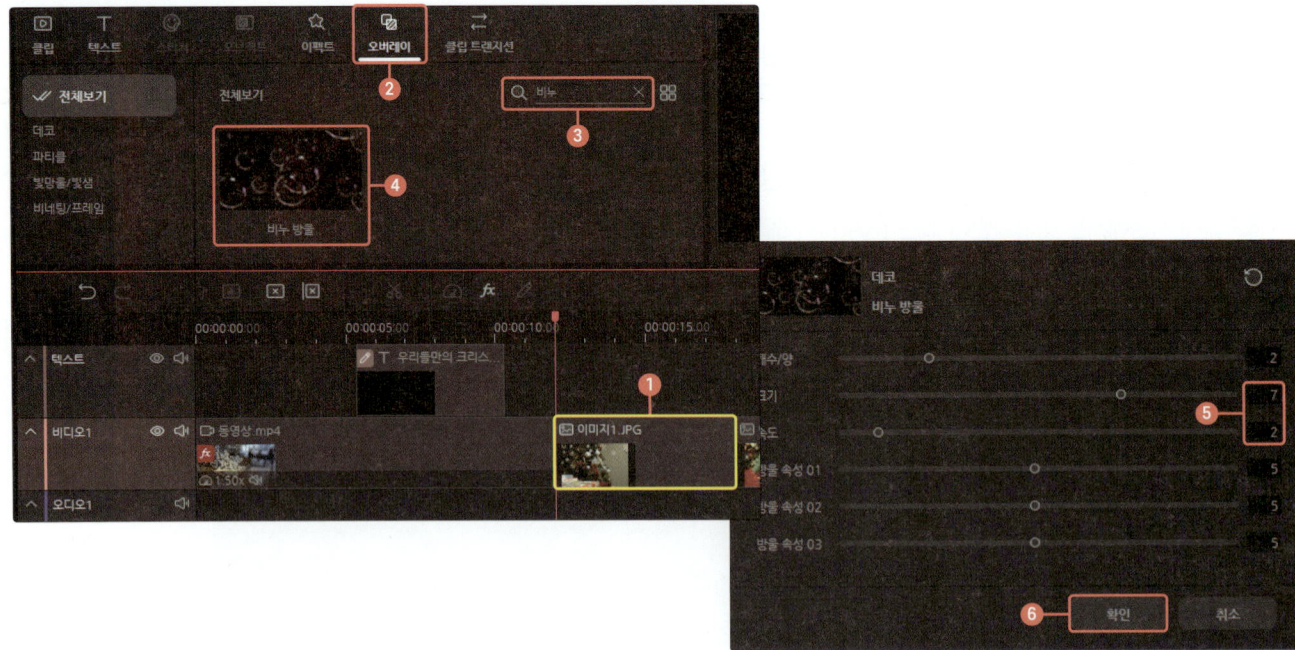

6 '이미지1.jpg'의 클립이 선택된 상태에서 상단의 [클립 트랜지션] 탭을 클릭하여 [왼쪽으로 스크롤]의 ➕를 클릭합니다.

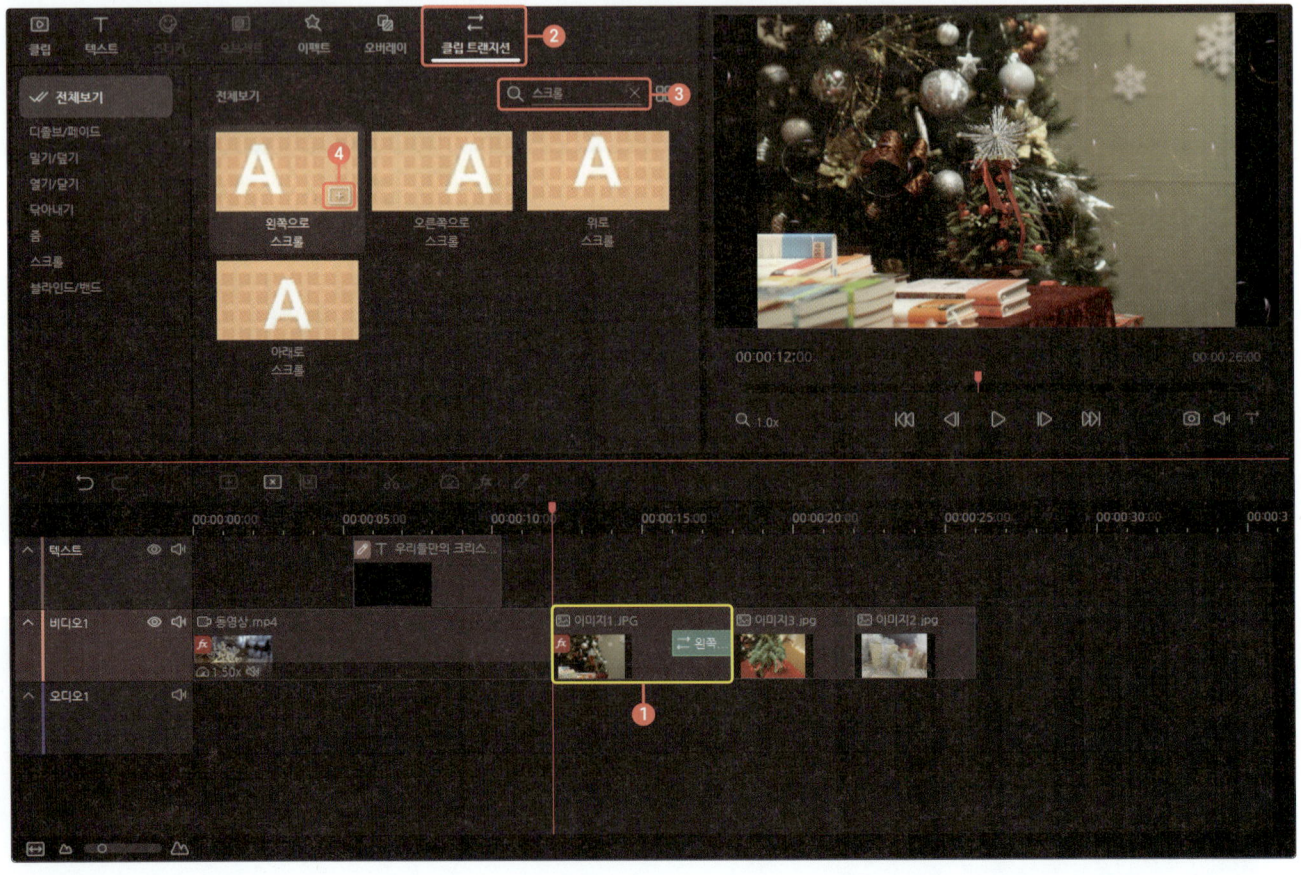

7 [타임라인]의 '이미지1.jpg' 클립에 적용된 효과 아이콘을 더블클릭하여 위치**(오버랩)**와 재생 시간**(2.30)**을 지정한 다음 [확인]을 클릭합니다.

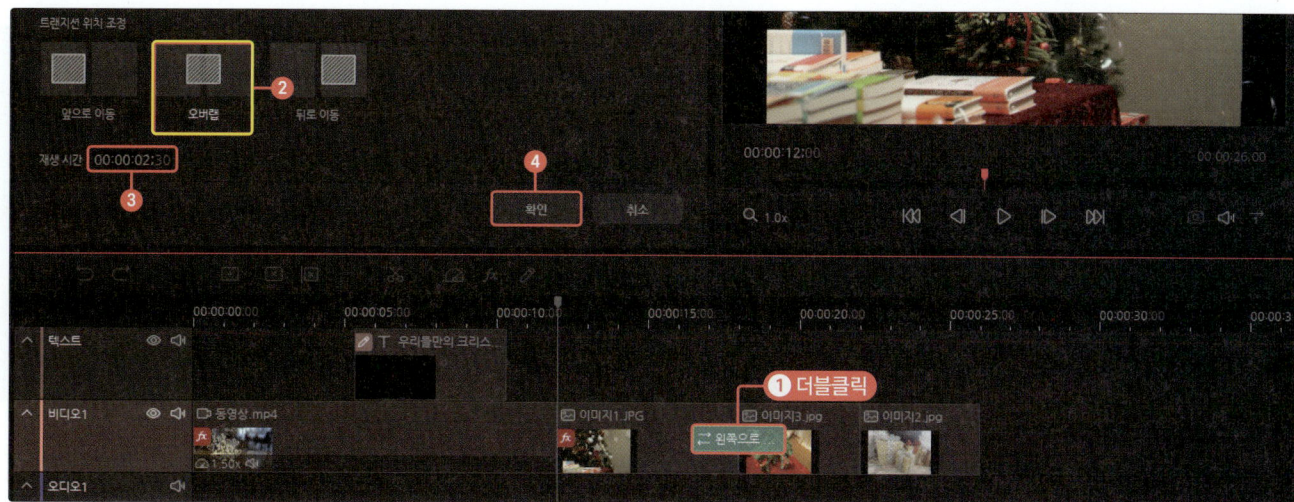

 **'이미지3.jpg', '이미지2.jpg' 편집하기**

'이미지3.jpg' ➡ 이미지 클립 길이 : 6.00, 오버레이 : 가랜드(줄 색상 : ff00ff),
　　　　　　　클립 트랜지션 : 디졸브(앞으로 이동, 재생 시간 : 2.00)
'이미지2.jpg' ➡ 이미지 클립 길이 : 5.00, 오버레이 : 원형 비넷(반경 : 60, 페더 : 80),
　　　　　　　클립 트랜지션 : 흰색 페이드(앞으로 이동, 재생 시간 : 1.00)

1 [타임라인]의 '이미지3.jpg', '이미지2.jpg' 클립의 길이를 각각 '6.00', '5.00'으로 변경합니다.

➲ 이미지 클립 위에서 마우스 오른쪽 버튼을 눌러 [길이 변경]을 클릭해요.

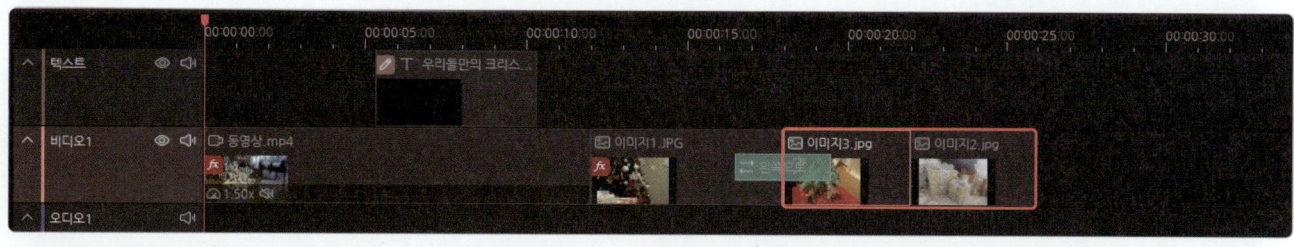

2 '이미지3.jpg' 클립이 선택된 상태에서 [오버레이] 탭-[가랜드]를 찾아 더블클릭합니다.

3 《처리조건》에 맞추어 줄 색상을 'ff00ff'으로 변경한 후 [확인]을 클릭합니다.

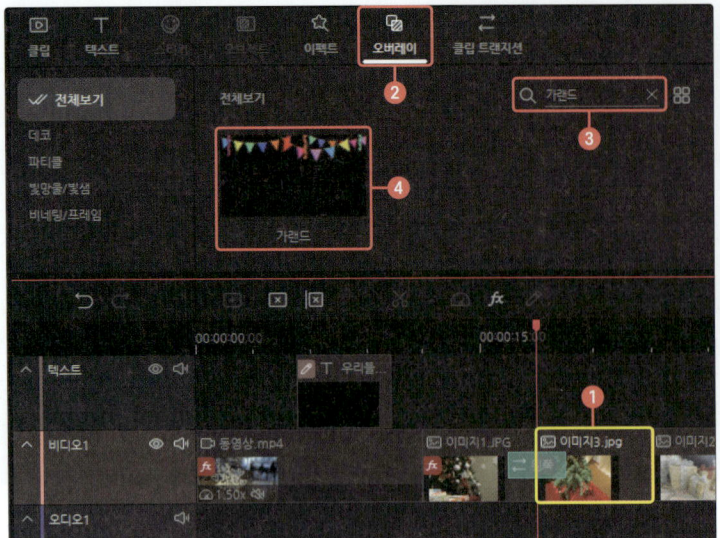
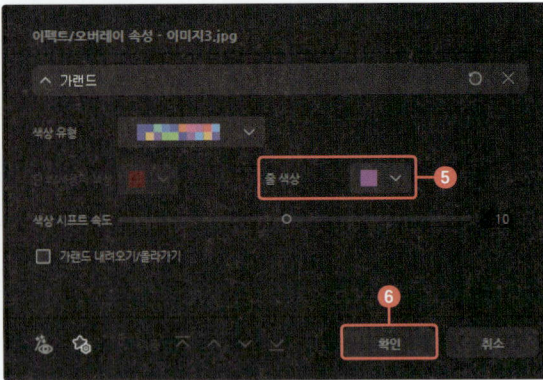

4 '이미지3.jpg' 클립이 선택된 상태에서 [클립 트랜지션] 탭을 클릭하여 [디졸브]의 📷 를 클릭합니다.

5 [타임라인]의 '이미지3.jpg' 클립에 적용된 효과 아이콘을 더블클릭하여 위치(**앞으로 이동**)와 재생 시간 (**2.00**)을 지정한 다음 [확인]을 클릭합니다.

6 아래 조건을 참고하여 '**이미지2.jpg**' 클립에 오버레이와 클립트랜지션 효과를 적용해 보세요.

- '이미지2.jpg' ⇒ 이미지 클립 길이 : 5.00, 오버레이 : 원형 비넷(반경 : 60, 페더 : 80), 클립 트랜지션 : 흰색 페이드(앞으로 이동, 재생 시간 : 1.00)

01 처리조건에 따라 출력형태와 같이 완성하시오.

실습 및 완성 파일 :
[10차시]-[유형정리 01] 폴더

《출력형태》

《처리조건》 ▶ 이미지 파일을 다음과 같이 처리하시오.
- '이미지4.jpg' ⇒ 이미지 클립 길이 : 5.00, 오버레이 : 비누 방울(크기 : 7, 속도 : 2),
  클립 트랜지션 : 왼쪽으로 스크롤(오버랩, 재생 시간 : 2.00)
- '이미지6.jpg' ⇒ 이미지 클립 길이 : 5.00, 오버레이 : 원형 비넷(반경 : 45, 페더 : 20),
  클립 트랜지션 : 디졸브(앞으로 이동, 재생 시간 : 2.00)
- '이미지5.jpg' ⇒ 이미지 클립 길이 : 6.00, 오버레이 : 흩날림(개수/양 : 50),
  클립 트랜지션 : 타원 열기(앞으로 이동, 재생 시간 : 2.00)
- 지시사항이 없는 경우는 기본 값을 적용하시오.

02 처리조건에 따라 출력형태와 같이 완성하시오.

실습 및 완성 파일 :
[10차시]-[유형정리 02] 폴더

《출력형태》

《처리조건》 ▶ 이미지 파일을 다음과 같이 처리하시오.
- '이미지7.jpg' ⇒ 이미지 클립 길이 : 6.00, 오버레이 : 가우스(강도 : 40, 속도 : 6),
  클립 트랜지션 : 타원 닫기(앞으로 이동, 재생 시간 : 1.00)
- '이미지9.jpg' ⇒ 이미지 클립 길이 : 6.00, 오버레이 : 좋아요(개수/양 : 30),
  클립 트랜지션 : 디졸브(오버랩, 재생 시간 : 2.00)
- '이미지8.jpg' ⇒ 이미지 클립 길이 : 5.00, 오버레이 : 가랜드(줄 색상 : fe00ba),
  클립 트랜지션 : 줌 인(앞으로 이동, 재생 시간 : 1.00)
- 지시사항이 없는 경우는 기본 값을 적용하시오.

03 처리조건에 따라 출력형태와 같이 완성하시오.

실습 및 완성 파일 : [10차시]-[유형정리 03] 폴더

《출력형태》

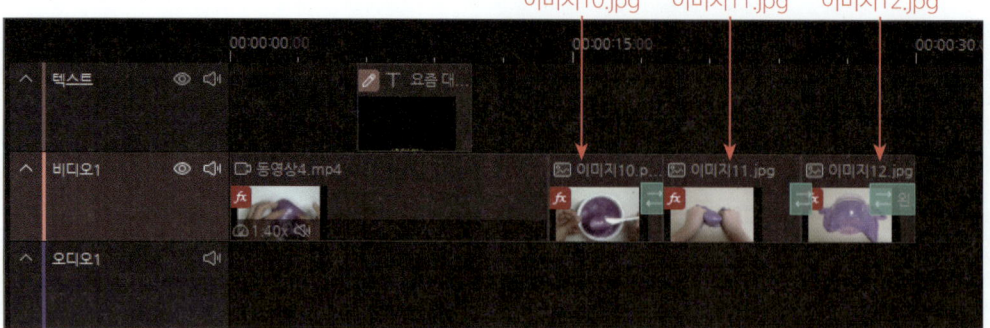

《처리조건》 ▶ 이미지 파일을 다음과 같이 처리하시오.
- '이미지10.jpg' ⇒ 이미지 클립 길이 : 5.00, 오버레이 : 사각 비넷(페더 : 80), 클립 트랜지션 : 위로 덮기(앞으로 이동, 재생 시간 : 1.00)
- '이미지11.jpg' ⇒ 이미지 클립 길이 : 6.00, 오버레이 : 영롱한(크기 : 15, 밝기 강도 : 50), 클립 트랜지션 : 문 열기(오버랩, 재생 시간 : 1.00)
- '이미지12.jpg' ⇒ 이미지 클립 길이 : 5.00, 오버레이 : 스페이스 01(속도 : 10), 클립 트랜지션 : 왼쪽으로 스크롤(앞으로 이동, 재생 시간 : 2.00)
- 지시사항이 없는 경우는 기본 값을 적용하시오.

04 처리조건에 따라 출력형태와 같이 완성하시오.

실습 및 완성 파일 : [10차시]-[유형정리 04] 폴더

《출력형태》

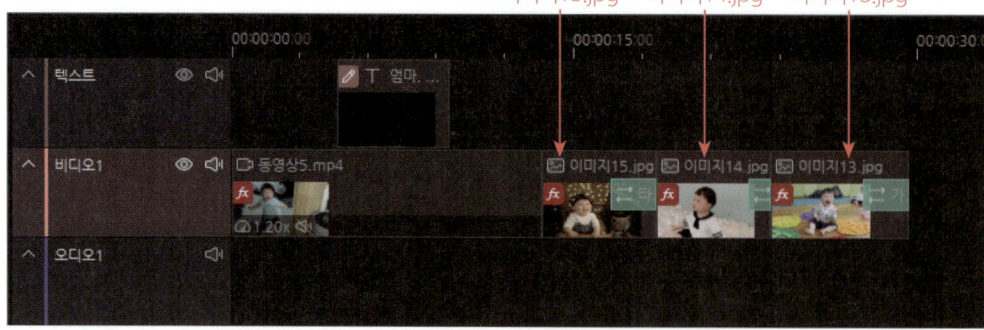

《처리조건》 ▶ 이미지 파일을 다음과 같이 처리하시오.
- '이미지15.jpg' ⇒ 이미지 클립 길이 : 5.00, 오버레이 : 후광 프레임(내부 반경 : 50), 클립 트랜지션 : 타원 열기(앞으로 이동, 재생 시간 : 2.00)
- '이미지14.jpg' ⇒ 이미지 클립 길이 : 5.00, 오버레이 : 집중선 01(선 굵기 : 10), 클립 트랜지션 : 교차 줌(앞으로 이동, 재생 시간 : 1.00)
- '이미지13.jpg' ⇒ 이미지 클립 길이 : 6.00, 오버레이 : 레디얼 라이트(노출 : -55), 클립 트랜지션 : 가로 순차 블라인드(앞으로 이동, 재생 시간 : 2.00)
- 지시사항이 없는 경우는 기본 값을 적용하시오.

[문제 3]
텍스트 삽입하기

✽ 실습 및 완성 파일: [11차시] 폴더

【문제 3】 처리조건에 따라 출력형태와 같이 완성하시오.

《출력형태》

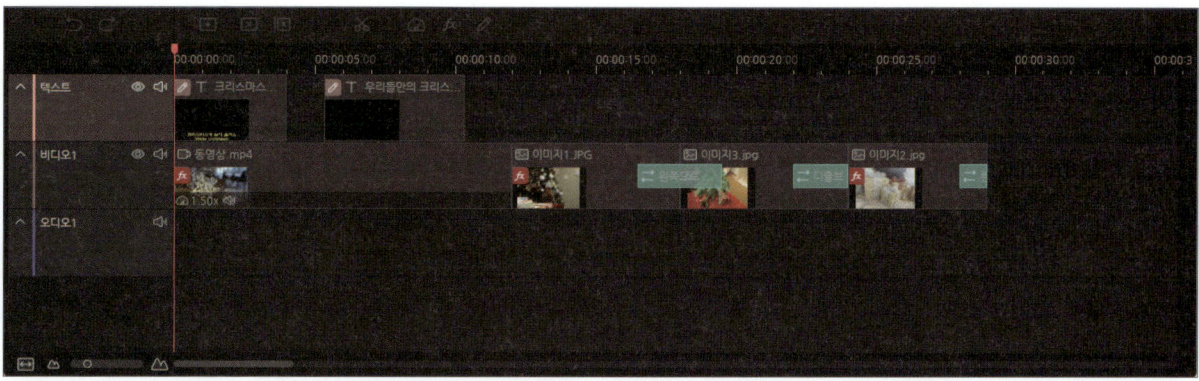

《처리조건》

▶ 다음 조건에 따라 동영상 시작 부분에 텍스트를 지정하시오.

· 텍스트 ⇒ 텍스트 입력 : 크리스마스에 눈이 올까요
(White Christmas)

  텍스트 서식(휴먼옛체, 크기 150, ffff02), 윤곽선 설정(색상 : 000000, 두께 : 40),
  나타나기(왼쪽으로 닦아내기, 지속 시간 : 2.00), 시작 시간(0.00), 텍스트 클립 길이(4.00)

텍스트 입력 ▷ 서식 지정 ▷ 나타내기 효과 지정 ▷ 시작 시간, 텍스트 클립 길이 설정

STEP 01 텍스트 입력 후 나타나기 효과 적용하기

- 텍스트 ⇒ 텍스트 입력 : 크리스마스에 눈이 올까요 (White Christmas)

  텍스트 서식(휴먼옛체, 크기 150, ffff02), 윤곽선 설정(색상 : 000000, 두께 : 40),
  나타나기(왼쪽으로 닦아내기, 지속 시간 : 2.00), 시작 시간(0.00), 텍스트 클립 길이(4.00)

1 [11차시] 폴더에서 'dpi_03_123456_홍길동.gmep' 파일을 더블클릭합니다.

> 실제 시험에서는 바탕화면에 있는 [KAIT]-[제출파일]-[dpi_03_123456_홍길동] 폴더에서 'dpi_03_123456_홍길동.gmep' 파일을 열어 작업해요.

2 동영상에 텍스트를 입력하기 위해 [타임라인]-[텍스트]를 선택한 후 [텍스트] 탭에서 [기본자막]을 찾아 을 클릭합니다.

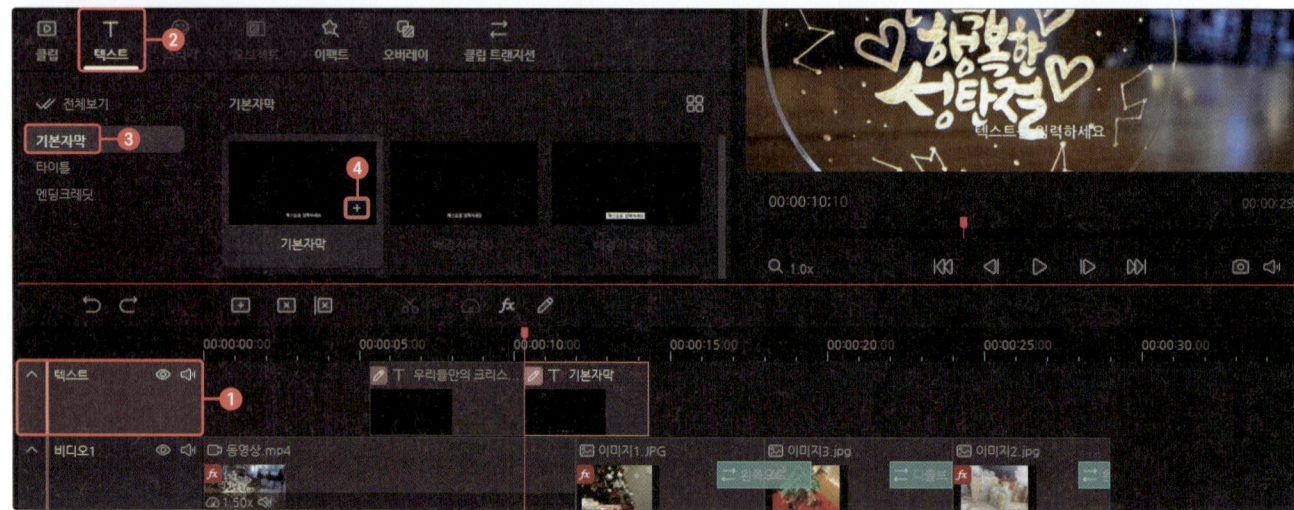

3 [타임라인]에 추가된 텍스트 클립을 더블클릭한 다음 《처리조건》에 제시된 '크리스마스에 눈이 올까요(White Christmas)'를 입력한 후 '폰트 종류(휴먼옛체), 크기(150), 색상(ffff02)'을 지정합니다.

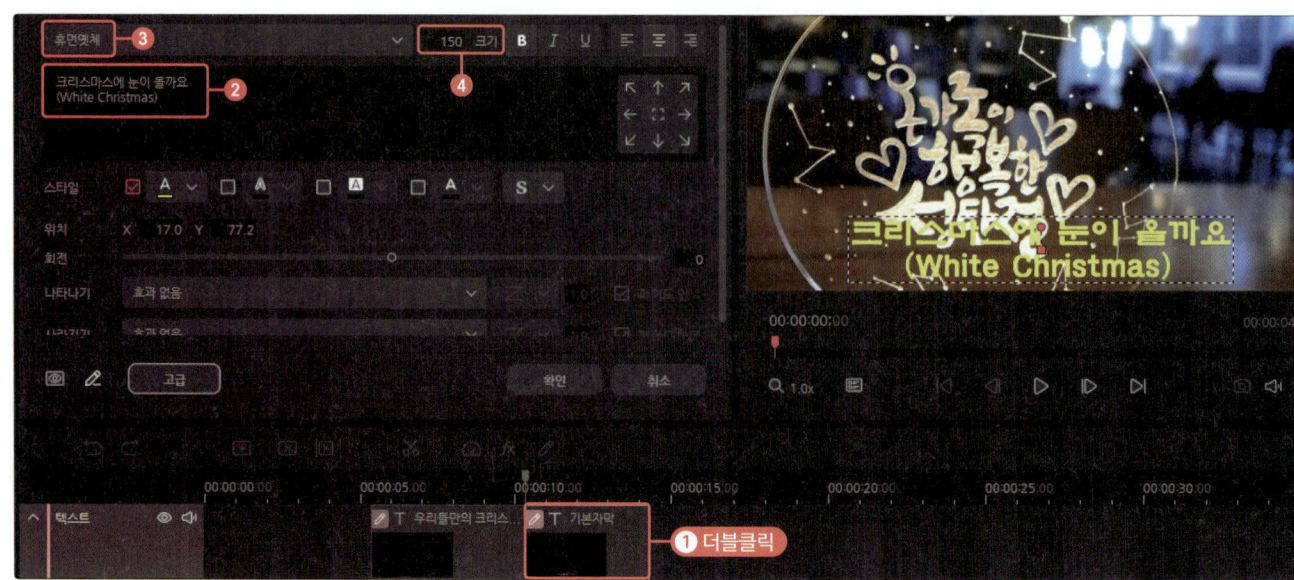

LEVEL UP 텍스트 작업하기

· 한글 텍스트 입력 후 Enter를 눌러 줄바꿈한 후 영문 텍스트를 입력합니다.
· 영문 텍스트의 앞뒤에 괄호도 모두 입력해야 합니다.
· 색상을 변경할 때는 [다른 색상]에 들어가 제시된 색상 코드를 입력합니다.

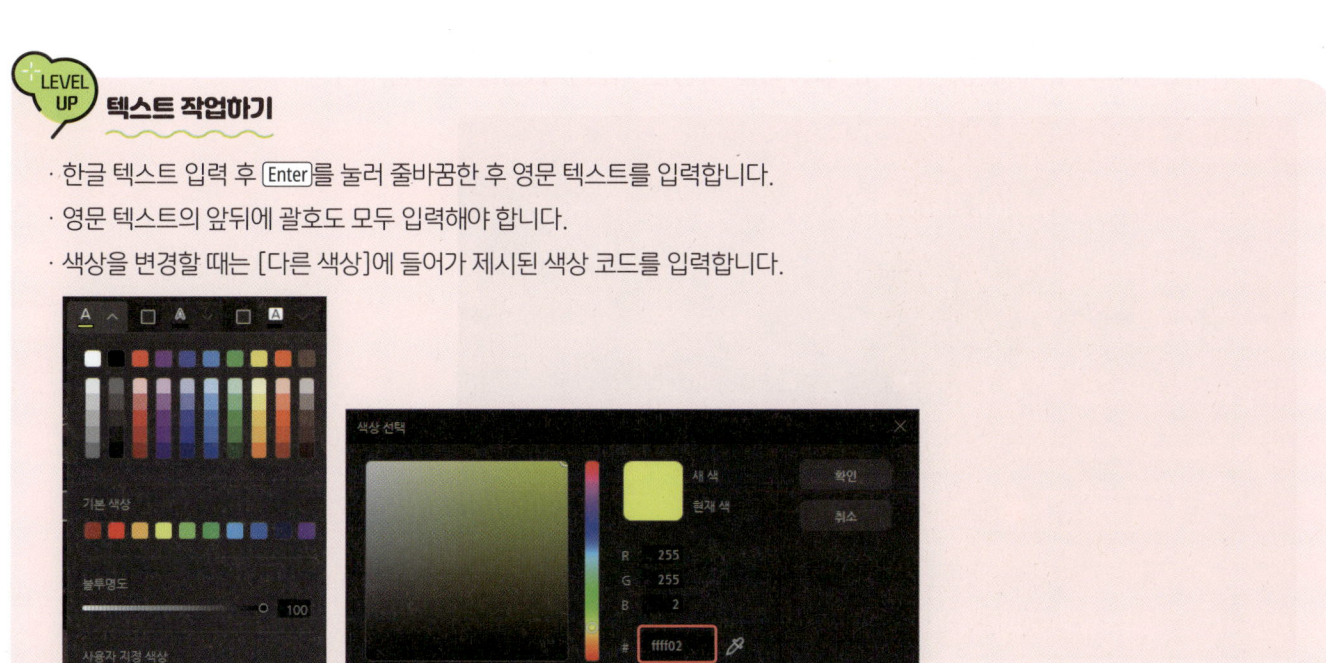

4 텍스트 편집 창 하단에 [고급] 단추를 눌러 윤곽선 설정을 변경해 보겠습니다.

5 아래와 같은 창이 나오면 '윤곽선 설정' 항목에서 색상(000000)과 두께(40)를 변경한 후 다시 '**일반 설정**' 화면으로 이동합니다.

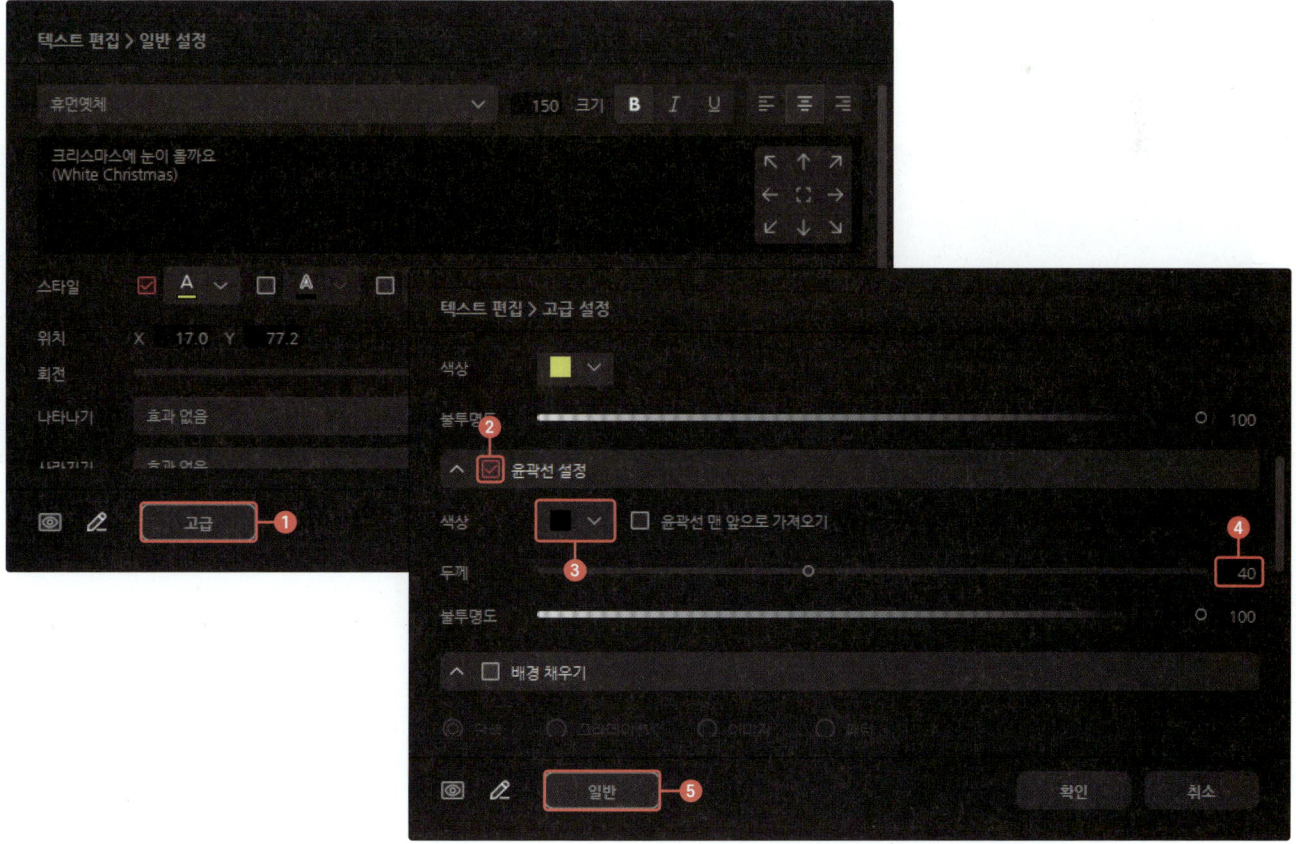

6 나타나기(**왼쪽으로 닦아내기**), 지속시간(**2.00**)을 지정한 다음 [**확인**]을 클릭합니다.

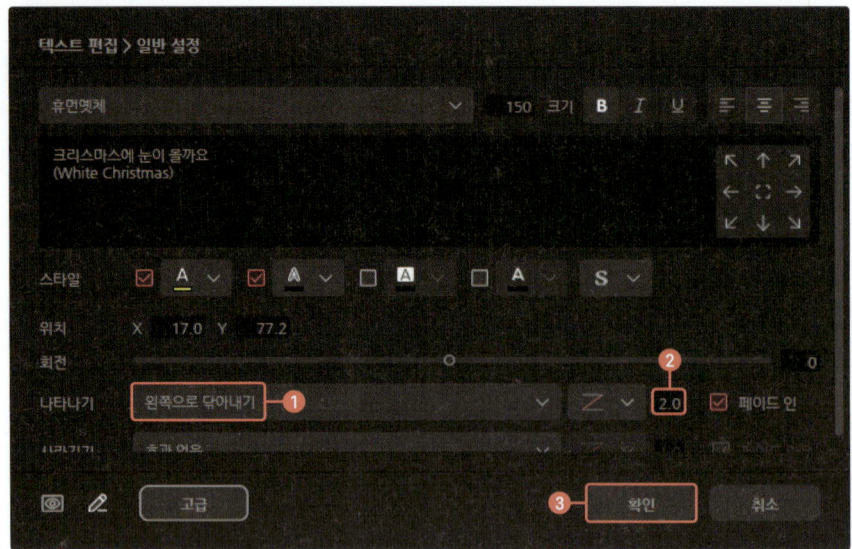

7 텍스트의 재생 시간을 설정하기 위해 텍스트 클립을 타임라인 맨 앞쪽으로 드래그합니다.

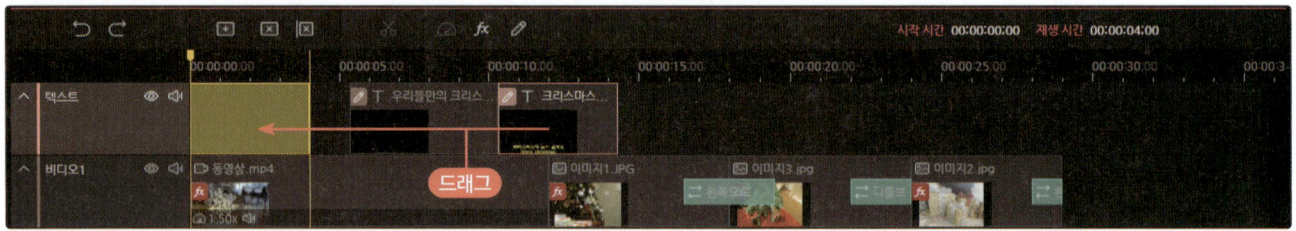

8 해당 텍스트 클립 위에서 마우스 오른쪽 버튼을 눌러 [**길이 변경**]을 클릭한 후 클립 길이를 '**4.00**'로 지정하여 편집을 완료합니다.

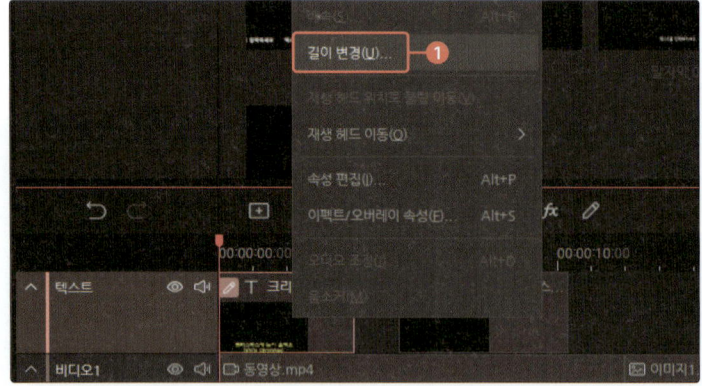
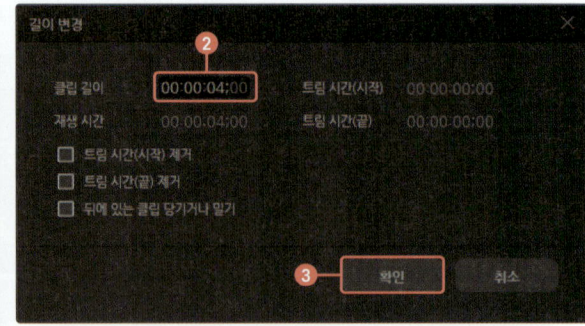

01 처리조건에 따라 출력형태와 같이 완성하시오.

실습 및 완성 파일 :
[11차시]-[유형정리 01] 폴더

《출력형태》

《처리조건》 ▶ 다음 조건에 따라 동영상 시작 부분에 텍스트를 지정하시오.

· 텍스트 입력 : 댕댕이보다 내가 낫냥
(Sleepy cat)

텍스트 서식(휴먼옛체, 크기 120, 43b335), 윤곽선 설정(색상 : ffffff, 두께 : 30),
나타나기(오른쪽으로 닦아내기, 지속 시간 : 2.00), 시작 시간(0.00), 텍스트 클립 길이(4.00)

02 처리조건에 따라 출력형태와 같이 완성하시오.

실습 및 완성 파일 :
[11차시]-[유형정리 02] 폴더

《출력형태》

《처리조건》 ▶ 다음 조건에 따라 동영상 시작 부분에 텍스트를 지정하시오.

· 텍스트 입력 : 꽃을 찾아 날아온 나비
(Butterfly and flower)

텍스트 서식(휴먼옛체, 크기 100, f50000), 윤곽선 설정(색상 : ffffff, 두께 : 20),
나타나기(서서히 나타나기, 지속 시간 : 2.00), 시작 시간(0.00), 텍스트 클립 길이(3.00)

03 처리조건에 따라 출력형태와 같이 완성하시오.

실습 및 완성 파일 :
[11차시]-[유형정리 03] 폴더

《출력형태》

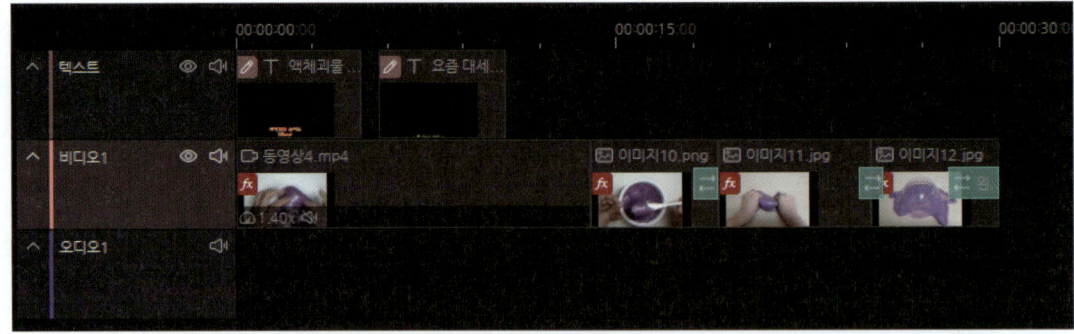

《처리조건》 ▶ 다음 조건에 따라 동영상 시작 부분에 텍스트를 지정하시오.

· 텍스트 입력 : 액체괴물 슬라임 (Slime)

텍스트 서식(휴먼엑스포, 크기 120, ff5355), 윤곽선 설정(색상 : ffff93, 두께 : 20),
나타나기(회전하며 나타나기, 지속 시간 : 2.00), 시작 시간(0.00), 텍스트 클립 길이(5.00)

04 처리조건에 따라 출력형태와 같이 완성하시오.

실습 및 완성 파일 :
[11차시]-[유형정리 04] 폴더

《출력형태》

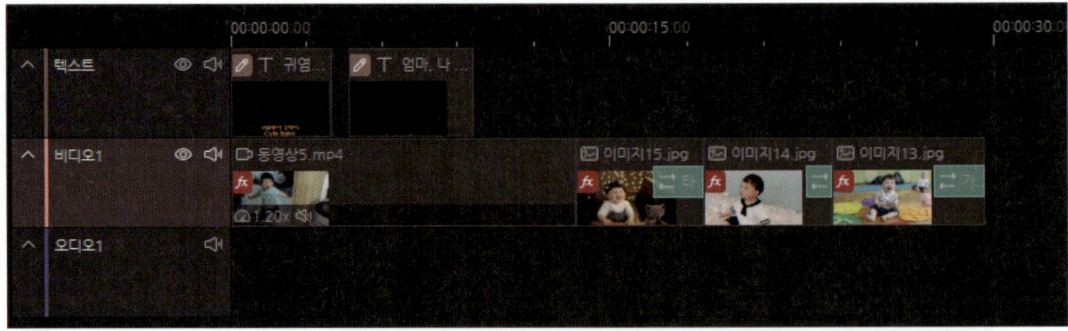

《처리조건》 ▶ 다음 조건에 따라 동영상 시작 부분에 텍스트를 지정하시오.

· 텍스트 입력 : 귀염둥이 꼬맹이 (Cute Baby)

텍스트 서식(휴먼엑스포, 크기 140, ff7d00), 윤곽선 설정(색상 : 3b5997, 두께 : 30),
나타나기(회전하며 나타나기, 지속 시간 : 2.00), 시작 시간(0.00), 텍스트 클립 길이(4.00)

[문제 3] 음악 파일 삽입하기

✱ 실습 및 완성 파일: [12차시] 폴더

【문제 3】 처리조건에 따라 출력형태와 같이 완성하시오.

《출력형태》

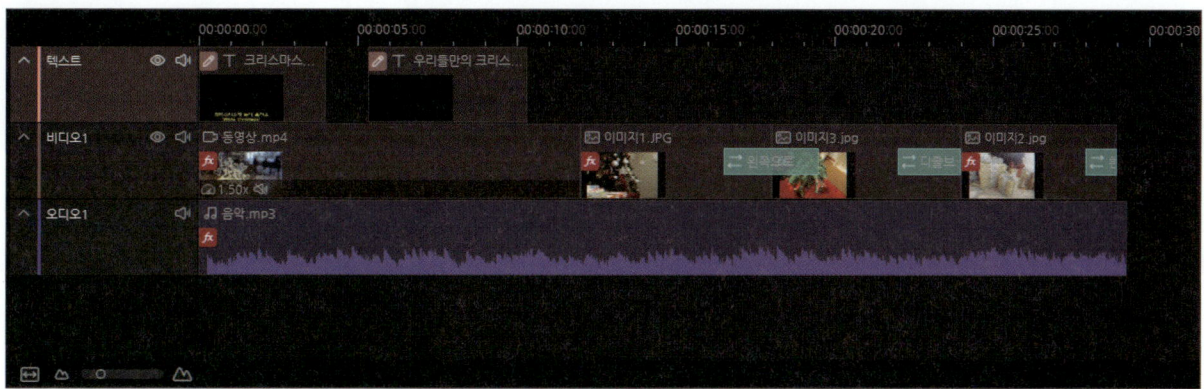

《처리조건》

▶ 다음 조건에 따라 동영상 전체에 음악 파일('음악.mp3')을 삽입하시오.
　· 시작 시간 : 0.00, 재생 시간 : 29.10, 페이드 아웃 : 3.00
　· 재생 시간 설정 후 자르기 하여야 하며, 잘라진 뒷부분의 음악 파일은 삭제할 것

작업 과정 미리보기

음악 파일 삽입 ▶ 시간 설정 ▶ 불필요한 부분 삭제 ▶ 페이드아웃 지정

 음악 파일 삽입하기

시작 시간 : 0.00, 재생 시간 : 29.10, 페이드 아웃 : 3.00

1 [12차시] 폴더에서 'dpi_03_123456_홍길동.gmep' 파일을 더블클릭합니다.

> 실제 시험에서는 바탕화면에 있는 [KAIT]-[제출파일]-[dpi_03_123456_홍길동] 폴더에서 'dpi_03_123456_홍길동.gmep' 파일을 열어 작업해요.

2 파일이 실행되면 음악 파일을 추가하기 위해 상단의 **[클립]** 탭에서 아이콘을 찾아 클릭합니다.

3 [미디어 클립 불러오기] 대화상자가 표시되면 [12차시] 폴더에서 '**음악.mp3**' 파일을 선택합니다.

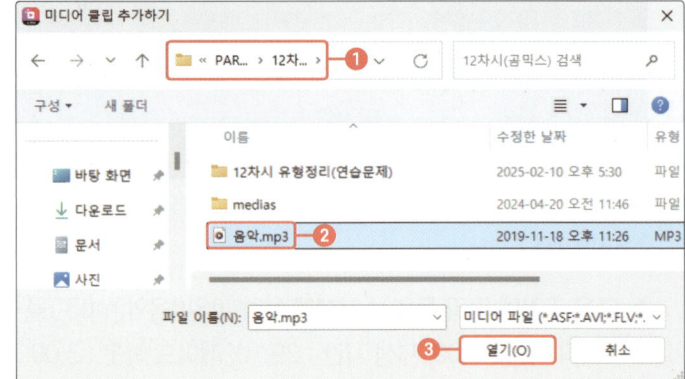

> **DIAT 시험 꿀팁**
> 시험장에서는 바탕화면의 [KAIT]-[제출파일] 폴더에서 '음악.mp3' 파일을 선택합니다.

4 '음악.mp3' 클립을 [오디오1] 트랙으로 드래그합니다.

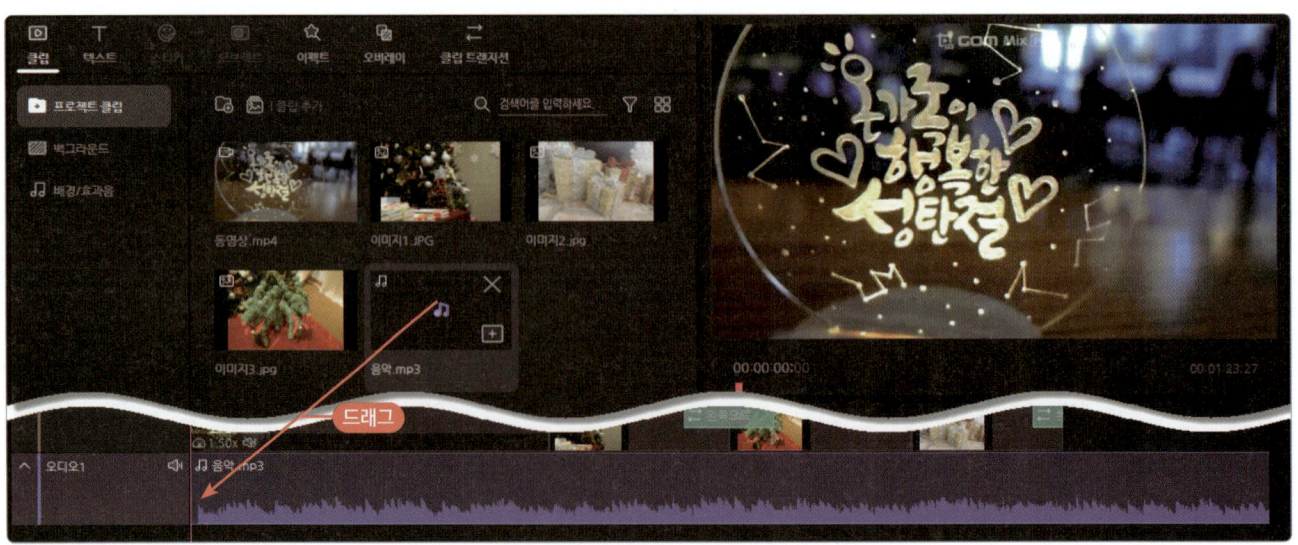

STEP 02 시작 시간, 재생 시간, 페이드 아웃 지정하기

시작 시간 : 0.00, 재생 시간 : 29.10, 페이드 아웃 : 3.00

1 [타임라인]에 추가된 오디오 클립을 선택하고 재생 위치를 '29.10'으로 지정한 다음 '**클립 자르기( )**' 아이콘을 클릭합니다.

2 잘려진 뒤쪽 오디오 클립은 Delete 를 눌러 삭제합니다.

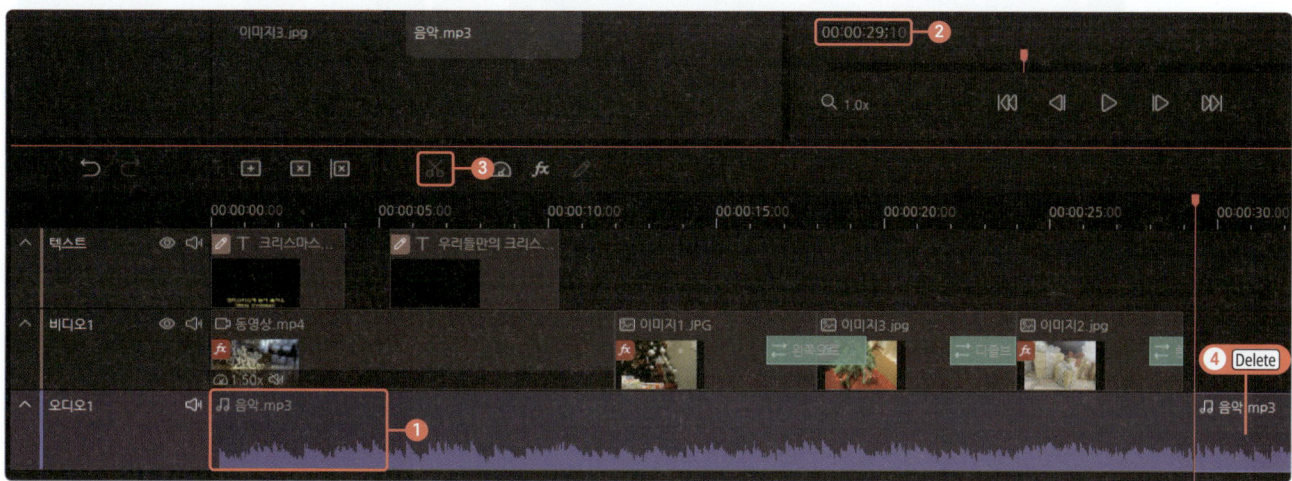

3 상단의 [이펙트] 탭에서 [오디오]-[페이드 아웃]을 더블클릭한 후 지속 시간을 '3.00'으로 지정해 오디오 편집을 완료합니다.

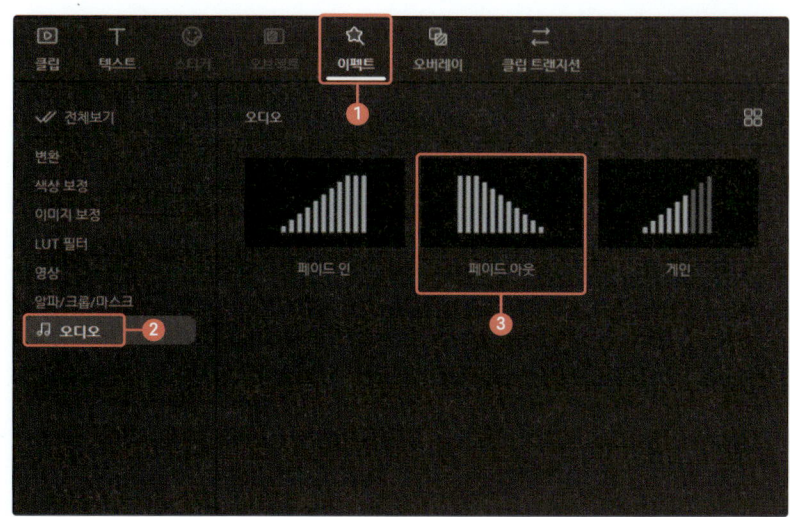
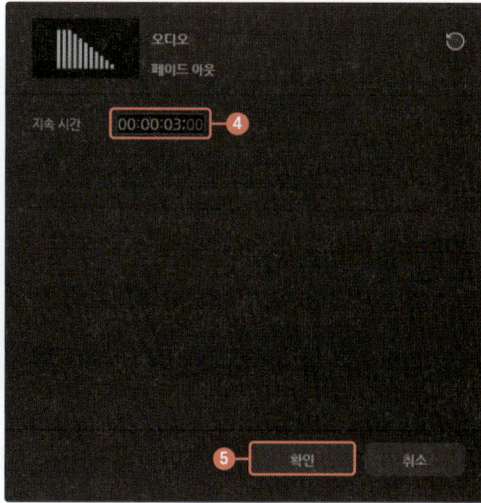

> 💡 **DIAT 시험 꿀팁**
> 오디오 페이드 아웃은 음악이 점차 작아지면서 자연스럽게 사라지는 효과입니다.

01 처리조건에 따라 출력형태와 같이 완성하시오.

실습 및 완성 파일 :
[12차시]-[유형정리 01] 폴더

《출력형태》

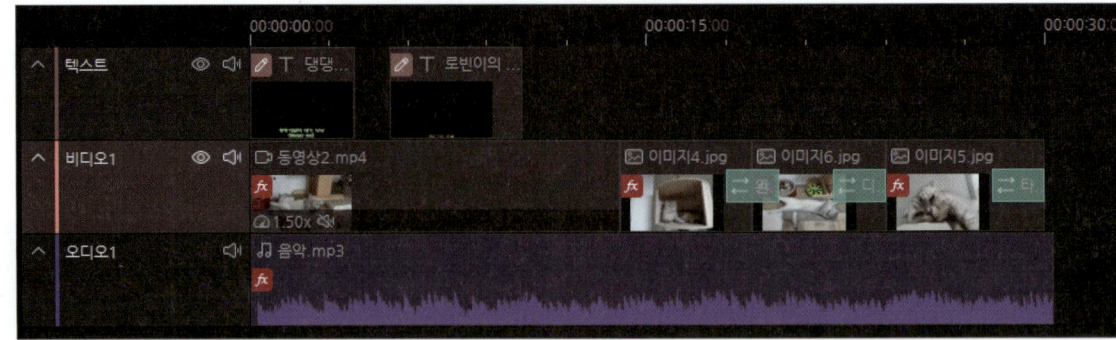

《처리조건》 ▶ 다음 조건에 따라 동영상 전체에 음악 파일('음악.mp3')을 삽입하시오.
· 시작 시간 : 0.00, 재생 시간 : 30.10, 페이드 아웃 : 3.00
· 재생 시간 설정 후 자르기 하여야 하며, 잘라진 뒷부분의 음악 파일은 삭제할 것

02 처리조건에 따라 출력형태와 같이 완성하시오.

실습 및 완성 파일 :
[12차시]-[유형정리 02] 폴더

《출력형태》

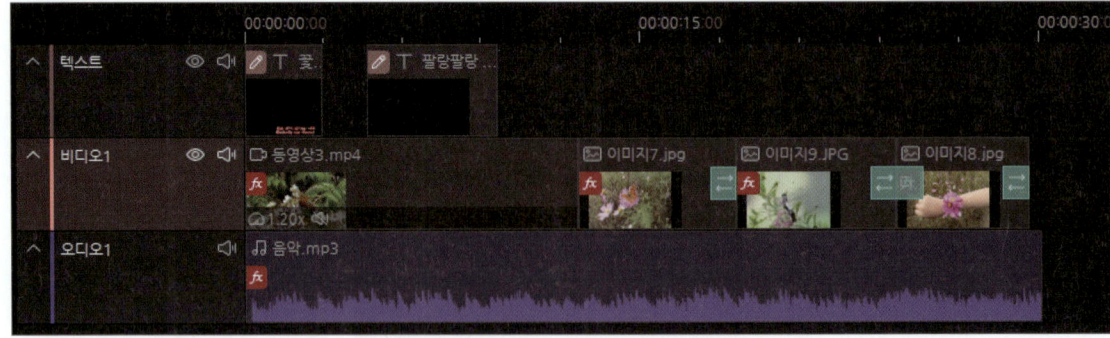

《처리조건》 ▶ 다음 조건에 따라 동영상 전체에 음악 파일('음악.mp3')을 삽입하시오.
· 시작 시간 : 0.00, 재생 시간 : 30.05, 페이드 아웃 : 3.00
· 재생 시간 설정 후 자르기 하여야 하며, 잘라진 뒷부분의 음악 파일은 삭제할 것

03 처리조건에 따라 출력형태와 같이 완성하시오.

실습 및 완성 파일 :
[12차시]-[유형정리 03] 폴더

《출력형태》

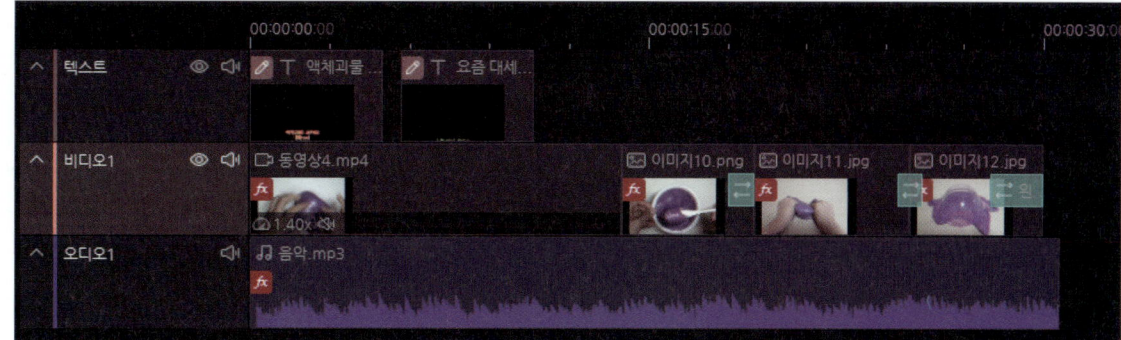

《처리조건》 ▶ 다음 조건에 따라 동영상 전체에 음악 파일('음악.mp3')을 삽입하시오.
· 시작 시간 : 0.00, 재생 시간 : 30.20, 페이드 아웃 : 3.00
· 재생 시간 설정 후 자르기 하여야 하며, 잘라진 뒷부분의 음악 파일은 삭제할 것

04 처리조건에 따라 출력형태와 같이 완성하시오.

실습 및 완성 파일 :
[12차시]-[유형정리 04] 폴더

《출력형태》

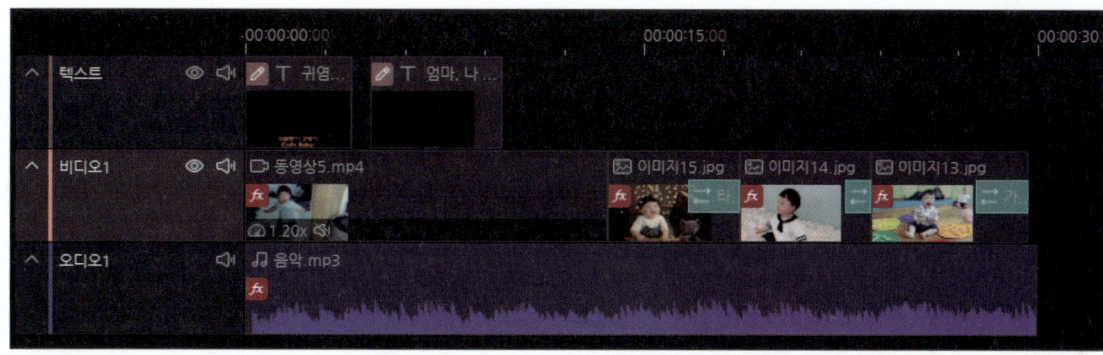

《처리조건》 ▶ 다음 조건에 따라 동영상 전체에 음악 파일('음악.mp3')을 삽입하시오.
· 시작 시간 : 0.00, 재생 시간 : 30.00, 페이드 인 : 1.00
· 재생 시간 설정 후 자르기 하여야 하며, 잘라진 뒷부분의 음악 파일은 삭제할 것

[문제 3] 프로젝트로 저장하기

✳ 실습 및 완성 파일: [13차시] 폴더

【문제 3】 처리조건에 따라 출력형태와 같이 완성하시오.

《출력형태》

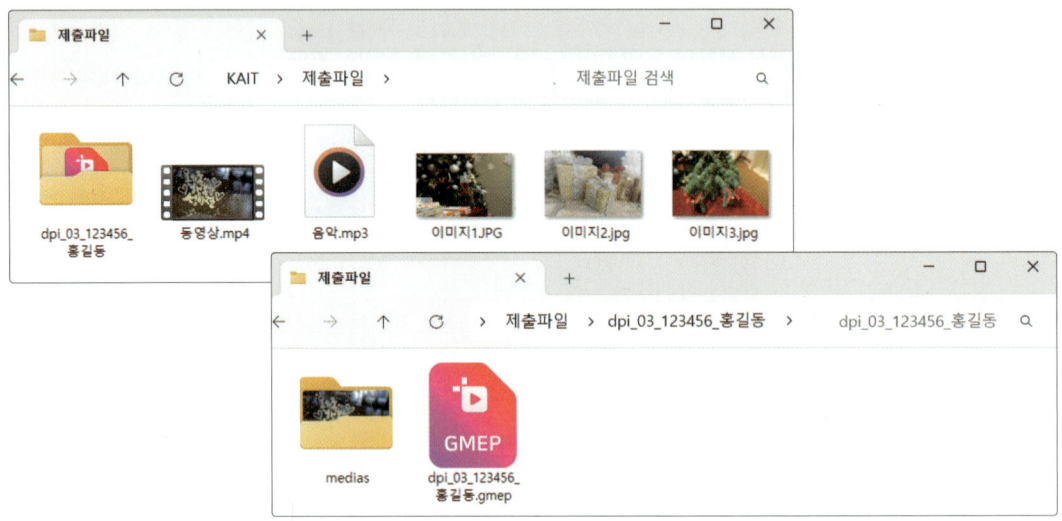

《처리조건》

동영상 파일 저장	① [파일]-[프로젝트 전체저장]을 눌러서 저장 ② 저장위치 : [바탕화면]-[KAIT]-[제출파일]		
동영상 파일명	GMEP	dpi_03_수검번호(6자리)_성명	※ 예시 : 수검번호가 DPI-XXXX-123456인 경우 "dpi_03_123456_성명"으로 저장할 것

※ 파일 확장자를 'GMDP'로 저장할 시에는 "0점" 처리됩니다.

➕ 010-011p를 통해 실제 수검 시 최종 저장된 작업물(폴더, 파일 등)을 확인할 수 있어요.

프로젝트로 저장하기 ▶ 프로젝트 이름과 저장경로 지정

프로젝트 전체 저장하기

동영상 파일 저장	① [파일]-[프로젝트 전체저장]을 눌러서 저장 ② 저장위치 : [바탕화면]-[KAIT]-[제출파일]		
동영상 파일명	GMEP	dpi_03_수검번호(6자리)_성명	※ 예시 : 수검번호가 DPI-XXXX-123456인 경우 "dpi_03_123456_성명"으로 저장할 것

※ 파일 확장자를 'GMDP'로 저장할 시에는 "0점" 처리됩니다.

1 [13차시] 폴더에서 'dpi_03_123456_홍길동.gmep' 파일을 더블클릭하여 실행합니다.

› 실제 시험에서는 바탕화면에 있는 [KAIT]-[제출파일]-[dpi_03_123456_홍길동] 폴더에서 'dpi_03_123456_홍길동.gmep' 파일을 열어 작업해요.

2 최종 작업물을 저장하기 위해 [파일] 탭-[프로젝트 전체 저장] 메뉴를 클릭합니다.

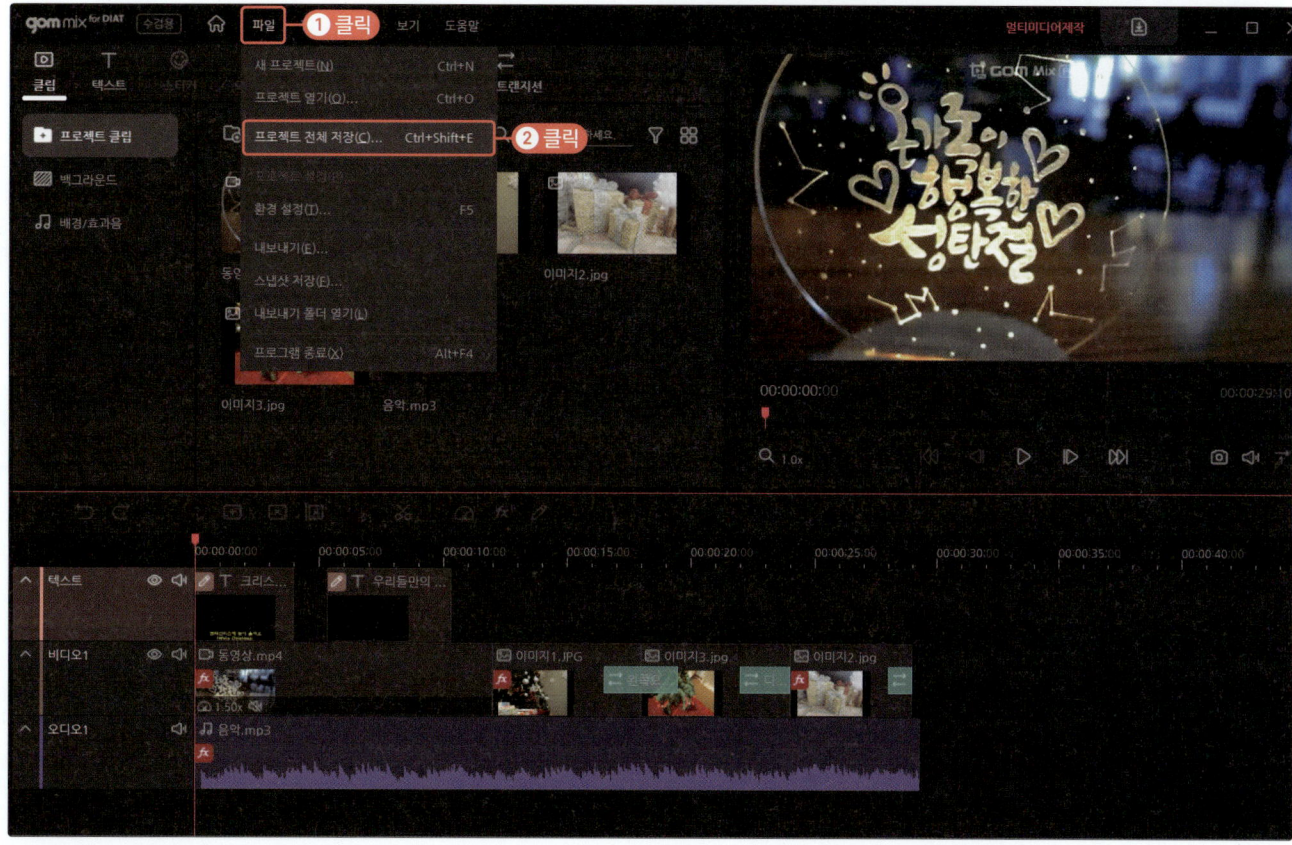

◆ DIAT 시험 꿀팁

· 반드시 [프로젝트 전체 저장] 기능을 사용해야 하며, 다른 기능으로 저장 시 "0점" 처리됩니다.
· 프로젝트로 저장하기 이전에 마지막으로 수정할 부분이 없는지 최종 확인합니다.

3 [보관용 프로젝트로 저장] 대화상자가 표시되면 **이름**과 **경로 설정**을 완료한 후 저장합니다.

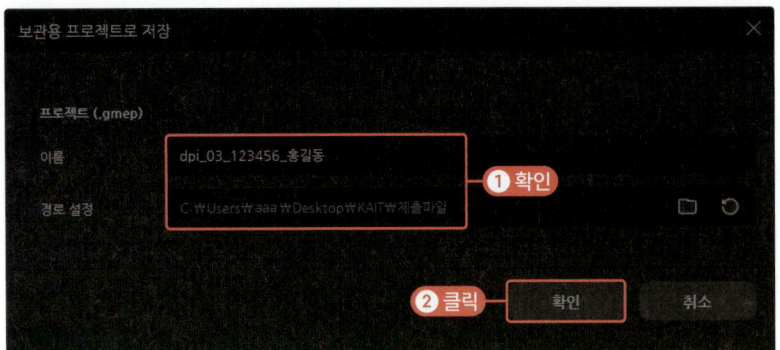

4 아래와 같은 경고 창이 표시되면 [확인]을 클릭하여 프로젝트로 저장을 완료합니다.

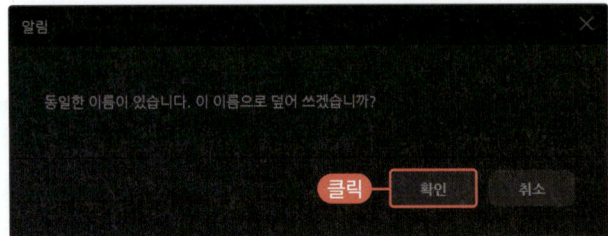

> ### 💡 DIAT 시험 꿀팁
>
> [프로젝트 전체 저장] 작업 시 이름과 경로가 제대로 지정되었는지 확인하며, 만약 잘못된 경우에는 별도로 설정합니다. 교재 010-011p를 참고하여 [dpi_03_123456_홍길동] 폴더 안에 [medias] 폴더가 함께 생성되었는지 확인해 보세요.
>
>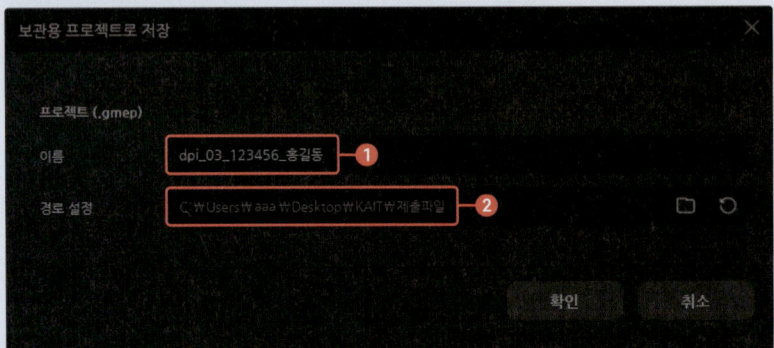
>
> ① 바탕화면의 [KAIT]-[제출파일]-[dpi_03_123456_홍길동] 폴더에 있는 'dpi_03_123456_홍길동.gmep' 곰믹스 파일을 열어 작업했다면, 프로젝트 이름이 자동으로 알맞게 설정됩니다.
> ② 곰믹스 for DIAT 프로그램 처음 접속 시 프로젝트 전체 저장의 기본 경로는 [KAIT]-[제출파일]로 표시됩니다.

01 처리조건에 따라 출력형태와 같이 완성하시오.

실습 및 완성 파일 : [13차시]-[유형정리 01] 폴더

《출력형태》

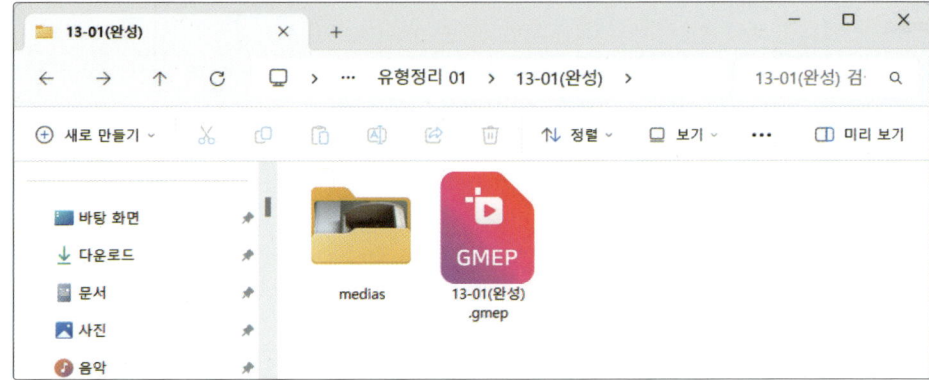

《처리조건》

동영상 파일 저장	① [파일]-[프로젝트 전체저장]을 눌러서 저장 ② 저장위치 : [바탕화면]-[KAIT]-[제출파일]	
동영상 파일명	GMEP	dpi_03_수검번호(6자리)_성명 ※ 예시 : 수검번호가 DPI-XXXX-123456인 경우 "dpi_03_123456_성명"으로 저장할 것

※ 파일 확장자를 'GMDP'로 저장할 시에는 "0점" 처리됩니다.

02 처리조건에 따라 출력형태와 같이 완성하시오.

실습 및 완성 파일 : [13차시]-[유형정리 02] 폴더

《출력형태》

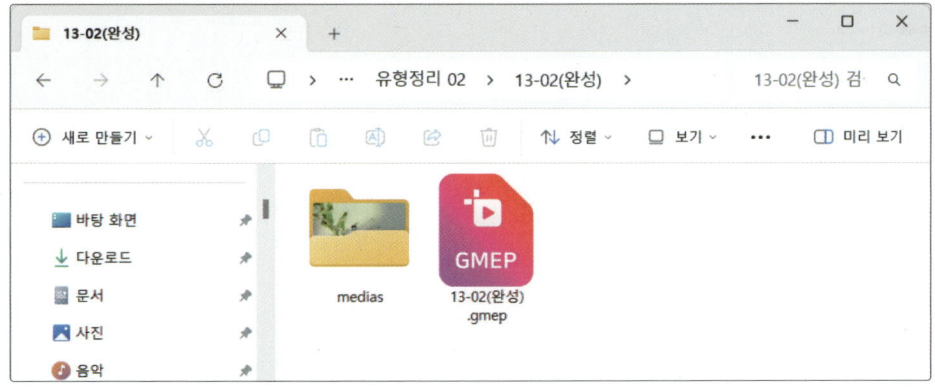

《처리조건》

동영상 파일 저장	① [파일]-[프로젝트 전체저장]을 눌러서 저장 ② 저장위치 : [바탕화면]-[KAIT]-[제출파일]	
동영상 파일명	GMEP	dpi_03_수검번호(6자리)_성명 ※ 예시 : 수검번호가 DPI-XXXX-123456인 경우 "dpi_03_123456_성명"으로 저장할 것

※ 파일 확장자를 'GMDP'로 저장할 시에는 "0점" 처리됩니다.

03 처리조건에 따라 출력형태와 같이 완성하시오.

실습 및 완성 파일 :
[13차시]-[유형정리 03] 폴더

《출력형태》

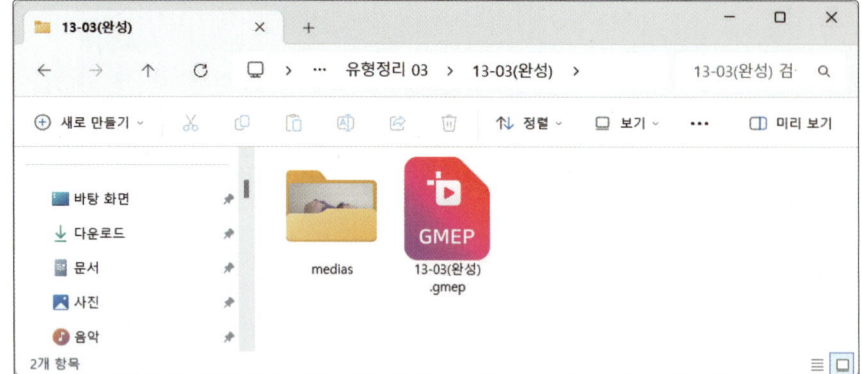

《처리조건》

동영상 파일 저장	① [파일]-[프로젝트 전체저장]을 눌러서 저장 ② 저장위치 : [바탕화면]-[KAIT]-[제출파일]		
동영상 파일명	GMEP	dpi_03_수검번호(6자리)_성명	※ 예시 : 수검번호가 DPI-XXXX-123456인 경우 "dpi_03_123456_성명"으로 저장할 것

※ 파일 확장자를 'GMDP'로 저장할 시에는 "0점" 처리됩니다.

04 처리조건에 따라 출력형태와 같이 완성하시오.

실습 및 완성 파일 :
[13차시]-[유형정리 04] 폴더

《출력형태》

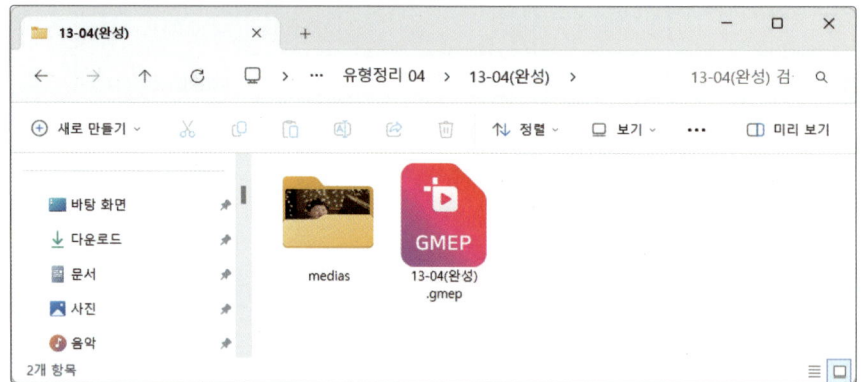

《처리조건》

동영상 파일 저장	① [파일]-[프로젝트 전체저장]을 눌러서 저장 ② 저장위치 : [바탕화면]-[KAIT]-[제출파일]		
동영상 파일명	GMEP	dpi_03_수검번호(6자리)_성명	※ 예시 : 수검번호가 DPI-XXXX-123456인 경우 "dpi_03_123456_성명"으로 저장할 것

※ 파일 확장자를 'GMDP'로 저장할 시에는 "0점" 처리됩니다.

memo

Digital Information Ability Test

PART 02

KAIT 공개 샘플 문제

KAIT 공개 샘플 문제를 풀어보면서 변경된 시험의 출제유형을 익혀보세요.

제01회 KAIT 공개 샘플 문제

제02회 KAIT 공개 샘플 문제

제01회 KAIT 공개 샘플 문제

▸ 시험과목 : 멀티미디어제작 (곰픽, 곰믹스)
▸ 시험일자 : 20XX. 00. 00.(토)
▸ 응시자 기재사항 및 감독위원 확인

수 검 번 호	DPI - XXXX -	감독위원 확인
성 명		

응시자 유의사항

1. 응시자는 신분증을 지참하여야 시험에 응시할 수 있으며, 시험이 종료될 때까지 신분증을 제시하지 못 할 경우 해당 시험은 0점 처리됩니다.
2. 시스템(PC작동여부, 네트워크 상태 등)의 이상여부를 반드시 확인하여야 하며, 시스템 이상이 있을 시 감독위원에게 조치를 받으셔야 합니다.
3. 시험 중 부주의 또는 고의로 시스템을 파손한 경우는 응시자 부담으로 합니다.
4. 답안 전송 프로그램을 통해 다운로드 받은 파일을 이용하여 답안파일을 작성하시기 바랍니다.
5. 작성한 답안 파일은 답안 전송 프로그램을 통하여 전송됩니다. 감독위원의 지시에 따라 주시기 바랍니다.
6. 다음사항의 경우 실격(0점) 혹은 부정행위 처리됩니다.
   ❶ 답안파일을 저장하지 않았거나, 저장한 파일이 손상되었을 경우
   ❷ 답안파일을 지정된 폴더(바탕화면 "KAIT" 폴더)에 저장하지 않았을 경우
      ※ 답안 전송 프로그램 로그인 시 바탕화면에 자동 생성됨
   ❸ 답안파일을 다른 보조 기억장치(USB) 혹은 네트워크(메신저, 게시판 등)로 전송할 경우
   ❹ 휴대용 전화기 등 통신기기를 사용할 경우
7. **답안은 Gom Pic for DIAT와 Gom Mix for DIAT를 활용하여 작성하십시오.**
   ※ Gom Mix for DIAT는 'DIAT 시험 프로젝트 생성하기'로 진입하여 작성하십시오.
   ※ Gom Mix for DIAT 답안파일은 반드시 프로그램 전체저장으로 저장하십시오.(미준수시 0점 처리)
8. 시험지에 제시된 글꼴이 응시 프로그램에 없는 경우, 반드시 감독위원에게 해당 내용을 통보한 뒤 조치를 받아야 합니다.
9. 시험의 완료는 작성이 완료된 답안을 저장하고, 답안 전송이 완료된 상태를 확인한 것으로 합니다. 답안 전송 확인 후 문제지는 감독위원에게 제출한 후 퇴실하여야 합니다.
10. 답안전송이 완료된 경우에는 수정 또는 정정이 불가능합니다.
11. 시험시행 후 문제 공개 및 합격자 발표는 홈페이지(www.ihd.or.kr)에서 확인하시기 바랍니다.
    ❶ 문제 및 모범답안 공개 : 20XX. XX. XX.(X)
    ❷ 합격자 발표 : 20XX. XX. XX.(X)

디지털정보활용능력 : 멀티미디어제작

[시험시간: 40분] 1/3

※ Gom Pic for DIAT 프로그램을 활용하여 [문제 1], [문제 2]를 작업하시오.

[문제 1] 원본 파일을 처리조건에 따라 결과파일로 완성하시오. (50점)

원본 파일	결과 파일

《처리조건》

▶ 다음과 같이 캔버스를 설정하시오.
  • 크기 ⇒ 너비(650 픽셀) × 높이(350 픽셀)

▶ '사진1.jpg' 이미지를 불러와 기존 캔버스에 복사한 후 다음과 같이 처리하시오.
  • 이미지 복사 ⇒ 크기 변형으로 캔버스 크기에 맞게 변형, 레이어 이름 – Germs
  • 필터 효과 ⇒ 선명하게를 이용하여 이미지 조정(양 : 12)
  • ① ⇒ 올가미 선택을 이용하여 이미지 제거
  • ② ⇒ 세피아를 이용하여 빨간색 계열로 조정

▶ 도형 도구를 이용하여 다음과 같이 처리하시오.
  • ③ ⇒ 원형/타원형(크기 : 130 × 80), 채우기(색상 : 000555), 혼합모드(중첩, 불투명도 : 75)

▶ 지시사항이 없는 경우는 기본 값을 적용하시오.

이미지 파일 저장	① [파일]-[내보내기]를 눌러서 저장 ② 저장위치 : [바탕화면]-[KAIT]-[제출파일]	
이미지 파일명	JPG	dpi_01_수검번호(6자리)_성명	※ 예시 : 수검번호가 DPI-XXXX-123456인 경우 "dpi_01_123456_성명"으로 저장할 것
	GPDP	dpi_01_수검번호(6자리)_성명	

※ 'JPG'와 'GPDP' 파일 중 하나라도 누락하여 저장할 시에는 "0점" 처리됩니다.

디지털정보활용능력 : 멀티미디어제작

[시험시간: 40분] 2/3

【문제 2】 원본 파일을 처리조건에 따라 결과파일로 완성하시오. (80점)

원본 파일	결과 파일

《처리조건》

▶ 다음과 같이 캔버스를 설정하시오.
- 크기 ⇒ 너비(650 픽셀) × 높이(450 픽셀)
- 배경 ⇒ 색상 : (823169)

▶ '사진2.jpg' 이미지를 불러와 기존 캔버스에 복사한 후 다음과 같이 처리하시오.
- 이미지 복사 ⇒ 레이어 마스크 설정, 가로 방향으로 흐릿하게

▶ 도형 도구와 텍스트를 이용하여 다음과 같이 처리하시오.
- ① ⇒ 모서리가 둥근 사각형(크기 : 370 × 60), 그라데이션(색상 : 347813 - 041177)
- 어린이 과학관 ⇒ 글꼴(돋움), 글꼴 스타일(기울임꼴), 크기(32pt), 채우기(색상 : F04DA5), 외곽선(두께 : 3px, 색상 : FFF000)

▶ 도형 도구와 '사진3.jpg'를 이용하여 클리핑 마스크를 생성하시오.
- ② ⇒ 사각형(크기 : 150 × 150), 외곽선(두께 : 7px, 색상 : 008878), 그림자(두께 : 5px, 거리 : 3px, 분산도 : 1px, 각도 : 320°)

▶ 지시사항이 없는 경우는 기본 값을 적용하시오.

이미지 파일 저장	① [파일]-[내보내기]를 눌러서 저장 ② 저장위치 : [바탕화면]-[KAIT]-[제출파일]		
이미지 파일명	JPG	dpi_02_수검번호(6자리)_성명	※ 예시 : 수검번호가 DPI-XXXX-123456인 경우 "dpi_02_123456_성명"으로 저장할 것
	GPDP	dpi_02_수검번호(6자리)_성명	

※ 'JPG'와 'GPDP' 파일 중 하나라도 누락하여 저장할 시에는 "0점" 처리됩니다.

디지털정보활용능력 : 멀티미디어제작 [시험시간: 40분] 3/3

※ Gom Mix for DIAT 프로그램을 활용하여 [문제 3]을 작업하시오.

【문제 3】 처리조건에 따라 출력형태와 같이 완성하시오. (70점)

《출력형태》

동영상.mp4, 이미지3.jpg, 이미지1.jpg, 이미지2.jpg

《처리조건》

원본 파일	이미지1.jpg, 이미지2.jpg, 이미지3.jpg, 동영상.mp4, 음악.mp3

▶ 미디어 소스의 순서를 다음과 같이 지정하시오.
  · 미디어 소스 순서 ⇒ 동영상.mp4 > 이미지3.jpg > 이미지1.jpg > 이미지2.jpg

▶ 동영상 파일('동영상.mp4')을 다음과 같이 처리하시오.
  · 배속 : 1.5x   · 자르기 : 시작 시간(0.00), 재생 시간(12.20)
  · 이펙트 : LUT 필터-파스텔-파스텔 02(노출 : 10, 감마 : 0.5)
  · 텍스트 ⇒ 텍스트 입력 : 작은 흰 나비
           텍스트 서식 : 기본자막(굴림체, 크기 100, 47d8ff), 윤곽선 설정(없음),
           위치 설정(화면 정가운데 아래), 시작 시간(5.10), 클립 길이(5.00)
  · 재생 속도 설정 후 자르기를 하여야 하며, 잘라진 뒷부분의 동영상 및 트랙의 모든 공백을 삭제할 것
  · 원본 동영상에 포함된 오디오는 모두 음소거 할 것

▶ 이미지 파일을 다음과 같이 처리하시오.
  · '이미지3.jpg' ⇒ 이미지 클립 길이 : 6.00, 오버레이 : 영롱한(크기 : 10),
                  클립 트랜지션 : 왼쪽으로 스크롤(앞으로 이동, 재생 시간 : 2.00)
  · '이미지1.jpg' ⇒ 이미지 클립 길이 : 5.00, 오버레이 : 원형 비넷(반경 : 70),
                  클립 트랜지션 : 문 열기(오버랩, 재생 시간 : 1.00)
  · '이미지2.jpg' ⇒ 이미지 클립 길이 : 7.00, 오버레이 : 비누방울(속도 : 8),
                  클립 트랜지션 : 위로 덮기(앞으로 이동, 재생 시간 : 1.00)
  · 지시사항이 없는 경우는 기본 값을 적용하시오.

▶ 다음 조건에 따라 동영상 시작 부분에 텍스트를 지정하시오.
  · 텍스트 입력 : 나비 테마 공원 (Butterfly Theme Park)
    텍스트 서식(휴먼옛체, 크기 150, fff400), 윤곽선 설정(색상 : 000000, 두께 : 20),
    나타나기(왼쪽으로 닦아내기, 지속 시간 : 2.00), 시작 시간(0.00), 텍스트 클립 길이(4.00)

▶ 다음 조건에 따라 동영상 전체에 음악 파일('음악.mp3')을 삽입하시오.
  · 시작 시간 : 0.00, 재생 시간 : 30.10, 페이드 아웃 : 3.00
  · 재생 시간 설정 후 자르기 하여야 하며, 잘라진 뒷부분의 음악 파일은 삭제할 것

동영상 파일 저장	① [파일]-[프로젝트 전체저장]을 눌러서 저장 ② 저장위치 : [바탕화면]-[KAIT]-[제출파일]	
동영상 파일명	GMEP dpi_03_수검번호(6자리)_성명	※ 예시 : 수검번호가 DPI-XXXX-123456인 경우 "dpi_03_123456_성명"으로 저장할 것

※ 파일 확장자를 'GMDP'로 저장할 시에는 "0점" 처리됩니다.

제02회 KAIT 공개 샘플 문제

▷ 시험과목 : 멀티미디어제작 (곰픽, 곰믹스)
▷ 시험일자 : 20XX. 00. 00.(토)
▷ 응시자 기재사항 및 감독위원 확인

수 검 번 호	DPI - XXXX -	감독위원 확인
성 명		

응시자 유의사항

1. 응시자는 신분증을 지참하여야 시험에 응시할 수 있으며, 시험이 종료될 때까지 신분증을 제시하지 못 할 경우 해당 시험은 0점 처리됩니다.
2. 시스템(PC작동여부, 네트워크 상태 등)의 이상여부를 반드시 확인하여야 하며, 시스템 이상이 있을 시 감독위원에게 조치를 받으셔야 합니다.
3. 시험 중 부주의 또는 고의로 시스템을 파손한 경우는 응시자 부담으로 합니다.
4. 답안 전송 프로그램을 통해 다운로드 받은 파일을 이용하여 답안파일을 작성하시기 바랍니다.
5. 작성한 답안 파일은 답안 전송 프로그램을 통하여 전송됩니다. 감독위원의 지시에 따라 주시기 바랍니다.
6. 다음사항의 경우 실격(0점) 혹은 부정행위 처리됩니다.
   ❶ 답안파일을 저장하지 않았거나, 저장한 파일이 손상되었을 경우
   ❷ 답안파일을 지정된 폴더(바탕화면 "KAIT" 폴더)에 저장하지 않았을 경우
      ※ 답안 전송 프로그램 로그인 시 바탕화면에 자동 생성됨
   ❸ 답안파일을 다른 보조 기억장치(USB) 혹은 네트워크(메신저, 게시판 등)로 전송할 경우
   ❹ 휴대용 전화기 등 통신기기를 사용할 경우
7. **답안은 Gom Pic for DIAT와 Gom Mix for DIAT를 활용하여 작성하십시오.**
   ※ Gom Mix for DIAT는 'DIAT 시험 프로젝트 생성하기'로 진입하여 작성하십시오.
   ※ Gom Mix for DIAT 답안파일은 반드시 프로그램 전체저장으로 저장하십시오.(미준수시 0점 처리)
8. 시험지에 제시된 글꼴이 응시 프로그램에 없는 경우, 반드시 감독위원에게 해당 내용을 통보한 뒤 조치를 받아야 합니다.
9. 시험의 완료는 작성이 완료된 답안을 저장하고, 답안 전송이 완료된 상태를 확인한 것으로 합니다. 답안 전송 확인 후 문제지는 감독위원에게 제출한 후 퇴실하여야 합니다.
10. 답안전송이 완료된 경우에는 수정 또는 정정이 불가능합니다.
11. 시험시행 후 문제 공개 및 합격자 발표는 홈페이지(www.ihd.or.kr)에서 확인하시기 바랍니다.
    ❶ 문제 및 모범답안 공개 : 20XX. XX. XX.(X)
    ❷ 합격자 발표 : 20XX. XX. XX.(X)

디지털정보활용능력 : 멀티미디어제작

[시험시간: 40분] 1/3

※ Gom Pic for DIAT 프로그램을 활용하여 [문제 1], [문제 2]를 작업하시오.

【문제 1】 원본 파일을 처리조건에 따라 결과파일로 완성하시오. (50점)

원본 파일	결과 파일

《처리조건》

▶ 다음과 같이 캔버스를 설정하시오.
  • 크기 ⇒ 너비(650 픽셀) × 높이(350 픽셀)

▶ '사진1.jpg' 이미지를 불러와 기존 캔버스에 복사한 후 다음과 같이 처리하시오.
  • 이미지 복사 ⇒ 크기 변형으로 캔버스 크기에 맞게 변형, 레이어 이름 - Tracking
  • 밝기 조정 ⇒ 감마를 이용하여 이미지 조정(어두운 영역 : 0.64)
  • ① ⇒ 복제 도장을 이용하여 이미지 복사
  • ② ⇒ 색조/채도를 이용하여 초록색 계열로 조정

▶ 도형 도구를 이용하여 다음과 같이 처리하시오.
  • ③ ⇒ 원형/타원형(크기 : 80 × 80), 채우기(색상 : 999999), 혼합모드(색 회피율, 불투명도 : 80)

▶ 지시사항이 없는 경우는 기본 값을 적용하시오.

이미지 파일 저장	① [파일]-[내보내기]를 눌러서 저장 ② 저장위치 : [바탕화면]-[KAIT]-[제출파일]	
이미지 파일명	JPG	dpi_01_수검번호(6자리)_성명	※ 예시 : 수검번호가 DPI-XXXX-123456인 경우 "dpi_01_123456_성명"으로 저장할 것
	GPDP	dpi_01_수검번호(6자리)_성명	

※ 'JPG'와 'GPDP' 파일 중 하나라도 누락하여 저장할 시에는 "0점" 처리됩니다.

디지털정보활용능력 : 멀티미디어제작

[시험시간: 40분] 2/3

【문제 2】 원본 파일을 처리조건에 따라 결과파일로 완성하시오. (80점)

원본 파일	결과 파일

《처리조건》

▶ 다음과 같이 캔버스를 설정하시오.
  • 크기 ⇒ 너비(650 픽셀) × 높이(450 픽셀)   • 배경 ⇒ 색상 : (165985)

▶ '사진2.jpg' 이미지를 불러와 기존 캔버스에 복사한 후 다음과 같이 처리하시오.
  • 이미지 복사 ⇒ 레이어 마스크 설정, 가로 방향으로 흐릿하게

▶ 도형 도구와 텍스트를 이용하여 다음과 같이 처리하시오.
  • ① ⇒ 사각형(크기 : 300 × 60), 그라데이션(색상 : FFF000 - 009998)
  • 김유정실레이야기길 ⇒ 글꼴(궁서체), 글꼴 스타일(굵게), 크기(20pt), 채우기(색상 : FFFFFF),
    외곽선(두께 : 5px, 색상 : 781651)

▶ 도형 도구와 '사진3.jpg'를 이용하여 클리핑 마스크를 생성하시오.
  • ② ⇒ 원형/타원형(크기 : 150 × 150), 외곽선(두께 : 7px, 색상 : 40EEAB),
    그림자(두께 : 3px, 거리 : 10px, 분산도 : 5px, 각도 : 320˚)

▶ 지시사항이 없는 경우는 기본 값을 적용하시오.

이미지 파일 저장	① [파일]-[내보내기]를 눌러서 저장 ② 저장위치 : [바탕화면]-[KAIT]-[제출파일]	
이미지 파일명	JPG	dpi_02_수검번호(6자리)_성명	※ 예시 : 수검번호가 DPI-XXXX-123456인 경우 "dpi_02_123456_성명"으로 저장할 것
	GPDP	dpi_02_수검번호(6자리)_성명	

※ 'JPG'와 'GPDP' 파일 중 하나라도 누락하여 저장할 시에는 "0점" 처리됩니다.

디지털정보활용능력 : 멀티미디어제작

[시험시간: 40분] 3/3

※ GOM Mix for DIAT 프로그램을 활용하여 [문제 3]을 작업하시오.

【문제 3】 처리조건에 따라 출력형태와 같이 완성하시오. (70점)

《출력형태》

동영상.mp4, 이미지3.jpg, 이미지1.jpg, 이미지2.jpg

《처리조건》

원본 파일	이미지1.jpg, 이미지2.jpg, 이미지3.jpg, 동영상.mp4, 음악.mp3

▶ 미디어 소스의 순서를 다음과 같이 지정하시오.
  • 미디어 소스 순서 ⇒ 동영상.mp4 > 이미지3.jpg > 이미지1.jpg > 이미지2.jpg

▶ 동영상 파일('동영상.mp4')을 다음과 같이 처리하시오.
  • 배속 : 1.2x   • 자르기 : 시작 시간(0.00), 재생 시간(12.20)
  • 이펙트 : LUT 필터-맑은 햇살-맑은 햇살 04(노출 : 15, 감마 : 1.0)
  • 텍스트 ⇒ 텍스트 입력 : 재미있는 캐릭터
      텍스트 서식 : 기본 자막(휴먼엑스포, 크기 110, ff8e24), 윤곽선 설정(없음)
      위치 설정(화면 정가운데 아래), 시작 시간(5.10), 클립 길이(5.00)
  • 재생 속도 설정 후 자르기를 하여야 하며, 잘라진 뒷부분의 동영상 및 트랙의 모든 공백을 삭제할 것
  • 원본 동영상에 포함된 오디오는 모두 음소거 할 것

▶ 이미지 파일을 다음과 같이 처리하시오.
  • '이미지3.jpg' ⇒ 이미지 클립 길이 : 6.00, 오버레이 : 지나가는 01(속도 : 10),
              클립 트랜지션 : 왼쪽으로 스크롤(앞으로 이동, 재생 시간 : 1.00)
  • '이미지1.jpg' ⇒ 이미지 클립 길이 : 5.00, 오버레이 : 비누 방울(크기 : 7, 속도 : 2),
              클립 트랜지션 : 디졸브(오버랩, 재생 시간 : 2.00)
  • '이미지2.jpg' ⇒ 이미지 클립 길이 : 5.00, 오버레이 : 원형 비넷(반경 : 65, 페더 : 80),
              클립 트랜지션 : 십자형 나누기(앞으로 이동, 재생 시간 : 1.00)
  • 지시사항이 없는 경우는 기본 값을 적용하시오.

▶ 다음 조건에 따라 동영상 시작 부분에 텍스트를 지정하시오.
  • 텍스트 입력 : 거리에 숨어 있는 이야기
               (Secret Story)
  텍스트 서식(휴먼옛체, 크기 150, 47d8ff), 윤곽선 설정(색상 : 2c51fd, 두께 : 20),
  나타나기(회전하며 나타나기, 지속 시간 : 2.00), 시작 시간(0.00), 텍스트 클립 길이(3.00)

▶ 다음 조건에 따라 동영상 전체에 음악 파일('음악.mp3')을 삽입하시오.
  • 시작 시간 : 0.00, 재생 시간 : 28.10, 페이드 아웃 : 2.00
  • 재생 시간 설정 후 자르기 하여야 하며, 잘라진 뒷부분의 음악 파일은 삭제할 것

동영상 파일 저장	① [파일]-[프로젝트 전체저장]을 눌러서 저장 ② 저장위치 : [바탕화면]-[KAIT]-[제출파일]	
동영상 파일명	GMEP dpi_03_수검번호(6자리)_성명	※ 예시 : 수검번호가 DPI-XXXX-123456인 경우 "dpi_03_123456_성명"으로 저장할 것

※ 파일 확장자를 'GMDP'로 저장할 시에는 "0점" 처리됩니다.

Digital Information Ability Test

PART 03

실전 모의고사

 실전모의고사를 통해 시험을 완벽하게 대비할 수 있습니다.

- **제 01 회** 실전모의고사
- **제 02 회** 실전모의고사
- **제 03 회** 실전모의고사
- **제 04 회** 실전모의고사
- **제 05 회** 실전모의고사
- **제 06 회** 실전모의고사
- **제 07 회** 실전모의고사
- **제 08 회** 실전모의고사
- **제 09 회** 실전모의고사
- **제 10 회** 실전모의고사
- **제 11 회** 실전모의고사
- **제 12 회** 실전모의고사
- **제 13 회** 실전모의고사
- **제 14 회** 실전모의고사
- **제 15 회** 실전모의고사
- **제 16 회** 실전모의고사
- **제 17 회** 실전모의고사
- **제 18 회** 실전모의고사
- **제 19 회** 실전모의고사
- **제 20 회** 실전모의고사
- **제 21 회** 실전모의고사
- **제 22 회** 실전모의고사
- **제 23 회** 실전모의고사

곰픽 for DIAT/곰믹스 for DIAT

제01회 실전모의고사

▶ 시험과목 : 멀티미디어제작 (곰픽, 곰믹스)
▶ 시험일자 : 20XX. 00. 00.(토)
▶ 응시자 기재사항 및 감독위원 확인

수 검 번 호	DPI - XXXX -	감독위원 확인
성 명		

응시자 유의사항

1. 응시자는 신분증을 지참하여야 시험에 응시할 수 있으며, 시험이 종료될 때까지 신분증을 제시하지 못 할 경우 해당 시험은 0점 처리됩니다.
2. 시스템(PC작동여부, 네트워크 상태 등)의 이상여부를 반드시 확인하여야 하며, 시스템 이상이 있을 시 감독위원에게 조치를 받으셔야 합니다.
3. 시험 중 부주의 또는 고의로 시스템을 파손한 경우는 응시자 부담으로 합니다.
4. 답안 전송 프로그램을 통해 다운로드 받은 파일을 이용하여 답안파일을 작성하시기 바랍니다.
5. 작성한 답안 파일은 답안 전송 프로그램을 통하여 전송됩니다. 감독위원의 지시에 따라 주시기 바랍니다.
6. 다음사항의 경우 실격(0점) 혹은 부정행위 처리됩니다.
   ❶ 답안파일을 저장하지 않았거나, 저장한 파일이 손상되었을 경우
   ❷ 답안파일을 지정된 폴더(바탕화면 "KAIT" 폴더)에 저장하지 않았을 경우
     ※ 답안 전송 프로그램 로그인 시 바탕화면에 자동 생성됨
   ❸ 답안파일을 다른 보조 기억장치(USB) 혹은 네트워크(메신저, 게시판 등)로 전송할 경우
   ❹ 휴대용 전화기 등 통신기기를 사용할 경우
7. **답안은 Gom Pic for DIAT와 Gom Mix for DIAT를 활용하여 작성하십시오.**
   ※ Gom Mix for DIAT는 'DIAT 시험 프로젝트 생성하기'로 진입하여 작성하십시오.
   ※ Gom Mix for DIAT 답안파일은 반드시 프로그램 전체저장으로 저장하십시오.(미준수시 0점 처리)
8. 시험지에 제시된 글꼴이 응시 프로그램에 없는 경우, 반드시 감독위원에게 해당 내용을 통보한 뒤 조치를 받아야 합니다.
9. 시험의 완료는 작성이 완료된 답안을 저장하고, 답안 전송이 완료된 상태를 확인한 것으로 합니다. 답안 전송 확인 후 문제지는 감독위원에게 제출한 후 퇴실하여야 합니다.
10. 답안전송이 완료된 경우에는 수정 또는 정정이 불가능합니다.
11. 시험시행 후 문제 공개 및 합격자 발표는 홈페이지(www.ihd.or.kr)에서 확인하시기 바랍니다.
    ❶ 문제 및 모범답안 공개 : 20XX. XX. XX.(X)
    ❷ 합격자 발표 : 20XX. XX. XX.(X)

디지털정보활용능력 : 멀티미디어제작

[시험시간: 40분] 1/3

※ Gom Pic for DIAT 프로그램을 활용하여 [문제 1], [문제 2]를 작업하시오.

【문제 1】 원본 파일을 처리조건에 따라 결과파일로 완성하시오. (50점)

| 원본 파일 | 결과 파일 |

《처리조건》

▶ 다음과 같이 캔버스를 설정하시오.
  • 크기 ⇒ 너비(650 픽셀) × 높이(350 픽셀)

▶ '사진1.jpg' 이미지를 불러와 기존 캔버스에 복사한 후 다음과 같이 처리하시오.
  • 이미지 복사 ⇒ 크기 변형으로 캔버스 크기에 맞게 변형, 레이어 이름 – China
  • 밝기 조정 ⇒ 노출을 이용하여 이미지 조정(노출 : -22)
  • ① ⇒ 올가미 선택을 이용하여 이미지 제거
  • ② ⇒ 세피아를 이용하여 파란색 계열로 조정

▶ 도형 도구를 이용하여 다음과 같이 처리하시오.
  • ③ ⇒ 사각형(크기 : 650 × 35), 채우기(색상 : AFF005), 혼합모드(차이, 불투명도 : 80)

▶ 지시사항이 없는 경우는 기본 값을 적용하시오.

이미지 파일 저장	① [파일]-[내보내기]를 눌러서 저장 ② 저장위치 : [바탕화면]-[KAIT]-[제출파일]	
이미지 파일명	JPG	dpi_01_수검번호(6자리)_성명	※ 예시 : 수검번호가 DPI-XXXX-123456인 경우 "dpi_01_123456_성명"으로 저장할 것
	GPDP	dpi_01_수검번호(6자리)_성명	

※ 'JPG'와 'GPDP' 파일 중 하나라도 누락하여 저장할 시에는 "0점" 처리됩니다.

디지털정보활용능력 : 멀티미디어제작

[시험시간: 40분] 2/3

【문제 2】 원본 파일을 처리조건에 따라 결과파일로 완성하시오. (80점)

원본 파일	결과 파일

《처리조건》

▶ 다음과 같이 캔버스를 설정하시오.
 • 크기 ⇒ 너비(650 픽셀) × 높이(450 픽셀) • 배경 ⇒ 색상 : (FFF086)

▶ '사진2.jpg' 이미지를 불러와 기존 캔버스에 복사한 후 다음과 같이 처리하시오.
 • 이미지 복사 ⇒ 레이어 마스크 설정, 가로 방향으로 흐릿하게

▶ 도형 도구와 텍스트를 이용하여 다음과 같이 처리하시오.
 • ① ⇒ 원형/타원형(크기 : 350 × 90), 그라데이션(색상 : 005BC5 - A91E00)
 • Chinatown ⇒ 글꼴(굴림체), 글꼴 스타일(굵게, 밑줄), 크기(36pt), 채우기(색상 : 000000),
   외곽선(두께 : 4px, 색상 : FFFF00)

▶ 도형 도구와 '사진3.jpg'를 이용하여 클리핑 마스크를 생성하시오.
 • ② ⇒ 모서리가 둥근 사각형(크기 : 230 × 130), 외곽선(두께 : 6px, 색상 : 48A2F4),
   그림자(두께 : 30px, 거리 : 15px, 분산도 : 8px, 각도 : 180°)

▶ 지시사항이 없는 경우는 기본 값을 적용하시오.

이미지 파일 저장	① [파일]-[내보내기]를 눌러서 저장 ② 저장위치 : [바탕화면]-[KAIT]-[제출파일]	
이미지 파일명	JPG	dpi_02_수검번호(6자리)_성명
	GPDP	dpi_02_수검번호(6자리)_성명

※ 예시 : 수검번호가
 DPI-XXXX-123456인 경우
 "dpi_02_123456_성명"으로 저장할 것

※ 'JPG'와 'GPDP' 파일 중 하나라도 누락하여 저장할 시에는 "0점" 처리됩니다.

디지털정보활용능력 : 멀티미디어제작

[시험시간: 40분]

※ Gom Mix for DIAT 프로그램을 활용하여 [문제 3]을 작업하시오.

【문제 3】 처리조건에 따라 출력형태와 같이 완성하시오. (70점)

《출력형태》

《처리조건》

원본 파일	이미지1.jpg, 이미지2.jpg, 이미지3.jpg, 동영상.mp4, 음악.mp3

▶ 미디어 소스의 순서를 다음과 같이 지정하시오.
  • 미디어 소스 순서 ⇒ 동영상.mp4 > 이미지1.jpg > 이미지3.jpg > 이미지2.jpg

▶ 동영상 파일('동영상.mp4')을 다음과 같이 처리하시오.
  • 배속 : 1.2x   • 자르기 : 시작 시간(0.00), 재생 시간(12.20)
  • 이펙트 : LUT 필터-맑은 햇살-맑은 햇살 04(노출 : 15, 감마 : 1.0)
  • 텍스트 ⇒ 텍스트 입력 : 용이 새겨진 기둥
        텍스트 서식 : 기본 자막(돋움체, 크기 110, ffff02), 윤곽선 설정(없음)
        위치 설정(화면 정가운데 아래), 시작 시간(5.20), 클립 길이(4.00)
  • 재생 속도 설정 후 자르기를 하여야 하며, 잘라진 뒷부분의 동영상 및 트랙의 모든 공백을 삭제할 것
  • 원본 동영상에 포함된 오디오는 모두 음소거 할 것

▶ 이미지 파일을 다음과 같이 처리하시오.
  • '이미지1.jpg' ⇒ 이미지 클립 길이 : 6.00, 오버레이 : 영롱한(크기 : 10),
        클립 트랜지션 : 왼쪽으로 스크롤(앞으로 이동, 재생 시간 : 1.00)
  • '이미지3.jpg' ⇒ 이미지 클립 길이 : 6.00, 오버레이 : 비누 방울(크기 : 7, 속도 : 2),
        클립 트랜지션 : 디졸브(오버랩, 재생 시간 : 2.00)
  • '이미지2.jpg' ⇒ 이미지 클립 길이 : 5.00, 오버레이 : 레디얼 라이트(노출 : 30, 명도 : 45),
        클립 트랜지션 : 십자형 나누기(앞으로 이동, 재생 시간 : 1.00)
  • 지시사항이 없는 경우는 기본 값을 적용하시오.

▶ 다음 조건에 따라 동영상 시작 부분에 텍스트를 지정하시오.
  • 텍스트 입력 : 차이나타운 거리 (Chinatown Street)
    텍스트 서식(궁서체, 크기 150, f50000), 윤곽선 설정(색상 : ffffff, 두께 :25),
    나타나기(회전하며 나타나기, 지속 시간 : 2.50), 시작 시간(0.00), 텍스트 클립 길이(4.00)

▶ 다음 조건에 따라 동영상 전체에 음악 파일('음악.mp3')을 삽입하시오.
  • 시작 시간 : 0.00, 재생 시간 : 29.15, 페이드 아웃 : 2.00
  • 재생 시간 설정 후 자르기 하여야 하며, 잘라진 뒷부분의 음악 파일은 삭제할 것

동영상 파일 저장	① [파일]-[프로젝트 전체저장]을 눌러서 저장 ② 저장위치 : [바탕화면]-[KAIT]-[제출파일]	
동영상 파일명	GMEP dpi_03_수검번호(6자리)_성명	※ 예시 : 수검번호가 DPI-XXXX-123456인 경우 "dpi_03_123456_성명"으로 저장할 것

※ 파일 확장자를 'GMDP'로 저장할 시에는 "0점" 처리됩니다.

곰픽 for DIAT/곰믹스 for DIAT

제02회 실전모의고사

▶ 시험과목 : 멀티미디어제작 (곰픽, 곰믹스)
▶ 시험일자 : 20XX. 00. 00.(토)
▶ 응시자 기재사항 및 감독위원 확인

| 수검번호 | DPI - XXXX - | 감독위원 확인 |
| 성 명 | | |

응시자 유의사항

1. 응시자는 신분증을 지참하여야 시험에 응시할 수 있으며, 시험이 종료될 때까지 신분증을 제시하지 못 할 경우 해당 시험은 0점 처리됩니다.
2. 시스템(PC작동여부, 네트워크 상태 등)의 이상여부를 반드시 확인하여야 하며, 시스템 이상이 있을 시 감독위원에게 조치를 받으셔야 합니다.
3. 시험 중 부주의 또는 고의로 시스템을 파손한 경우는 응시자 부담으로 합니다.
4. 답안 전송 프로그램을 통해 다운로드 받은 파일을 이용하여 답안파일을 작성하시기 바랍니다.
5. 작성한 답안 파일은 답안 전송 프로그램을 통하여 전송됩니다. 감독위원의 지시에 따라 주시기 바랍니다.
6. 다음사항의 경우 실격(0점) 혹은 부정행위 처리됩니다.
   ❶ 답안파일을 저장하지 않았거나, 저장한 파일이 손상되었을 경우
   ❷ 답안파일을 지정된 폴더(바탕화면 "KAIT" 폴더)에 저장하지 않았을 경우
      ※ 답안 전송 프로그램 로그인 시 바탕화면에 자동 생성됨
   ❸ 답안파일을 다른 보조 기억장치(USB) 혹은 네트워크(메신저, 게시판 등)로 전송할 경우
   ❹ 휴대용 전화기 등 통신기기를 사용할 경우
7. **답안은 Gom Pic for DIAT와 Gom Mix for DIAT를 활용하여 작성하십시오.**
   ※ Gom Mix for DIAT는 'DIAT 시험 프로젝트 생성하기'로 진입하여 작성하십시오.
   ※ Gom Mix for DIAT 답안파일은 반드시 프로그램 전체저장으로 저장하십시오.(미준수시 0점 처리)
8. 시험지에 제시된 글꼴이 응시 프로그램에 없는 경우, 반드시 감독위원에게 해당 내용을 통보한 뒤 조치를 받아야 합니다.
9. 시험의 완료는 작성이 완료된 답안을 저장하고, 답안 전송이 완료된 상태를 확인한 것으로 합니다. 답안 전송 확인 후 문제지는 감독위원에게 제출한 후 퇴실하여야 합니다.
10. 답안전송이 완료된 경우에는 수정 또는 정정이 불가능합니다.
11. 시험시행 후 문제 공개 및 합격자 발표는 홈페이지(www.ihd.or.kr)에서 확인하시기 바랍니다.
    ❶ 문제 및 모범답안 공개 : 20XX. XX. XX.(X)
    ❷ 합격자 발표 : 20XX. XX. XX.(X)

디지털정보활용능력 : 멀티미디어제작

[시험시간: 40분] 1/3

※ Gom Pic for DIAT 프로그램을 활용하여 [문제 1], [문제 2]를 작업하시오.

【문제 1】 원본 파일을 처리조건에 따라 결과파일로 완성하시오. (50점)

| 원본 파일 | 결과 파일 |

《처리조건》

▶ 다음과 같이 캔버스를 설정하시오.
  • 크기 ⇒ 너비(650 픽셀) × 높이(350 픽셀)

▶ '사진1.jpg' 이미지를 불러와 기존 캔버스에 복사한 후 다음과 같이 처리하시오.
  • 이미지 복사 ⇒ 크기 변형으로 캔버스 크기에 맞게 변형, 레이어 이름 – Ornament
  • 필터 효과 ⇒ 선명하게를 이용하여 이미지 조정(양 : 7)
  • ① ⇒ 올가미 선택을 이용하여 이미지 복사
  • ② ⇒ 색조/채도를 이용하여 노란색 계열로 조정

▶ 도형 도구를 이용하여 다음과 같이 처리하시오.
  • ③ ⇒ 원형/타원형(크기 : 70 × 70), 채우기(색상 : 0085FF), 혼합모드(글로우, 불투명도 : 65)

▶ 지시사항이 없는 경우는 기본 값을 적용하시오.

이미지 파일 저장	① [파일]-[내보내기]를 눌러서 저장 ② 저장위치 : [바탕화면]-[KAIT]-[제출파일]	
이미지 파일명	JPG	dpi_01_수검번호(6자리)_성명
	GPDP	dpi_01_수검번호(6자리)_성명

※ 예시 : 수검번호가 DPI-XXXX-123456인 경우 "dpi_01_123456_성명"으로 저장할 것

※ 'JPG'와 'GPDP' 파일 중 하나라도 누락하여 저장할 시에는 "0점" 처리됩니다.

디지털정보활용능력 : 멀티미디어제작 [시험시간: 40분]

【문제 2】 원본 파일을 처리조건에 따라 결과파일로 완성하시오. (80점)

원본 파일	결과 파일

《처리조건》

▶ 다음과 같이 캔버스를 설정하시오.
- 크기 ⇒ 너비(650 픽셀) × 높이(450 픽셀)
- 배경 ⇒ 색상 : (E90FD3)

▶ '사진2.jpg' 이미지를 불러와 기존 캔버스에 복사한 후 다음과 같이 처리하시오.
- 이미지 복사 ⇒ 레이어 마스크 설정, 세로 방향으로 흐릿하게

▶ 도형 도구와 텍스트를 이용하여 다음과 같이 처리하시오.
- ① ⇒ 모서리가 둥근 사각형(크기 : 380 × 55), 그라데이션(색상 : 8A8A8A – FFFFFF)
- 기념품 매장의 장식품 ⇒ 글꼴(맑은 고딕), 글꼴 스타일(굵게), 크기(24pt), 채우기(색상 : 53FF8D), 외곽선(두께 : 3px, 색상 : 2E2E2E)

▶ 도형 도구와 '사진3.jpg'를 이용하여 클리핑 마스크를 생성하시오.
- ② ⇒ 사각형(크기 : 155 × 155), 외곽선(두께 : 8px, 색상 : 4300C9), 그림자(두께 : 4px, 거리 : 10px, 분산도 : 4px, 각도 : 225°)

▶ 지시사항이 없는 경우는 기본 값을 적용하시오.

이미지 파일 저장	① [파일]-[내보내기]를 눌러서 저장 ② 저장위치 : [바탕화면]-[KAIT]-[제출파일]	
이미지 파일명	JPG	dpi_02_수검번호(6자리)_성명
	GPDP	dpi_02_수검번호(6자리)_성명

※ 예시 : 수검번호가 DPI-XXXX-123456인 경우 "dpi_02_123456_성명"으로 저장할 것

※ 'JPG'와 'GPDP' 파일 중 하나라도 누락하여 저장할 시에는 "0점" 처리됩니다.

디지털정보활용능력 : 멀티미디어제작

[시험시간: 40분] 3/3

※ GOM Mix for DIAT 프로그램을 활용하여 [문제 3]을 작업하시오.

【문제 3】 처리조건에 따라 출력형태와 같이 완성하시오. (70점)

《출력형태》

《처리조건》

원본 파일	이미지1.jpg, 이미지2.jpg, 이미지3.jpg, 동영상.mp4, 음악.mp3

▶ 미디어 소스의 순서를 다음과 같이 지정하시오.
  • 미디어 소스 순서 ⇒ 동영상.mp4 > 이미지3.jpg > 이미지2.jpg > 이미지1.jpg

▶ 동영상 파일('동영상.mp4')을 다음과 같이 처리하시오.
  • 배속 : 1.5x   • 자르기 : 시작 시간(0.00), 재생 시간(13.00)
  • 이펙트 : 이미지보정-부드럽게(강도 : 40)
  • 텍스트 ⇒ 텍스트 입력 : 아기자기한 도자기들
         텍스트 서식 : 기본 자막(휴먼옛체, 크기 100, 3b5997), 윤곽선 설정(없음)
         위치 설정(화면 정가운데 아래), 시작 시간(6.10), 클립 길이(5.00)
  • 재생 속도 설정 후 자르기를 하여야 하며, 잘라진 뒷부분의 동영상 및 트랙의 모든 공백을 삭제할 것
  • 원본 동영상에 포함된 오디오는 모두 음소거 할 것

▶ 이미지 파일을 다음과 같이 처리하시오.
  • '이미지3.jpg' ⇒ 이미지 클립 길이 : 5.00, 오버레이 : 원형 비넷(반경 : 45, 페더 : 20),
               클립 트랜지션 : 문 열기(앞으로 이동, 재생 시간 : 1.00)
  • '이미지2.jpg' ⇒ 이미지 클립 길이 : 6.00, 오버레이 : 난기류(크기 : 250, 속도 : 50),
               클립 트랜지션 : 아래로 밀기(앞으로 이동, 재생 시간 : 1.00)
  • '이미지1.jpg' ⇒ 이미지 클립 길이 : 5.00, 오버레이 : 색종이 조각(크기 : 9),
               클립 트랜지션 : 가로 나누기(앞으로 이동, 재생 시간 : 2.00)
  • 지시사항이 없는 경우는 기본 값을 적용하시오.

▶ 다음 조건에 따라 동영상 시작 부분에 텍스트를 지정하시오.
  • 텍스트 입력 : 오밀조밀 장식품 (Small Ornament)
  텍스트 서식(휴먼옛체, 크기 120, 47d8ff), 윤곽선 설정(색상 : 68007c, 두께 : 20),
  나타나기(오른쪽으로 닦아내기, 지속 시간 : 2.30), 시작 시간(0.00), 텍스트 클립 길이(4.00)

▶ 다음 조건에 따라 동영상 전체에 음악 파일('음악.mp3')을 삽입하시오.
  • 시작 시간 : 0.00, 재생 시간 : 28.10, 페이드 아웃 : 3.00
  • 재생 시간 설정 후 자르기 하여야 하며, 잘라진 뒷부분의 음악 파일은 삭제할 것

동영상 파일 저장	① [파일]-[프로젝트 전체저장]을 눌러서 저장 ② 저장위치 : [바탕화면]-[KAIT]-[제출파일]	
동영상 파일명	GMEP dpi_03_수검번호(6자리)_성명	※ 예시 : 수검번호가 DPI-XXXX-123456인 경우 "dpi_03_123456_성명"으로 저장할 것

※ 파일 확장자를 'GMDP'로 저장할 시에는 "0점" 처리됩니다.

곰픽 for DIAT/곰믹스 for DIAT

제03회 실전모의고사

▶ 시험과목 : 멀티미디어제작 (곰픽, 곰믹스)
▶ 시험일자 : 20XX. 00. 00.(토)
▶ 응시자 기재사항 및 감독위원 확인

| 수 검 번 호 | DPI - XXXX - | 감독위원 확인 |
| 성   명 | | |

응시자 유의사항

1. 응시자는 신분증을 지참하여야 시험에 응시할 수 있으며, 시험이 종료될 때까지 신분증을 제시하지 못 할 경우 해당 시험은 0점 처리됩니다.
2. 시스템(PC작동여부, 네트워크 상태 등)의 이상여부를 반드시 확인하여야 하며, 시스템 이상이 있을 시 감독위원에게 조치를 받으셔야 합니다.
3. 시험 중 부주의 또는 고의로 시스템을 파손한 경우는 응시자 부담으로 합니다.
4. 답안 전송 프로그램을 통해 다운로드 받은 파일을 이용하여 답안파일을 작성하시기 바랍니다.
5. 작성한 답안 파일은 답안 전송 프로그램을 통하여 전송됩니다. 감독위원의 지시에 따라 주시기 바랍니다.
6. 다음사항의 경우 실격(0점) 혹은 부정행위 처리됩니다.
   ❶ 답안파일을 저장하지 않았거나, 저장한 파일이 손상되었을 경우
   ❷ 답안파일을 지정된 폴더(바탕화면 "KAIT" 폴더)에 저장하지 않았을 경우
      ※ 답안 전송 프로그램 로그인 시 바탕화면에 자동 생성됨
   ❸ 답안파일을 다른 보조 기억장치(USB) 혹은 네트워크(메신저, 게시판 등)로 전송할 경우
   ❹ 휴대용 전화기 등 통신기기를 사용할 경우
7. **답안은 Gom Pic for DIAT와 Gom Mix for DIAT를 활용하여 작성하십시오.**
   ※ Gom Mix for DIAT는 'DIAT 시험 프로젝트 생성하기'로 진입하여 작성하십시오.
   ※ Gom Mix for DIAT 답안파일은 반드시 프로그램 전체저장으로 저장하십시오.(미준수시 0점 처리)
8. 시험지에 제시된 글꼴이 응시 프로그램에 없는 경우, 반드시 감독위원에게 해당 내용을 통보한 뒤 조치를 받아야 합니다.
9. 시험의 완료는 작성이 완료된 답안을 저장하고, 답안 전송이 완료된 상태를 확인한 것으로 합니다. 답안 전송 확인 후 문제지는 감독위원에게 제출한 후 퇴실하여야 합니다.
10. 답안전송이 완료된 경우에는 수정 또는 정정이 불가능합니다.
11. 시험시행 후 문제 공개 및 합격자 발표는 홈페이지(www.ihd.or.kr)에서 확인하시기 바랍니다.
    ❶ 문제 및 모범답안 공개 : 20XX. XX. XX.(X)
    ❷ 합격자 발표 : 20XX. XX. XX.(X)

디지털정보활용능력 : 멀티미디어제작

[시험시간: 40분] 1/3

※ Gom Pic for DIAT 프로그램을 활용하여 [문제 1], [문제 2]를 작업하시오.

【문제 1】 원본 파일을 처리조건에 따라 결과파일로 완성하시오. (50점)

원본 파일	결과 파일

《처리조건》

▶ 다음과 같이 캔버스를 설정하시오.
- 크기 ⇒ 너비(650 픽셀) × 높이(350 픽셀)

▶ '사진1.jpg' 이미지를 불러와 기존 캔버스에 복사한 후 다음과 같이 처리하시오.
- 이미지 복사 ⇒ 크기 변형으로 캔버스 크기에 맞게 변형, 레이어 이름 – Panda
- 필터 효과 ⇒ 픽셀효과를 이용하여 이미지 조정(셀 크기 : 2)
- ① ⇒ 복제 도장을 이용하여 이미지 복사
- ② ⇒ 세피아를 이용하여 보라색 계열로 조정

▶ 도형 도구를 이용하여 다음과 같이 처리하시오.
- ③ ⇒ 원형/타원형(크기 : 300 × 300), 채우기(색상 : FFFFFF), 혼합모드(글로우, 불투명도 : 30)

▶ 지시사항이 없는 경우는 기본 값을 적용하시오.

이미지 파일 저장	① [파일]-[내보내기]를 눌러서 저장 ② 저장위치 : [바탕화면]-[KAIT]-[제출파일]	
이미지 파일명	JPG	dpi_01_수검번호(6자리)_성명	※ 예시 : 수검번호가 DPI-XXXX-123456인 경우 "dpi_01_123456_성명"으로 저장할 것
	GPDP	dpi_01_수검번호(6자리)_성명	

※ 'JPG'와 'GPDP' 파일 중 하나라도 누락하여 저장할 시에는 "0점" 처리됩니다.

디지털정보활용능력 : 멀티미디어제작

[시험시간: 40분] 2/3

【문제 2】 원본 파일을 처리조건에 따라 결과파일로 완성하시오. (80점)

원본 파일	결과 파일

《처리조건》

▶ 다음과 같이 캔버스를 설정하시오.
  • 크기 ⇒ 너비(650 픽셀) × 높이(450 픽셀)   • 배경 ⇒ 색상 : (0E1A5B)

▶ '사진2.jpg' 이미지를 불러와 기존 캔버스에 복사한 후 다음과 같이 처리하시오.
  • 이미지 복사 ⇒ 레이어 마스크 설정, 대각선 방향으로 흐릿하게

▶ 도형 도구와 텍스트를 이용하여 다음과 같이 처리하시오.
  • ① ⇒ 사각형(크기 : 240 × 70), 그라데이션(색상 : D8BA5A - 8945D9)
  • 동물가로등 ⇒ 글꼴(궁서체), 글꼴 스타일(기울임꼴), 크기(30pt), 채우기(색상 : 47E75F),
         외곽선(두께 : 4px, 색상 : 053F18)

▶ 도형 도구와 '사진3.jpg'를 이용하여 클리핑 마스크를 생성하시오.
  • ② ⇒ 원형/타원형(크기 : 150 × 150), 외곽선(두께 : 6px, 색상 : CFC36B),
       그림자(두께 : 3px, 거리 : 20px, 분산도 : 8px, 각도 : 320°)

▶ 지시사항이 없는 경우는 기본 값을 적용하시오.

이미지 파일 저장	① [파일]-[내보내기]를 눌러서 저장 ② 저장위치 : [바탕화면]-[KAIT]-[제출파일]	
이미지 파일명	JPG	dpi_02_수검번호(6자리)_성명	※ 예시 : 수검번호가 DPI-XXXX-123456인 경우 "dpi_02_123456_성명"으로 저장할 것
	GPDP	dpi_02_수검번호(6자리)_성명	

※ 'JPG'와 'GPDP' 파일 중 하나라도 누락하여 저장할 시에는 "0점" 처리됩니다.

디지털정보활용능력 : 멀티미디어제작 [시험시간: 40분] 3/3

※ GOM Mix for DIAT 프로그램을 활용하여 [문제 3]을 작업하시오.

【문제 3】 처리조건에 따라 출력형태와 같이 완성하시오. (70점)

《출력형태》

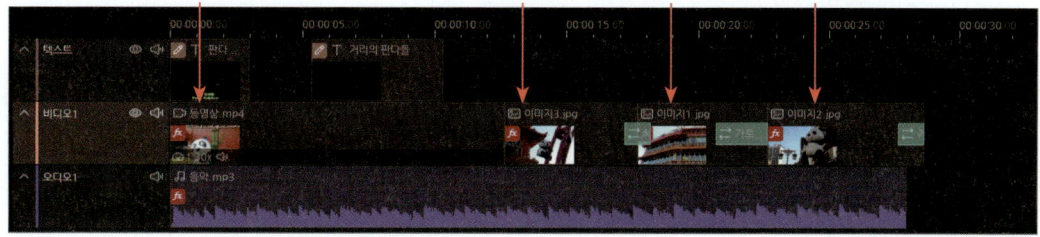

《처리조건》

원본 파일	이미지1.jpg, 이미지2.jpg, 이미지3.jpg, 동영상.mp4, 음악.mp3

▶ 미디어 소스의 순서를 다음과 같이 지정하시오.
  • 미디어 소스 순서 ⇒ 동영상.mp4 > 이미지3.jpg > 이미지1.jpg > 이미지2.jpg

▶ 동영상 파일('동영상.mp4')을 다음과 같이 처리하시오.
  • 배속 : 1.3x   • 자르기 : 시작 시간(0.00), 재생 시간(12.20)
  • 이펙트 : LUT 필터-에메랄드-에메랄드 06(노출 : -10, 감마 : 0.8)
  • 텍스트 ⇒ 텍스트 입력 : 거리의 판다들
        텍스트 서식 : 기본 자막(바탕체, 크기 120, f77200), 윤곽선 설정(없음)
        위치 설정(화면 정가운데 아래), 시작 시간(5.10), 클립 길이(5.00)
  • 재생 속도 설정 후 자르기를 하여야 하며, 잘라진 뒷부분의 동영상 및 트랙의 모든 공백을 삭제할 것
  • 원본 동영상에 포함된 오디오는 모두 음소거 할 것

▶ 이미지 파일을 다음과 같이 처리하시오.
  • '이미지3.jpg' ⇒ 이미지 클립 길이 : 5.00, 오버레이 : 좋아요(개수/양 : 60),
          클립 트랜지션 : 세로 나누기(오버랩, 재생 시간 : 1.00)
  • '이미지1.jpg' ⇒ 이미지 클립 길이 : 5.00, 오버레이 : 레디얼 라이트(노출 : -55),
          클립 트랜지션 : 가로 순차 블라인드(앞으로 이동, 재생 시간 : 2.00)
  • '이미지2.jpg' ⇒ 이미지 클립 길이 : 6.00, 오버레이 : 떠오르는 하트(간격 : 10),
          클립 트랜지션 : 가로 나누기(앞으로 이동, 재생 시간 : 1.00)
  • 지시사항이 없는 경우는 기본 값을 적용하시오.

▶ 다음 조건에 따라 동영상 시작 부분에 텍스트를 지정하시오.
  • 텍스트 입력 : 판다 조형물 (Panda Sculpture)
  텍스트 서식(휴먼옛체, 크기 124, 43b335), 윤곽선 설정(색상 : ffffff, 두께 : 40),
  나타나기(클립 아래에서 나타나기, 지속 시간 : 2.00), 시작 시간(0.00), 텍스트 클립 길이(3.00)

▶ 다음 조건에 따라 동영상 전체에 음악 파일('음악.mp3')을 삽입하시오.
  • 시작 시간 : 0.00, 재생 시간 : 28.00, 페이드 아웃 : 2.00
  • 재생 시간 설정 후 자르기 하여야 하며, 잘라진 뒷부분의 음악 파일은 삭제할 것

동영상 파일 저장	① [파일]-[프로젝트 전체저장]을 눌러서 저장 ② 저장위치 : [바탕화면]-[KAIT]-[제출파일]	
동영상 파일명	GMEP dpi_03_수검번호(6자리)_성명	※ 예시 : 수검번호가 DPI-XXXX-123456인 경우 "dpi_03_123456_성명"으로 저장할 것

※ 파일 확장자를 'GMDP'로 저장할 시에는 "0점" 처리됩니다.

곰픽 for DIAT/곰믹스 for DIAT

제04회 실전모의고사

▶ 시험과목 : 멀티미디어제작 (곰픽, 곰믹스)
▶ 시험일자 : 20XX. 00. 00.(토)
▶ 응시자 기재사항 및 감독위원 확인

수 검 번 호	DPI - XXXX -	감독위원 확인
성 명		

응시자 유의사항

1. 응시자는 신분증을 지참하여야 시험에 응시할 수 있으며, 시험이 종료될 때까지 신분증을 제시하지 못 할 경우 해당 시험은 0점 처리됩니다.
2. 시스템(PC작동여부, 네트워크 상태 등)의 이상여부를 반드시 확인하여야 하며, 시스템 이상이 있을 시 감독위원에게 조치를 받으셔야 합니다.
3. 시험 중 부주의 또는 고의로 시스템을 파손한 경우는 응시자 부담으로 합니다.
4. 답안 전송 프로그램을 통해 다운로드 받은 파일을 이용하여 답안파일을 작성하시기 바랍니다.
5. 작성한 답안 파일은 답안 전송 프로그램을 통하여 전송됩니다. 감독위원의 지시에 따라 주시기 바랍니다.
6. 다음사항의 경우 실격(0점) 혹은 부정행위 처리됩니다.
    ❶ 답안파일을 저장하지 않았거나, 저장한 파일이 손상되었을 경우
    ❷ 답안파일을 지정된 폴더(바탕화면 "KAIT" 폴더)에 저장하지 않았을 경우
        ※ 답안 전송 프로그램 로그인 시 바탕화면에 자동 생성됨
    ❸ 답안파일을 다른 보조 기억장치(USB) 혹은 네트워크(메신저, 게시판 등)로 전송할 경우
    ❹ 휴대용 전화기 등 통신기기를 사용할 경우
7. **답안은 Gom Pic for DIAT와 Gom Mix for DIAT를 활용하여 작성하십시오.**
    ※ Gom Mix for DIAT는 'DIAT 시험 프로젝트 생성하기'로 진입하여 작성하십시오.
    ※ Gom Mix for DIAT 답안파일은 반드시 프로그램 전체저장으로 저장하십시오.(미준수시 0점 처리)
8. 시험지에 제시된 글꼴이 응시 프로그램에 없는 경우, 반드시 감독위원에게 해당 내용을 통보한 뒤 조치를 받아야 합니다.
9. 시험의 완료는 작성이 완료된 답안을 저장하고, 답안 전송이 완료된 상태를 확인한 것으로 합니다. 답안 전송 확인 후 문제지는 감독위원에게 제출한 후 퇴실하여야 합니다.
10. 답안전송이 완료된 경우에는 수정 또는 정정이 불가능합니다.
11. 시험시행 후 문제 공개 및 합격자 발표는 홈페이지(www.ihd.or.kr)에서 확인하시기 바랍니다.
    ❶ 문제 및 모범답안 공개 : 20XX. XX. XX.(X)
    ❷ 합격자 발표 : 20XX. XX. XX.(X)

디지털정보활용능력 : 멀티미디어제작

[시험시간: 40분] 1/3

※ Gom Pic for DIAT 프로그램을 활용하여 [문제 1], [문제 2]를 작업하시오.

【문제 1】 원본 파일을 처리조건에 따라 결과파일로 완성하시오. (50점)

| 원본 파일 | 결과 파일 |

《처리조건》

▶ 다음과 같이 캔버스를 설정하시오.
  - 크기 ⇒ 너비(650 픽셀) × 높이(350 픽셀)

▶ '사진1.jpg' 이미지를 불러와 기존 캔버스에 복사한 후 다음과 같이 처리하시오.
  - 이미지 복사 ⇒ 크기 변형으로 캔버스 크기에 맞게 변형, 레이어 이름 – Princess
  - 밝기 조정 ⇒ 감마를 이용하여 이미지 조정(어두운 영역 : 0.64)
  - ① ⇒ 올가미 선택을 이용하여 이미지 복사
  - ② ⇒ 색조/채도를 이용하여 초록색 계열로 조정

▶ 도형 도구를 이용하여 다음과 같이 처리하시오.
  - ③ ⇒ 사각형(크기 : 95 × 350), 채우기(색상 : 7B00FF), 혼합모드(음수, 불투명도 : 85)

▶ 지시사항이 없는 경우는 기본 값을 적용하시오.

이미지 파일 저장	① [파일]-[내보내기]를 눌러서 저장 ② 저장위치 : [바탕화면]-[KAIT]-[제출파일]	
이미지 파일명	JPG	dpi_01_수검번호(6자리)_성명	※ 예시 : 수검번호가 DPI-XXXX-123456인 경우 "dpi_01_123456_성명"으로 저장할 것
	GPDP	dpi_01_수검번호(6자리)_성명	

※ 'JPG'와 'GPDP' 파일 중 하나라도 누락하여 저장할 시에는 "0점" 처리됩니다.

디지털정보활용능력 : 멀티미디어제작

[시험시간: 40분] 2/3

【문제 2】 원본 파일을 처리조건에 따라 결과파일로 완성하시오. (80점)

원본 파일	결과 파일

《처리조건》

▶ 다음과 같이 캔버스를 설정하시오.
　• 크기 ⇒ 너비(650 픽셀) × 높이(450 픽셀)　　• 배경 ⇒ 색상 : (9A2AD2)

▶ '사진2.jpg' 이미지를 불러와 기존 캔버스에 복사한 후 다음과 같이 처리하시오.
　• 이미지 복사 ⇒ 레이어 마스크 설정, 가로 방향으로 흐릿하게

▶ 도형 도구와 텍스트를 이용하여 다음과 같이 처리하시오.
　• ① ⇒ 모서리가 둥근 사각형(크기 : 270 × 62), 그라데이션(색상 : B5EC3F – F57134)
　• Land of Fairy ⇒ 글꼴(돋움), 글꼴 스타일(굵게), 크기(25pt), 채우기(색상 : FFA1D3),
　　　　　　　　　 외곽선(두께 : 4px, 색상 : 7B0F51)

▶ 도형 도구와 '사진3.jpg'를 이용하여 클리핑 마스크를 생성하시오.
　• ② ⇒ 사각형(크기 : 135 × 135), 외곽선(두께 : 7px, 색상 : 4E5063),
　　　　 그림자(두께 : 10px, 거리 : 10px, 분산도 : 5px, 각도 : 320°)

▶ 지시사항이 없는 경우는 기본 값을 적용하시오.

이미지 파일 저장	① [파일]-[내보내기]를 눌러서 저장 ② 저장위치 : [바탕화면]-[KAIT]-[제출파일]		
이미지 파일명	JPG	dpi_02_수검번호(6자리)_성명	※ 예시 : 수검번호가 　DPI-XXXX-123456인 경우 　"dpi_02_123456_성명"으로 저장할 것
	GPDP	dpi_02_수검번호(6자리)_성명	

※ 'JPG'와 'GPDP' 파일 중 하나라도 누락하여 저장할 시에는 "0점" 처리됩니다.

디지털정보활용능력 : 멀티미디어제작 [시험시간: 40분] 3/3

※ GOM Mix for DIAT 프로그램을 활용하여 [문제 3]을 작업하시오.

【문제 3】 처리조건에 따라 출력형태와 같이 완성하시오. (70점)

《출력형태》

《처리조건》

원본 파일	이미지1.jpg, 이미지2.jpg, 이미지3.jpg, 동영상.mp4, 음악.mp3

▶ 미디어 소스의 순서를 다음과 같이 지정하시오.
  • 미디어 소스 순서 ⇒ 동영상.mp4 > 이미지3.jpg > 이미지2.jpg > 이미지1.jpg

▶ 동영상 파일('동영상.mp4')을 다음과 같이 처리하시오.
  • 배속 : 1.2x
  • 자르기 : 시작 시간(0.00), 재생 시간(13.00)
  • 이펙트 : 이미지 보정-부드럽게(강도 : 15)
  • 텍스트 ⇒ 텍스트 입력 : 동화 속 공주님들
      텍스트 서식 : 기본 자막(휴먼엑스포, 크기 100, e3fe37), 윤곽선 설정(없음)
      위치 설정(화면 정가운데 아래), 시작 시간(4.20), 클립 길이(5.00)
  • 재생 속도 설정 후 자르기를 하여야 하며, 잘라진 뒷부분의 동영상 및 트랙의 모든 공백을 삭제할 것
  • 원본 동영상에 포함된 오디오는 모두 음소거 할 것

▶ 이미지 파일을 다음과 같이 처리하시오.
  • '이미지3.jpg' ⇒ 이미지 클립 길이 : 5.00, 오버레이 : 흩날림(개수/양 : 50),
          클립 트랜지션 : 디졸브(오버랩, 재생 시간 : 2.00)
  • '이미지2.jpg' ⇒ 이미지 클립 길이 : 5.00, 오버레이 : 불꽃 스파크(크기 : 10),
          클립 트랜지션 : 문 열기(뒤로 이동, 재생 시간 : 3.00)
  • '이미지1.jpg' ⇒ 이미지 클립 길이 : 6.00, 오버레이 : 스페이스 01(속도 : 10),
          클립 트랜지션 : 십자형 나누기(앞으로 이동, 재생 시간 : 1.00)
  • 지시사항이 없는 경우는 기본 값을 적용하시오.

▶ 다음 조건에 따라 동영상 시작 부분에 텍스트를 지정하시오.
  • 텍스트 입력 : 공주님이 사는 성 (Princess Castle)

  텍스트 서식(궁서체, 크기 120, 00cd16), 윤곽선 설정(색상 : f9ef98, 두께 : 20),
  나타나기(오른쪽으로 닦아내기, 지속 시간 : 2.00), 시작 시간(0.00), 텍스트 클립 길이(4.00)

▶ 다음 조건에 따라 동영상 전체에 음악 파일('음악.mp3')을 삽입하시오.
  • 시작 시간 : 0.00, 재생 시간 : 26.00, 페이드 아웃 : 2.00
  • 재생 시간 설정 후 자르기 하여야 하며, 잘라진 뒷부분의 음악 파일은 삭제할 것

동영상 파일 저장	① [파일]-[프로젝트 전체저장]을 눌러서 저장 ② 저장위치 : [바탕화면]-[KAIT]-[제출파일]	
동영상 파일명	GMEP	dpi_03_수검번호(6자리)_성명	※ 예시 : 수검번호가 DPI-XXXX-123456인 경우 "dpi_03_123456_성명"으로 저장할 것

※ 파일 확장자를 'GMDP'로 저장할 시에는 "0점" 처리됩니다.

제05회 실전모의고사

▷ 시험과목 : 멀티미디어제작 (곰픽, 곰믹스)
▷ 시험일자 : 20XX. 00. 00.(토)
▷ 응시자 기재사항 및 감독위원 확인

Ⓐ

| 수 검 번 호 | DPI - XXXX - | 감독위원 확인 |
| 성 명 | | |

응시자 유의사항

1. 응시자는 신분증을 지참하여야 시험에 응시할 수 있으며, 시험이 종료될 때까지 신분증을 제시하지 못 할 경우 해당 시험은 0점 처리됩니다.
2. 시스템(PC작동여부, 네트워크 상태 등)의 이상여부를 반드시 확인하여야 하며, 시스템 이상이 있을 시 감독위원에게 조치를 받으셔야 합니다.
3. 시험 중 부주의 또는 고의로 시스템을 파손한 경우는 응시자 부담으로 합니다.
4. 답안 전송 프로그램을 통해 다운로드 받은 파일을 이용하여 답안파일을 작성하시기 바랍니다.
5. 작성한 답안 파일은 답안 전송 프로그램을 통하여 전송됩니다. 감독위원의 지시에 따라 주시기 바랍니다.
6. 다음사항의 경우 실격(0점) 혹은 부정행위 처리됩니다.
   ❶ 답안파일을 저장하지 않았거나, 저장한 파일이 손상되었을 경우
   ❷ 답안파일을 지정된 폴더(바탕화면 "KAIT" 폴더)에 저장하지 않았을 경우
      ※ 답안 전송 프로그램 로그인 시 바탕화면에 자동 생성됨
   ❸ 답안파일을 다른 보조 기억장치(USB) 혹은 네트워크(메신저, 게시판 등)로 전송할 경우
   ❹ 휴대용 전화기 등 통신기기를 사용할 경우
7. **답안은 Gom Pic for DIAT와 Gom Mix for DIAT를 활용하여 작성하십시오.**
   ※ Gom Mix for DIAT는 'DIAT 시험 프로젝트 생성하기'로 진입하여 작성하십시오.
   ※ Gom Mix for DIAT 답안파일은 반드시 프로그램 전체저장으로 저장하십시오.(미준수시 0점 처리)
8. 시험지에 제시된 글꼴이 응시 프로그램에 없는 경우, 반드시 감독위원에게 해당 내용을 통보한 뒤 조치를 받아야 합니다.
9. 시험의 완료는 작성이 완료된 답안을 저장하고, 답안 전송이 완료된 상태를 확인한 것으로 합니다. 답안 전송 확인 후 문제지는 감독위원에게 제출한 후 퇴실하여야 합니다.
10. 답안전송이 완료된 경우에는 수정 또는 정정이 불가능합니다.
11. 시험시행 후 문제 공개 및 합격자 발표는 홈페이지(www.ihd.or.kr)에서 확인하시기 바랍니다.
    ❶ 문제 및 모범답안 공개 : 20XX. XX. XX.(X)
    ❷ 합격자 발표 : 20XX. XX. XX.(X)

디지털정보활용능력 : 멀티미디어제작

[시험시간: 40분]

※ Gom Pic for DIAT 프로그램을 활용하여 [문제 1], [문제 2]를 작업하시오.

【문제 1】 원본 파일을 처리조건에 따라 결과파일로 완성하시오. (50점)

| 원본 파일 | 결과 파일 |

《처리조건》

▶ 다음과 같이 캔버스를 설정하시오.
  - 크기 ⇒ 너비(650 픽셀) × 높이(350 픽셀)

▶ '사진1.jpg' 이미지를 불러와 기존 캔버스에 복사한 후 다음과 같이 처리하시오.
  - 이미지 복사 ⇒ 크기 변형으로 캔버스 크기에 맞게 변형, 레이어 이름 – Tomato
  - 밝기 조정 ⇒ 밝기/대비를 이용하여 이미지 조정(밝기 : 23, 대비 : 11)
  - ① ⇒ 복제 도장을 이용하여 이미지 제거
  - ② ⇒ 색조/채도를 이용하여 빨간색 계열로 조정

▶ 도형 도구를 이용하여 다음과 같이 처리하시오.
  - ③ ⇒ 원형/타원형(크기 : 300 × 300), 채우기(색상 : 818181), 혼합모드(추가, 불투명도 : 60)

▶ 지시사항이 없는 경우는 기본 값을 적용하시오.

이미지 파일 저장	① [파일]-[내보내기]를 눌러서 저장 ② 저장위치 : [바탕화면]-[KAIT]-[제출파일]		
이미지 파일명	JPG	dpi_01_수검번호(6자리)_성명	※ 예시 : 수검번호가 DPI-XXXX-123456인 경우 "dpi_01_123456_성명"으로 저장할 것
	GPDP	dpi_01_수검번호(6자리)_성명	

※ 'JPG'와 'GPDP' 파일 중 하나라도 누락하여 저장할 시에는 "0점" 처리됩니다.1

디지털정보활용능력 : 멀티미디어제작

[시험시간: 40분] 2/3

【문제 2】 원본 파일을 처리조건에 따라 결과파일로 완성하시오. (80점)

원본 파일	결과 파일

《처리조건》

▶ 다음과 같이 캔버스를 설정하시오.
  • 크기 ⇒ 너비(650 픽셀) × 높이(450 픽셀)   • 배경 ⇒ 색상 : (C8A739)

▶ '사진2.jpg' 이미지를 불러와 기존 캔버스에 복사한 후 다음과 같이 처리하시오.
  • 이미지 복사 ⇒ 레이어 마스크 설정, 가로 방향으로 흐릿하게

▶ 도형 도구와 텍스트를 이용하여 다음과 같이 처리하시오.
  • ① ⇒ 사각형(크기 : 300 × 60), 그라데이션(색상 : 1F3FCA – E934F5)
  • 덩굴식물의 결실 ⇒ 글꼴(궁서), 글꼴 스타일(기울임꼴), 크기(25pt), 채우기(색상 : 2E2A2C),
                      외곽선(두께 : 3px, 색상 : FFFFFF)

▶ 도형 도구와 '사진3.jpg'를 이용하여 클리핑 마스크를 생성하시오.
  • ② ⇒ 원형/타원형(크기 : 250 × 150), 외곽선(두께 : 5px, 색상 : 46E85C),
        그림자(두께 : 3px, 거리 : 10px, 분산도 : 5px, 각도 : 320°)

▶ 지시사항이 없는 경우는 기본 값을 적용하시오.

이미지 파일 저장	① [파일]-[내보내기]를 눌러서 저장 ② 저장위치 : [바탕화면]-[KAIT]-[제출파일]	
이미지 파일명	JPG	dpi_02_수검번호(6자리)_성명	※ 예시 : 수검번호가 DPI-XXXX-123456인 경우 "dpi_02_123456_성명"으로 저장할 것
	GPDP	dpi_02_수검번호(6자리)_성명	

※ 'JPG'와 'GPDP' 파일 중 하나라도 누락하여 저장할 시에는 "0점" 처리됩니다.

디지털정보활용능력 : 멀티미디어제작　　[시험시간: 40분]　3/3

※ GOM Mix for DIAT 프로그램을 활용하여 [문제 3]을 작업하시오.

【문제 3】 처리조건에 따라 출력형태와 같이 완성하시오. (70점)

《출력형태》

《처리조건》

원본 파일	이미지1.jpg, 이미지2.jpg, 이미지3.jpg, 동영상.mp4, 음악.mp3

▶ 미디어 소스의 순서를 다음과 같이 지정하시오.
　• 미디어 소스 순서 ⇒ 동영상.mp4 > 이미지2.jpg > 이미지1.jpg > 이미지3.jpg

▶ 동영상 파일('동영상.mp4')을 다음과 같이 처리하시오.
　• 배속 : 1.4x　　　• 자르기 : 시작 시간(0.00), 재생 시간(12.00)
　• 이펙트 : LUT 필터-카메라 필름-카메라 필름 05(노출 : -15, 감마 : 1.2)
　• 텍스트 ⇒ 텍스트 입력 : 빨갛게 익어가는 오디
　　　　　　텍스트 서식 : 기본 자막(돋움체, 크기 120, ff5355), 윤곽선 설정(없음)
　　　　　　위치 설정(화면 정가운데 아래), 시작 시간(5.00), 클립 길이(5.00)
　• 재생 속도 설정 후 자르기를 하여야 하며, 잘라진 뒷부분의 동영상 및 트랙의 모든 공백을 삭제할 것
　• 원본 동영상에 포함된 오디오는 모두 음소거 할 것

▶ 이미지 파일을 다음과 같이 처리하시오.
　• '이미지2.jpg' ⇒ 이미지 클립 길이 : 6.00, 오버레이 : 스페이스 01(개수/양 : 8),
　　　　　　　　　클립 트랜지션 : 왼쪽으로 스크롤(오버랩, 재생 시간 : 2.00)
　• '이미지1.jpg' ⇒ 이미지 클립 길이 : 6.00, 오버레이 : 떠오르는 하트(개수/양 : 80),
　　　　　　　　　클립 트랜지션 : 문 열기(오버랩, 재생 시간 : 1.00)
　• '이미지3.jpg' ⇒ 이미지 클립 길이 : 6.00, 오버레이 : 난기류(밝기 강도 : 60, 속도 : 60),
　　　　　　　　　클립 트랜지션 : 검정색 페이드(앞으로 이동, 재생 시간 : 1.00)
　• 지시사항이 없는 경우는 기본 값을 적용하시오.

▶ 다음 조건에 따라 동영상 시작 부분에 텍스트를 지정하시오.
　• 텍스트 입력 : 열매가 익어가는 계절
　　　　　　　　(Fruit growing)

　　텍스트 서식(휴먼옛체, 크기 120, ff5e00), 윤곽선 설정(색상 : ffffff, 두께 : 30),
　　나타나기(왼쪽으로 닦아내기, 지속 시간 : 2.00), 시작 시간(0.00), 텍스트 클립 길이(4.00)

▶ 다음 조건에 따라 동영상 전체에 음악 파일('음악.mp3')을 삽입하시오.
　• 시작 시간 : 0.00, 재생 시간 : 29.10, 페이드 아웃 : 3.00
　• 재생 시간 설정 후 자르기 하여야 하며, 잘라진 뒷부분의 음악 파일은 삭제할 것

동영상 파일 저장	① [파일]-[프로젝트 전체저장]을 눌러서 저장 ② 저장위치 : [바탕화면]-[KAIT]-[제출파일]	
동영상 파일명	GMEP　dpi_03_수검번호(6자리)_성명	※ 예시 : 수검번호가 DPI-XXXX-123456인 경우 "dpi_03_123456_성명"으로 저장할 것

※ 파일 확장자를 'GMDP'로 저장할 시에는 "0점" 처리됩니다.

제06회 실전모의고사

곰픽 for DIAT/곰믹스 for DIAT

▸ 시험과목 : 멀티미디어제작 (곰픽, 곰믹스)
▸ 시험일자 : 20XX. 00. 00.(토)
▸ 응시자 기재사항 및 감독위원 확인

수 검 번 호	DPI - XXXX -	감독위원 확인
성 명		

응시자 유의사항

1. 응시자는 신분증을 지참하여야 시험에 응시할 수 있으며, 시험이 종료될 때까지 신분증을 제시하지 못 할 경우 해당 시험은 0점 처리됩니다.
2. 시스템(PC작동여부, 네트워크 상태 등)의 이상여부를 반드시 확인하여야 하며, 시스템 이상이 있을 시 감독위원에게 조치를 받으셔야 합니다.
3. 시험 중 부주의 또는 고의로 시스템을 파손한 경우는 응시자 부담으로 합니다.
4. 답안 전송 프로그램을 통해 다운로드 받은 파일을 이용하여 답안파일을 작성하시기 바랍니다.
5. 작성한 답안 파일은 답안 전송 프로그램을 통하여 전송됩니다. 감독위원의 지시에 따라 주시기 바랍니다.
6. 다음사항의 경우 실격(0점) 혹은 부정행위 처리됩니다.
   ❶ 답안파일을 저장하지 않았거나, 저장한 파일이 손상되었을 경우
   ❷ 답안파일을 지정된 폴더(바탕화면 "KAIT" 폴더)에 저장하지 않았을 경우
      ※ 답안 전송 프로그램 로그인 시 바탕화면에 자동 생성됨
   ❸ 답안파일을 다른 보조 기억장치(USB) 혹은 네트워크(메신저, 게시판 등)로 전송할 경우
   ❹ 휴대용 전화기 등 통신기기를 사용할 경우
7. **답안은 Gom Pic for DIAT와 Gom Mix for DIAT를 활용하여 작성하십시오.**
   ※ Gom Mix for DIAT는 'DIAT 시험 프로젝트 생성하기'로 진입하여 작성하십시오.
   ※ Gom Mix for DIAT 답안파일은 반드시 프로그램 전체저장으로 저장하십시오.(미준수시 0점 처리)
8. 시험지에 제시된 글꼴이 응시 프로그램에 없는 경우, 반드시 감독위원에게 해당 내용을 통보한 뒤 조치를 받아야 합니다.
9. 시험의 완료는 작성이 완료된 답안을 저장하고, 답안 전송이 완료된 상태를 확인한 것으로 합니다. 답안 전송 확인 후 문제지는 감독위원에게 제출한 후 퇴실하여야 합니다.
10. 답안전송이 완료된 경우에는 수정 또는 정정이 불가능합니다.
11. 시험시행 후 문제 공개 및 합격자 발표는 홈페이지(www.ihd.or.kr)에서 확인하시기 바랍니다.
    ❶ 문제 및 모범답안 공개 : 20XX. XX. XX.(X)
    ❷ 합격자 발표 : 20XX. XX. XX.(X)

디지털정보활용능력 : 멀티미디어제작

[시험시간: 40분] 1/3

※ Gom Pic for DIAT 프로그램을 활용하여 [문제 1], [문제 2]를 작업하시오.

【문제 1】 원본 파일을 처리조건에 따라 결과파일로 완성하시오. (50점)

원본 파일	결과 파일

《처리조건》

▶ 다음과 같이 캔버스를 설정하시오.
  • 크기 ⇒ 너비(650 픽셀) × 높이(350 픽셀)

▶ '사진1.jpg' 이미지를 불러와 기존 캔버스에 복사한 후 다음과 같이 처리하시오.
  • 이미지 복사 ⇒ 크기 변형으로 캔버스 크기에 맞게 변형, 레이어 이름 – Food
  • 필터 효과 ⇒ 선명하게를 이용하여 이미지 조정(양 : 15)
  • ① ⇒ 올가미 선택을 이용하여 이미지 제거
  • ② ⇒ 세피아를 이용하여 초록색 계열로 조정

▶ 도형 도구를 이용하여 다음과 같이 처리하시오.
  • ③ ⇒ 사각형(크기 : 40 × 255), 채우기(색상 : 19203E), 혼합모드(곱하기, 불투명도 : 77)

▶ 지시사항이 없는 경우는 기본 값을 적용하시오.

이미지 파일 저장	① [파일]-[내보내기]를 눌러서 저장 ② 저장위치 : [바탕화면]-[KAIT]-[제출파일]	
이미지 파일명	JPG	dpi_01_수검번호(6자리)_성명	※ 예시 : 수검번호가 DPI-XXXX-123456인 경우 "dpi_01_123456_성명"으로 저장할 것
	GPDP	dpi_01_수검번호(6자리)_성명	

※ 'JPG'와 'GPDP' 파일 중 하나라도 누락하여 저장할 시에는 "0점" 처리됩니다.

디지털정보활용능력 : 멀티미디어제작

[시험시간: 40분] 2/3

【문제 2】 원본 파일을 처리조건에 따라 결과파일로 완성하시오. (80점)

| 원본 파일 | 결과 파일 |

《처리조건》

▶ 다음과 같이 캔버스를 설정하시오.
- 크기 ⇒ 너비(650 픽셀) × 높이(450 픽셀)
- 배경 ⇒ 색상 : (733a00)

▶ '사진2.jpg' 이미지를 불러와 기존 캔버스에 복사한 후 다음과 같이 처리하시오.
- 이미지 복사 ⇒ 레이어 마스크 설정, 세로 방향으로 흐릿하게

▶ 도형 도구와 텍스트를 이용하여 다음과 같이 처리하시오.
- ① ⇒ 모서리가 둥근 사각형(크기 : 480 × 55), 그라데이션(색상 : 176ED6 - CAE415)
- 한국인이 사랑하는 디저트 ⇒ 글꼴(궁서), 글꼴 스타일(밑줄), 크기(26pt), 채우기(색상 : 3DD955), 외곽선(두께 : 2px, 색상 : 321A1A)

▶ 도형 도구와 '사진3.jpg'를 이용하여 클리핑 마스크를 생성하시오.
- ② ⇒ 사각형(크기 : 125 × 125), 외곽선(두께 : 10px, 색상 : CC0AE1), 그림자(두께 : 20px, 거리 : 20px, 분산도 : 1px, 각도 : 270˚)

▶ 지시사항이 없는 경우는 기본 값을 적용하시오.

이미지 파일 저장	① [파일]-[내보내기]를 눌러서 저장 ② 저장위치 : [바탕화면]-[KAIT]-[제출파일]	
이미지 파일명	JPG	dpi_02_수검번호(6자리)_성명	※ 예시 : 수검번호가 DPI-XXXX-123456인 경우 "dpi_02_123456_성명"으로 저장할 것
	GPDP	dpi_02_수검번호(6자리)_성명	

※ 'JPG'와 'GPDP' 파일 중 하나라도 누락하여 저장할 시에는 "0점" 처리됩니다.

디지털정보활용능력 : 멀티미디어제작 　[시험시간: 40분] 3/3

※ GOM Mix for DIAT 프로그램을 활용하여 [문제 3]을 작업하시오.

【문제 3】 처리조건에 따라 출력형태와 같이 완성하시오. (70점)

《출력형태》

동영상.mp4　　이미지2.jpg　이미지3.jpg　이미지1.jpg

《처리조건》

원본 파일	이미지1.jpg, 이미지2.jpg, 이미지3.jpg, 동영상.mp4, 음악.mp3

▶ 미디어 소스의 순서를 다음과 같이 지정하시오.
  • 미디어 소스 순서 ⇒ 동영상.mp4 > 이미지2.jpg > 이미지3.jpg > 이미지1.jpg

▶ 동영상 파일('동영상.mp4')을 다음과 같이 처리하시오.
  • 배속 : 1.2x　　• 자르기 : 시작 시간(0.00), 재생 시간(15.00)
  • 이펙트 : 이미지 보정-톤맵(채도 : -15)
  • 텍스트 ⇒ 텍스트 입력 : 보글보글 떡볶이를 끓이다
      텍스트 서식 : 기본 자막(휴먼엑스포, 크기 110, f700da), 윤곽선 설정(없음)
      위치 설정(화면 정가운데 아래), 시작 시간(5.00), 클립 길이(5.00)
  • 재생 속도 설정 후 자르기를 하여야 하며, 잘라진 뒷부분의 동영상 및 트랙의 모든 공백을 삭제할 것
  • 원본 동영상에 포함된 오디오는 모두 음소거 할 것

▶ 이미지 파일을 다음과 같이 처리하시오.
  • '이미지2.jpg' ⇒ 이미지 클립 길이 : 6.00, 오버레이 : 흩날림(개수/양 : 50),
                클립 트랜지션 : 왼쪽으로 덮기(오버랩, 재생 시간 : 1.00)
  • '이미지3.jpg' ⇒ 이미지 클립 길이 : 6.00, 오버레이 : 내려앉는(속도 : 7),
                클립 트랜지션 : 왼쪽으로 밀기(오버랩, 재생 시간 : 3.00)
  • '이미지1.jpg' ⇒ 이미지 클립 길이 : 4.00, 오버레이 : 가랜드(줄 색상 : ff00ff),
                클립 트랜지션 : 가로 나누기(앞으로 이동, 재생 시간 : 1.00)
  • 지시사항이 없는 경우는 기본 값을 적용하시오.

▶ 다음 조건에 따라 동영상 시작 부분에 텍스트를 지정하시오.
  • 텍스트 입력 : 한국인의 입맛
            (Korean taste)

  텍스트 서식(휴먼엑스포, 크기 150, c80000), 윤곽선 설정(색상 : 8ec2fe, 두께 : 40),
  나타나기(오른쪽으로 당기기, 지속 시간 : 2.00), 시작 시간(0.00), 텍스트 클립 길이(3.00)

▶ 다음 조건에 따라 동영상 전체에 음악 파일('음악.mp3')을 삽입하시오.
  • 시작 시간 : 0.00, 재생 시간 : 30.10, 페이드 인 : 2.00
  • 재생 시간 설정 후 자르기 하여야 하며, 잘라진 뒷부분의 음악 파일은 삭제할 것

동영상 파일 저장	① [파일]-[프로젝트 전체저장]을 눌러서 저장 ② 저장위치 : [바탕화면]-[KAIT]-[제출파일]	
동영상 파일명	GMEP	dpi_03_수검번호(6자리)_성명	※ 예시 : 수검번호가 DPI-XXXX-123456인 경우 "dpi_03_123456_성명"으로 저장할 것

※ 파일 확장자를 'GMDP'로 저장할 시에는 "0점" 처리됩니다.

곰픽 for DIAT/곰믹스 for DIAT

제07회 실전모의고사

▷ 시험과목 : 멀티미디어제작 (곰픽, 곰믹스)
▷ 시험일자 : 20XX. 00. 00.(토)
▷ 응시자 기재사항 및 감독위원 확인

| 수 검 번 호 | DPI - XXXX - | 감독위원 확인 |
| 성 명 | | |

응시자 유의사항

1. 응시자는 신분증을 지참하여야 시험에 응시할 수 있으며, 시험이 종료될 때까지 신분증을 제시하지 못 할 경우 해당 시험은 0점 처리됩니다.
2. 시스템(PC작동여부, 네트워크 상태 등)의 이상여부를 반드시 확인하여야 하며, 시스템 이상이 있을 시 감독위원에게 조치를 받으셔야 합니다.
3. 시험 중 부주의 또는 고의로 시스템을 파손한 경우는 응시자 부담으로 합니다.
4. 답안 전송 프로그램을 통해 다운로드 받은 파일을 이용하여 답안파일을 작성하시기 바랍니다.
5. 작성한 답안 파일은 답안 전송 프로그램을 통하여 전송됩니다. 감독위원의 지시에 따라 주시기 바랍니다.
6. 다음사항의 경우 실격(0점) 혹은 부정행위 처리됩니다.
   ① 답안파일을 저장하지 않았거나, 저장한 파일이 손상되었을 경우
   ② 답안파일을 지정된 폴더(바탕화면 "KAIT" 폴더)에 저장하지 않았을 경우
      ※ 답안 전송 프로그램 로그인 시 바탕화면에 자동 생성됨
   ③ 답안파일을 다른 보조 기억장치(USB) 혹은 네트워크(메신저, 게시판 등)로 전송할 경우
   ④ 휴대용 전화기 등 통신기기를 사용할 경우
7. **답안은 Gom Pic for DIAT와 Gom Mix for DIAT를 활용하여 작성하십시오.**
   ※ Gom Mix for DIAT는 'DIAT 시험 프로젝트 생성하기'로 진입하여 작성하십시오.
   ※ Gom Mix for DIAT 답안파일은 반드시 프로그램 전체저장으로 저장하십시오.(미준수시 0점 처리)
8. 시험지에 제시된 글꼴이 응시 프로그램에 없는 경우, 반드시 감독위원에게 해당 내용을 통보한 뒤 조치를 받아야 합니다.
9. 시험의 완료는 작성이 완료된 답안을 저장하고, 답안 전송이 완료된 상태를 확인한 것으로 합니다. 답안 전송 확인 후 문제지는 감독위원에게 제출한 후 퇴실하여야 합니다.
10. 답안전송이 완료된 경우에는 수정 또는 정정이 불가능합니다.
11. 시험시행 후 문제 공개 및 합격자 발표는 홈페이지(www.ihd.or.kr)에서 확인하시기 바랍니다.
    ① 문제 및 모범답안 공개 : 20XX. XX. XX.(X)
    ② 합격자 발표 : 20XX. XX. XX.(X)

디지털정보활용능력 : 멀티미디어제작

[시험시간: 40분]

※ Gom Pic for DIAT 프로그램을 활용하여 [문제 1], [문제 2]를 작업하시오.

【문제 1】 원본 파일을 처리조건에 따라 결과파일로 완성하시오. (50점)

원본 파일	결과 파일

《처리조건》

▶ 다음과 같이 캔버스를 설정하시오.
　• 크기 ⇒ 너비(650 픽셀) × 높이(350 픽셀)

▶ '사진1.jpg' 이미지를 불러와 기존 캔버스에 복사한 후 다음과 같이 처리하시오.
　• 이미지 복사 ⇒ 크기 변형으로 캔버스 크기에 맞게 변형, 레이어 이름 – Letter
　• 밝기 조정 ⇒ 감마를 이용하여 이미지 조정(어두운 영역 : 0.63, 밝은 영역 : 1.14)
　• ① ⇒ 올가미 선택을 이용하여 이미지 제거
　• ② ⇒ 색조/채도를 이용하여 보라색 계열로 조정

▶ 도형 도구를 이용하여 다음과 같이 처리하시오.
　• ③ ⇒ 모서리가 둥근 사각형(크기 : 142 × 142), 채우기(색상 : A8236B), 혼합모드(글로우, 불투명도 : 60)

▶ 지시사항이 없는 경우는 기본 값을 적용하시오.

이미지 파일 저장	① [파일]-[내보내기]를 눌러서 저장 ② 저장위치 : [바탕화면]-[KAIT]-[제출파일]		
이미지 파일명	JPG	dpi_01_수검번호(6자리)_성명	※ 예시 : 수검번호가 DPI-XXXX-123456인 경우 "dpi_01_123456_성명"으로 저장할 것
	GPDP	dpi_01_수검번호(6자리)_성명	

※ 'JPG'와 'GPDP' 파일 중 하나라도 누락하여 저장할 시에는 "0점" 처리됩니다.

디지털정보활용능력 : 멀티미디어제작

[시험시간: 40분]

【문제 2】 원본 파일을 처리조건에 따라 결과파일로 완성하시오. (80점)

원본 파일	결과 파일

《처리조건》

▶ 다음과 같이 캔버스를 설정하시오.
  • 크기 ⇒ 너비(650 픽셀) × 높이(450 픽셀)   • 배경 ⇒ 색상 : (0E656E)

▶ '사진2.jpg' 이미지를 불러와 기존 캔버스에 복사한 후 다음과 같이 처리하시오.
  • 이미지 복사 ⇒ 레이어 마스크 설정, 대각선 방향으로 흐릿하게

▶ 도형 도구와 텍스트를 이용하여 다음과 같이 처리하시오.
  • ① ⇒ 원형/타원형(크기 : 180 × 180), 그라데이션(색상 : E7E924 - CA0404)
  • 책의 세상 ⇒ 글꼴(맑은 고딕), 글꼴 스타일(기울임꼴), 크기(33pt), 채우기(색상 : 092E50),
        외곽선(두께 : 6px, 색상 : DEEDF9)

▶ 도형 도구와 '사진3.jpg'를 이용하여 클리핑 마스크를 생성하시오.
  • ② ⇒ 모서리가 둥근 사각형(크기 : 260 × 150), 외곽선(두께 : 5px, 색상 : 0D1A11),
        그림자(두께 : 10px, 거리 : 20px, 분산도 : 3px, 각도 : 320°)

▶ 지시사항이 없는 경우는 기본 값을 적용하시오.

이미지 파일 저장	① [파일]-[내보내기]를 눌러서 저장 ② 저장위치 : [바탕화면]-[KAIT]-[제출파일]	
이미지 파일명	JPG	dpi_02_수검번호(6자리)_성명	※ 예시 : 수검번호가 DPI-XXXX-123456인 경우 "dpi_02_123456_성명"으로 저장할 것
	GPDP	dpi_02_수검번호(6자리)_성명	

※ 'JPG'와 'GPDP' 파일 중 하나라도 누락하여 저장할 시에는 "0점" 처리됩니다.

디지털정보활용능력 : 멀티미디어제작 [시험시간: 40분] 3/3

※ GOM Mix for DIAT 프로그램을 활용하여 [문제 3]을 작업하시오.

【문제 3】 처리조건에 따라 출력형태와 같이 완성하시오. (70점)

《출력형태》

《처리조건》

원본 파일	이미지1.jpg, 이미지2.jpg, 이미지3.jpg, 동영상.mp4, 음악.mp3

▶ 미디어 소스의 순서를 다음과 같이 지정하시오.
  • 미디어 소스 순서 ⇒ 동영상.mp4 > 이미지1.jpg > 이미지3.jpg > 이미지2.jpg

▶ 동영상 파일('동영상.mp4')을 다음과 같이 처리하시오.
  • 배속 : 1.5x
  • 자르기 : 시작 시간(0.00), 재생 시간(14.20)
  • 이펙트 : 이미지 보정-모자이크(픽셀 크기 : 30)
  • 텍스트 ⇒ 텍스트 입력 : 풍성한 지식의 세상
      텍스트 서식 : 기본 자막(바탕체, 크기 110, 000000), 윤곽선 설정(없음)
      위치 설정(화면 정가운데 아래), 시작 시간(5.00), 클립 길이(5.00)
  • 재생 속도 설정 후 자르기를 하여야 하며, 잘라진 뒷부분의 동영상 및 트랙의 모든 공백을 삭제할 것
  • 원본 동영상에 포함된 오디오는 모두 음소거 할 것

▶ 이미지 파일을 다음과 같이 처리하시오.
  • '이미지1.jpg' ⇒ 이미지 클립 길이 : 6.00, 오버레이 : 후광 프레임(내부 반경 : 45),
            클립 트랜지션 : 역방향 대각선 블라인드(뒤로 이동, 재생 시간 : 2.00)
  • '이미지3.jpg' ⇒ 이미지 클립 길이 : 6.00, 오버레이 : 사각 비넷(두께 : 24, 페더 : 80),
            클립 트랜지션 : 줌 인(오버랩, 재생 시간 : 3.00)
  • '이미지2.jpg' ⇒ 이미지 클립 길이 : 5.00, 오버레이 : 스페이스 01(색상 : 1070c1),
            클립 트랜지션 : 타원 열기(앞으로 이동, 재생 시간 : 2.00)
  • 지시사항이 없는 경우는 기본 값을 적용하시오.

▶ 다음 조건에 따라 동영상 시작 부분에 텍스트를 지정하시오.
  • 텍스트 입력 : 지혜의 시작
            (The beginning of wisdom)

  텍스트 서식(휴먼옛체, 크기 130, 507c10), 윤곽선 설정(색상 : ffffff, 두께 : 25),
  나타내기(클립 위에서 나타나기, 지속 시간 : 3.00), 시작 시간(0.00), 텍스트 클립 길이(4.00)

▶ 다음 조건에 따라 동영상 전체에 음악 파일('음악.mp3')을 삽입하시오.
  • 시작 시간 : 0.00, 재생 시간 : 29.20, 페이드 인 : 1.00
  • 재생 시간 설정 후 자르기 하여야 하며, 잘라진 뒷부분의 음악 파일은 삭제할 것

동영상 파일 저장	① [파일]-[프로젝트 전체저장]을 눌러서 저장 ② 저장위치 : [바탕화면]-[KAIT]-[제출파일]	
동영상 파일명	GMEP	dpi_03_수검번호(6자리)_성명	※ 예시 : 수검번호가 DPI-XXXX-123456인 경우 "dpi_03_123456_성명"으로 저장할 것

※ 파일 확장자를 'GMDP'로 저장할 시에는 "0점" 처리됩니다.

곰픽 for DIAT/곰믹스 for DIAT

제08회 실전모의고사

▷ 시험과목 : 멀티미디어제작 (곰픽, 곰믹스)
▷ 시험일자 : 20XX. 00. 00.(토)
▷ 응시자 기재사항 및 감독위원 확인

수 검 번 호	DPI - XXXX -	감독위원 확인
성 명		

응시자 유의사항

1. 응시자는 신분증을 지참하여야 시험에 응시할 수 있으며, 시험이 종료될 때까지 신분증을 제시하지 못 할 경우 해당 시험은 0점 처리됩니다.
2. 시스템(PC작동여부, 네트워크 상태 등)의 이상여부를 반드시 확인하여야 하며, 시스템 이상이 있을 시 감독위원에게 조치를 받으셔야 합니다.
3. 시험 중 부주의 또는 고의로 시스템을 파손한 경우는 응시자 부담으로 합니다.
4. 답안 전송 프로그램을 통해 다운로드 받은 파일을 이용하여 답안파일을 작성하시기 바랍니다.
5. 작성한 답안 파일은 답안 전송 프로그램을 통하여 전송됩니다. 감독위원의 지시에 따라 주시기 바랍니다.
6. 다음사항의 경우 실격(0점) 혹은 부정행위 처리됩니다.
   ❶ 답안파일을 저장하지 않았거나, 저장한 파일이 손상되었을 경우
   ❷ 답안파일을 지정된 폴더(바탕화면 "KAIT" 폴더)에 저장하지 않았을 경우
      ※ 답안 전송 프로그램 로그인 시 바탕화면에 자동 생성됨
   ❸ 답안파일을 다른 보조 기억장치(USB) 혹은 네트워크(메신저, 게시판 등)로 전송할 경우
   ❹ 휴대용 전화기 등 통신기기를 사용할 경우
7. **답안은 Gom Pic for DIAT와 Gom Mix for DIAT를 활용하여 작성하십시오.**
      ※ Gom Mix for DIAT는 'DIAT 시험 프로젝트 생성하기'로 진입하여 작성하십시오.
      ※ Gom Mix for DIAT 답안파일은 반드시 프로그램 전체저장으로 저장하십시오.(미준수시 0점 처리)
8. 시험지에 제시된 글꼴이 응시 프로그램에 없는 경우, 반드시 감독위원에게 해당 내용을 통보한 뒤 조치를 받아야 합니다.
9. 시험의 완료는 작성이 완료된 답안을 저장하고, 답안 전송이 완료된 상태를 확인한 것으로 합니다. 답안 전송 확인 후 문제지는 감독위원에게 제출한 후 퇴실하여야 합니다.
10. 답안전송이 완료된 경우에는 수정 또는 정정이 불가능합니다.
11. 시험시행 후 문제 공개 및 합격자 발표는 홈페이지(www.ihd.or.kr)에서 확인하시기 바랍니다.
   ❶ 문제 및 모범답안 공개 : 20XX. XX. XX.(X)
   ❷ 합격자 발표 : 20XX. XX. XX.(X)

디지털정보활용능력 : 멀티미디어제작

[시험시간: 40분]　1/3

※ Gom Pic for DIAT 프로그램을 활용하여 [문제 1], [문제 2]를 작업하시오.

【문제 1】 원본 파일을 처리조건에 따라 결과파일로 완성하시오. (50점)

| 원본 파일 | 결과 파일 |

《처리조건》

▶ 다음과 같이 캔버스를 설정하시오.
  · 크기 ⇒ 너비(650 픽셀) × 높이(350 픽셀)

▶ '사진1.jpg' 이미지를 불러와 기존 캔버스에 복사한 후 다음과 같이 처리하시오.
  · 이미지 복사 ⇒ 크기 변형으로 캔버스 크기에 맞게 변형, 레이어 이름 - Garden
  · 밝기 조정 ⇒ 밝기/대비를 이용하여 이미지 조정(밝기 : 11, 대비 : 5)
  · ① ⇒ 복제 도장을 이용하여 이미지 제거
  · ② ⇒ 색조/채도를 이용하여 빨간색 계열로 조정

▶ 도형 도구를 이용하여 다음과 같이 처리하시오.
  · ③ ⇒ 사각형(크기 : 650 × 35), 채우기(색상 : FF7A00), 혼합모드(중첩, 불투명도 : 70)

▶ 지시사항이 없는 경우는 기본 값을 적용하시오.

이미지 파일 저장	① [파일]-[내보내기]를 눌러서 저장 ② 저장위치 : [바탕화면]-[KAIT]-[제출파일]		
이미지 파일명	JPG	dpi_01_수검번호(6자리)_성명	※ 예시 : 수검번호가 DPI-XXXX-123456인 경우 "dpi_01_123456_성명"으로 저장할 것
	GPDP	dpi_01_수검번호(6자리)_성명	

※ 'JPG'와 'GPDP' 파일 중 하나라도 누락하여 저장할 시에는 "0점" 처리됩니다.

디지털정보활용능력 : 멀티미디어제작 [시험시간: 40분]

【문제 2】 원본 파일을 처리조건에 따라 결과파일로 완성하시오. (80점)

원본 파일	결과 파일

《처리조건》

▶ 다음과 같이 캔버스를 설정하시오.
- 크기 ⇒ 너비(650 픽셀) × 높이(450 픽셀)
- 배경 ⇒ 색상 : (4B0F4F)

▶ '사진2.jpg' 이미지를 불러와 기존 캔버스에 복사한 후 다음과 같이 처리하시오.
- 이미지 복사 ⇒ 레이어 마스크 설정, 세로 방향으로 흐릿하게

▶ 도형 도구와 텍스트를 이용하여 다음과 같이 처리하시오.
- ① ⇒ 사각형(크기 : 320 × 60), 그라데이션(색상 : 24A8E9 – C61BFC)
- 크고 작은 인형들 ⇒ 글꼴(돋움), 글꼴 스타일(밑줄), 크기(27pt), 채우기(색상 : FFFFFF),
  외곽선(두께 : 3px, 색상 : 092D4A)

▶ 도형 도구와 '사진3.jpg'를 이용하여 클리핑 마스크를 생성하시오.
- ② ⇒ 원형/타원형(크기 : 180 × 180), 외곽선(두께 : 3px, 색상 : 9F490E),
  그림자(두께 : 5px, 거리 : 10px, 분산도 : 2px, 각도 : 90°)

▶ 지시사항이 없는 경우는 기본 값을 적용하시오.

이미지 파일 저장	① [파일]-[내보내기]를 눌러서 저장 ② 저장위치 : [바탕화면]-[KAIT]-[제출파일]	
이미지 파일명	JPG	dpi_02_수검번호(6자리)_성명
	GPDP	dpi_02_수검번호(6자리)_성명

※ 예시 : 수검번호가 DPI-XXXX-123456인 경우 "dpi_02_123456_성명"으로 저장할 것

※ 'JPG'와 'GPDP' 파일 중 하나라도 누락하여 저장할 시에는 "0점" 처리됩니다.

디지털정보활용능력 : 멀티미디어제작

[시험시간: 40분] 3/3

※ GOM Mix for DIAT 프로그램을 활용하여 [문제 3]을 작업하시오.

【문제 3】 처리조건에 따라 출력형태와 같이 완성하시오. (70점)

《출력형태》

동영상.mp4, 이미지3.jpg, 이미지2.jpg, 이미지1.jpg

《처리조건》

원본 파일	이미지1.jpg, 이미지2.jpg, 이미지3.jpg, 동영상.mp4, 음악.mp3

▶ 미디어 소스의 순서를 다음과 같이 지정하시오.
  • 미디어 소스 순서 ⇒ 동영상.mp4 > 이미지3.jpg > 이미지2.jpg > 이미지1.jpg

▶ 동영상 파일('동영상.mp4')을 다음과 같이 처리하시오.
  • 배속 : 1.3x
  • 자르기 : 시작 시간(0.00), 재생 시간(13.10)
  • 이펙트 : 이미지 보정-그런지 스탬프(강도 : 20, 경곗값 : 30)
  • 텍스트 ⇒ 텍스트 입력 : 각각 따로 움직이는 인형들
    텍스트 서식 : 기본 자막(궁서체, 크기 100, aff32a), 윤곽선 설정(없음)
    위치 설정(화면 정가운데 아래), 시작 시간(4.20), 클립 길이(5.00)
  • 재생 속도 설정 후 자르기를 하여야 하며, 잘라진 뒷부분의 동영상 및 트랙의 모든 공백을 삭제할 것
  • 원본 동영상에 포함된 오디오는 모두 음소거 할 것

▶ 이미지 파일을 다음과 같이 처리하시오.
  • '이미지3.jpg' ⇒ 이미지 클립 길이 : 6.00, 오버레이 : 흩날림(개수/양 : 90),
    클립 트랜지션 : 가로 나누기(오버랩, 재생 시간 : 2.00)
  • '이미지2.jpg' ⇒ 이미지 클립 길이 : 6.00, 오버레이 : 영롱한(크기 15),
    클립 트랜지션 : 문 열기(오버랩, 재생 시간 : 1.00)
  • '이미지1.jpg' ⇒ 이미지 클립 길이 : 5.00, 오버레이 : 집중선 01(속도 : 1),
    클립 트랜지션 : 디졸브(앞으로 이동, 재생 시간 : 2.00)
  • 지시사항이 없는 경우는 기본 값을 적용하시오.

▶ 다음 조건에 따라 동영상 시작 부분에 텍스트를 지정하시오.
  • 텍스트 입력 : 움직이는 인형들
    (Moving Dolls)

  텍스트 서식(휴먼엑스포, 크기 130, ffffff), 윤곽선 설정(색상 : 000000, 두께 : 30),
  나타나기(오른쪽으로 닦아내기, 지속 시간 : 2.00), 시작 시간(0.00), 텍스트 클립 길이(4.00)

▶ 다음 조건에 따라 동영상 전체에 음악 파일('음악.mp3')을 삽입하시오.
  • 시작 시간 : 0.00, 재생 시간 : 30.00, 페이드 아웃 : 2.00
  • 재생 시간 설정 후 자르기 하여야 하며, 잘라진 뒷부분의 음악 파일은 삭제할 것

동영상 파일 저장	① [파일]-[프로젝트 전체저장]을 눌러서 저장 ② 저장위치 : [바탕화면]-[KAIT]-[제출파일]	
동영상 파일명	GMEP	dpi_03_수검번호(6자리)_성명	※ 예시 : 수검번호가 DPI-XXXX-123456인 경우 "dpi_03_123456_성명"으로 저장할 것

※ 파일 확장자를 'GMDP'로 저장할 시에는 "0점" 처리됩니다.

곰픽 for DIAT/곰믹스 for DIAT

제09회 실전모의고사

▶ 시험과목 : 멀티미디어제작 (곰픽, 곰믹스)
▶ 시험일자 : 20XX. 00. 00.(토)
▶ 응시자 기재사항 및 감독위원 확인

수 검 번 호	DPI - XXXX -	감독위원 확인
성 명		

응시자 유의사항

1. 응시자는 신분증을 지참하여야 시험에 응시할 수 있으며, 시험이 종료될 때까지 신분증을 제시하지 못 할 경우 해당 시험은 0점 처리됩니다.
2. 시스템(PC작동여부, 네트워크 상태 등)의 이상여부를 반드시 확인하여야 하며, 시스템 이상이 있을 시 감독위원에게 조치를 받으셔야 합니다.
3. 시험 중 부주의 또는 고의로 시스템을 파손한 경우는 응시자 부담으로 합니다.
4. 답안 전송 프로그램을 통해 다운로드 받은 파일을 이용하여 답안파일을 작성하시기 바랍니다.
5. 작성한 답안 파일은 답안 전송 프로그램을 통하여 전송됩니다. 감독위원의 지시에 따라 주시기 바랍니다.
6. 다음사항의 경우 실격(0점) 혹은 부정행위 처리됩니다.
   ❶ 답안파일을 저장하지 않았거나, 저장한 파일이 손상되었을 경우
   ❷ 답안파일을 지정된 폴더(바탕화면 "KAIT" 폴더)에 저장하지 않았을 경우
      ※ 답안 전송 프로그램 로그인 시 바탕화면에 자동 생성됨
   ❸ 답안파일을 다른 보조 기억장치(USB) 혹은 네트워크(메신저, 게시판 등)로 전송할 경우
   ❹ 휴대용 전화기 등 통신기기를 사용할 경우
7. **답안은 Gom Pic for DIAT와 Gom Mix for DIAT를 활용하여 작성하십시오.**
   ※ Gom Mix for DIAT는 'DIAT 시험 프로젝트 생성하기'로 진입하여 작성하십시오.
   ※ Gom Mix for DIAT 답안파일은 반드시 프로그램 전체저장으로 저장하십시오.(미준수시 0점 처리)
8. 시험지에 제시된 글꼴이 응시 프로그램에 없는 경우, 반드시 감독위원에게 해당 내용을 통보한 뒤 조치를 받아야 합니다.
9. 시험의 완료는 작성이 완료된 답안을 저장하고, 답안 전송이 완료된 상태를 확인한 것으로 합니다. 답안 전송 확인 후 문제지는 감독위원에게 제출한 후 퇴실하여야 합니다.
10. 답안전송이 완료된 경우에는 수정 또는 정정이 불가능합니다.
11. 시험시행 후 문제 공개 및 합격자 발표는 홈페이지(www.ihd.or.kr)에서 확인하시기 바랍니다.
    ❶ 문제 및 모범답안 공개 : 20XX. XX. XX.(X)
    ❷ 합격자 발표 : 20XX. XX. XX.(X)

디지털정보활용능력 : 멀티미디어제작

[시험시간: 40분] 1/3

※ Gom Pic for DIAT 프로그램을 활용하여 [문제 1], [문제 2]를 작업하시오.

【문제 1】 원본 파일을 처리조건에 따라 결과파일로 완성하시오. (50점)

원본 파일	결과 파일

《처리조건》

▶ 다음과 같이 캔버스를 설정하시오.
  • 크기 ⇒ 너비(650 픽셀) × 높이(350 픽셀)

▶ '사진1.jpg' 이미지를 불러와 기존 캔버스에 복사한 후 다음과 같이 처리하시오.
  • 이미지 복사 ⇒ 크기 변형으로 캔버스 크기에 맞게 변형, 레이어 이름 – Flower
  • 필터 효과 ⇒ 선명하게를 이용하여 이미지 조정(양 : 10)
  • ① ⇒ 올가미 선택을 이용하여 이미지 복사
  • ② ⇒ 세피아를 이용하여 보라색 계열로 조정

▶ 도형 도구를 이용하여 다음과 같이 처리하시오.
  • ③ ⇒ 원형/타원형(크기 : 50 × 300), 채우기(색상 : 464646), 혼합모드(글로우, 불투명도 : 65)

▶ 지시사항이 없는 경우는 기본 값을 적용하시오.

이미지 파일 저장	① [파일]-[내보내기]를 눌러서 저장 ② 저장위치 : [바탕화면]-[KAIT]-[제출파일]	
이미지 파일명	JPG	dpi_01_수검번호(6자리)_성명	※ 예시 : 수검번호가 DPI-XXXX-123456인 경우 "dpi_01_123456_성명"으로 저장할 것
	GPDP	dpi_01_수검번호(6자리)_성명	

※ 'JPG'와 'GPDP' 파일 중 하나라도 누락하여 저장할 시에는 "0점" 처리됩니다.

디지털정보활용능력 : 멀티미디어제작

[시험시간: 40분] 2/3

【문제 2】 원본 파일을 처리조건에 따라 결과파일로 완성하시오. (80점)

원본 파일	결과 파일

《처리조건》

▶ 다음과 같이 캔버스를 설정하시오.
- 크기 ⇒ 너비(650 픽셀) × 높이(450 픽셀)
- 배경 ⇒ 색상 : (69E7FF)

▶ '사진2.jpg' 이미지를 불러와 기존 캔버스에 복사한 후 다음과 같이 처리하시오.
- 이미지 복사 ⇒ 레이어 마스크 설정, 세로 방향으로 흐릿하게

▶ 도형 도구와 텍스트를 이용하여 다음과 같이 처리하시오.
- ① ⇒ 사각형(크기 : 170×130), 그라데이션(색상 : E724E9 - FC1A1A)
- 갈대와 민들레 ⇒ 글꼴(궁서), 글꼴 스타일(기울임꼴), 크기(28pt), 채우기(색상 : FFFF00), 외곽선(두께 : 5px, 색상 : 2F1706)

▶ 도형 도구와 '사진3.jpg'를 이용하여 클리핑 마스크를 생성하시오.
- ② ⇒ 모서리가 둥근 사각형(크기 : 200×200), 외곽선(두께 : 7px, 색상 : 20D15C), 그림자(두께 : 25px, 거리 : 10px, 분산도 : 5px, 각도 : 180°)

▶ 지시사항이 없는 경우는 기본 값을 적용하시오.

이미지 파일 저장		① [파일]-[내보내기]를 눌러서 저장 ② 저장위치 : [바탕화면]-[KAIT]-[제출파일]	
이미지 파일명	JPG	dpi_02_수검번호(6자리)_성명	※ 예시 : 수검번호가 DPI-XXXX-123456인 경우 "dpi_02_123456_성명"으로 저장할 것
	GPDP	dpi_02_수검번호(6자리)_성명	

※ 'JPG'와 'GPDP' 파일 중 하나라도 누락하여 저장할 시에는 "0점" 처리됩니다.

디지털정보활용능력 : 멀티미디어제작 [시험시간: 40분] 3/3

※ GOM Mix for DIAT 프로그램을 활용하여 [문제 3]을 작업하시오.

【문제 3】 처리조건에 따라 출력형태와 같이 완성하시오. (70점)

《출력형태》

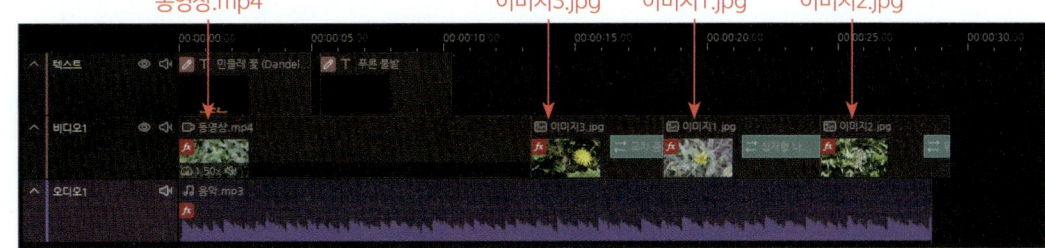

《처리조건》

원본 파일	이미지1.jpg, 이미지2.jpg, 이미지3.jpg, 동영상.mp4, 음악.mp3

▶ 미디어 소스의 순서를 다음과 같이 지정하시오.
 • 미디어 소스 순서 ⇒ 동영상.mp4 > 이미지3.jpg > 이미지1.jpg > 이미지2.jpg

▶ 동영상 파일('동영상.mp4')을 다음과 같이 처리하시오.
 • 배속 : 1.5x   • 자르기 : 시작 시간(0.00), 재생 시간(13.10)
 • 이펙트 : LUT 필터-카메라 필름-카메라 필름 09(노출 : 14, 감마 : 0.5)
 • 텍스트 ⇒ 텍스트 입력 : 　푸른 풀밭　
   텍스트 서식 : 기본 자막(돋움체, 크기 150, c40000), 윤곽선 설정(없음)
   위치 설정(화면 정가운데 아래), 시작 시간(5.10), 클립 길이(5.00)
 • 재생 속도 설정 후 자르기를 하여야 하며, 잘라진 뒷부분의 동영상 및 트랙의 모든 공백을 삭제할 것
 • 원본 동영상에 포함된 오디오는 모두 음소거 할 것

▶ 이미지 파일을 다음과 같이 처리하시오.
 • '이미지3.jpg' ⇒ 이미지 클립 길이 : 5.00, 오버레이 : 집중선 01(반경 : 90),
        클립 트랜지션 : 교차 줌(앞으로 이동, 재생 시간 : 2.00)
 • '이미지1.jpg' ⇒ 이미지 클립 길이 : 6.00, 오버레이 : 수면 아래(강도 : 73),
        클립 트랜지션 : 십자형 나누기(앞으로 이동, 재생 시간 : 3.00)
 • '이미지2.jpg' ⇒ 이미지 클립 길이 : 5.00, 오버레이 : 내려앉는(속도 : 7),
        클립 트랜지션 : 위로 닦아내기(앞으로 이동, 재생 시간 : 1.00)
 • 지시사항이 없는 경우는 기본 값을 적용하시오.

▶ 다음 조건에 따라 동영상 시작 부분에 텍스트를 지정하시오.
 • 텍스트 입력 : 　민들레 꽃
        (Dandelion Flower)　

 텍스트 서식(휴먼엑스포, 크기 110, ff3400), 윤곽선 설정(색상 : e3fe37, 두께 : 20),
 나타나기(서서히 나타나기, 지속 시간 : 2.00), 시작 시간(0.00), 텍스트 클립 길이(5.00)

▶ 다음 조건에 따라 동영상 전체에 음악 파일('음악.mp3')을 삽입하시오.
 • 시작 시간 : 0.00, 재생 시간 : 28.20, 페이드 아웃 : 3.00
 • 재생 시간 설정 후 자르기 하여야 하며, 잘라진 뒷부분의 음악 파일은 삭제할 것

동영상 파일 저장	① [파일]-[프로젝트 전체저장]을 눌러서 저장 ② 저장위치 : [바탕화면]-[KAIT]-[제출파일]	
동영상 파일명	GMEP	dpi_03_수검번호(6자리)_성명	※ 예시 : 수검번호가 DPI-XXXX-123456인 경우 "dpi_03_123456_성명"으로 저장할 것

※ 파일 확장자를 'GMDP'로 저장할 시에는 "0점" 처리됩니다.

곰픽 for DIAT/곰믹스 for DIAT

제10회 실전모의고사

▶ 시험과목 : 멀티미디어제작 (곰픽, 곰믹스)
▶ 시험일자 : 20XX. 00. 00.(토)
▶ 응시자 기재사항 및 감독위원 확인

수 검 번 호	DPI - XXXX -	감독위원 확인
성 명		

응시자 유의사항

1. 응시자는 신분증을 지참하여야 시험에 응시할 수 있으며, 시험이 종료될 때까지 신분증을 제시하지 못 할 경우 해당 시험은 0점 처리됩니다.
2. 시스템(PC작동여부, 네트워크 상태 등)의 이상여부를 반드시 확인하여야 하며, 시스템 이상이 있을 시 감독위원에게 조치를 받으셔야 합니다.
3. 시험 중 부주의 또는 고의로 시스템을 파손한 경우는 응시자 부담으로 합니다.
4. 답안 전송 프로그램을 통해 다운로드 받은 파일을 이용하여 답안파일을 작성하시기 바랍니다.
5. 작성한 답안 파일은 답안 전송 프로그램을 통하여 전송됩니다. 감독위원의 지시에 따라 주시기 바랍니다.
6. 다음사항의 경우 실격(0점) 혹은 부정행위 처리됩니다.
   ❶ 답안파일을 저장하지 않았거나, 저장한 파일이 손상되었을 경우
   ❷ 답안파일을 지정된 폴더(바탕화면 "KAIT" 폴더)에 저장하지 않았을 경우
      ※ 답안 전송 프로그램 로그인 시 바탕화면에 자동 생성됨
   ❸ 답안파일을 다른 보조 기억장치(USB) 혹은 네트워크(메신저, 게시판 등)로 전송할 경우
   ❹ 휴대용 전화기 등 통신기기를 사용할 경우
7. **답안은 Gom Pic for DIAT와 Gom Mix for DIAT를 활용하여 작성하십시오.**
   ※ Gom Mix for DIAT는 'DIAT 시험 프로젝트 생성하기'로 진입하여 작성하십시오.
   ※ Gom Mix for DIAT 답안파일은 반드시 프로그램 전체저장으로 저장하십시오.(미준수시 0점 처리)
8. 시험지에 제시된 글꼴이 응시 프로그램에 없는 경우, 반드시 감독위원에게 해당 내용을 통보한 뒤 조치를 받아야 합니다.
9. 시험의 완료는 작성이 완료된 답안을 저장하고, 답안 전송이 완료된 상태를 확인한 것으로 합니다. 답안 전송 확인 후 문제지는 감독위원에게 제출한 후 퇴실하여야 합니다.
10. 답안전송이 완료된 경우에는 수정 또는 정정이 불가능합니다.
11. 시험시행 후 문제 공개 및 합격자 발표는 홈페이지(www.ihd.or.kr)에서 확인하시기 바랍니다.
    ❶ 문제 및 모범답안 공개 : 20XX. XX. XX.(X)
    ❷ 합격자 발표 : 20XX. XX. XX.(X)

디지털정보활용능력 : 멀티미디어제작

[시험시간: 40분]

※ Gom Pic for DIAT 프로그램을 활용하여 [문제 1], [문제 2]를 작업하시오.

[문제 1] 원본 파일을 처리조건에 따라 결과파일로 완성하시오. (50점)

원본 파일	결과 파일

《처리조건》

▶ 다음과 같이 캔버스를 설정하시오.
  • 크기 ⇒ 너비(650 픽셀) × 높이(350 픽셀)

▶ '사진1.jpg' 이미지를 불러와 기존 캔버스에 복사한 후 다음과 같이 처리하시오.
  • 이미지 복사 ⇒ 크기 변형으로 캔버스 크기에 맞게 변형, 레이어 이름 – Imjingak
  • 밝기 조정 ⇒ 노출을 이용하여 이미지 조정(노출 : 25)
  • ① ⇒ 올가미 선택을 이용하여 이미지 제거
  • ② ⇒ 색조/채도를 이용하여 초록색 계열로 조정

▶ 도형 도구를 이용하여 다음과 같이 처리하시오.
  • ③ ⇒ 원형/타원형(크기 : 180 × 180), 채우기(색상 : FFE000), 혼합모드(색 회피율, 불투명도 : 45)

▶ 지시사항이 없는 경우는 기본 값을 적용하시오.

이미지 파일 저장	① [파일]-[내보내기]를 눌러서 저장 ② 저장위치 : [바탕화면]-[KAIT]-[제출파일]	
이미지 파일명	JPG	dpi_01_수검번호(6자리)_성명	※ 예시 : 수검번호가 DPI-XXXX-123456인 경우 "dpi_01_123456_성명"으로 저장할 것
	GPDP	dpi_01_수검번호(6자리)_성명	

※ 'JPG'와 'GPDP' 파일 중 하나라도 누락하여 저장할 시에는 "0점" 처리됩니다.

디지털정보활용능력 : 멀티미디어제작

[시험시간: 40분] 2/3

【문제 2】 원본 파일을 처리조건에 따라 결과파일로 완성하시오. (80점)

원본 파일	결과 파일

《처리조건》

▶ 다음과 같이 캔버스를 설정하시오.
 • 크기 ⇒ 너비(650 픽셀) × 높이(450 픽셀) • 배경 ⇒ 색상 : (1D3AB4)

▶ '사진2.jpg' 이미지를 불러와 기존 캔버스에 복사한 후 다음과 같이 처리하시오.
 • 이미지 복사 ⇒ 레이어 마스크 설정, 가로 방향으로 흐릿하게

▶ 도형 도구와 텍스트를 이용하여 다음과 같이 처리하시오.
 • ① ⇒ 원형/타원형(크기 : 370 × 90), 그라데이션(색상 : 06FF2F – D39500)
 • 임진강역 이야기 ⇒ 글꼴(굴림), 글꼴 스타일(굵게, 기울임꼴), 크기(26pt), 채우기(색상 : 0B0B0B),
   외곽선(두께 : 7px, 색상 : E3E3E3)

▶ 도형 도구와 '사진3.jpg'를 이용하여 클리핑 마스크를 생성하시오.
 • ② ⇒ 사각형(크기 : 180 × 110), 외곽선(두께 : 3px, 색상 : 9F490E),
   그림자(두께 : 12px, 거리 : 12px, 분산도 : 7px, 각도 : 320˚)

▶ 지시사항이 없는 경우는 기본 값을 적용하시오.

이미지 파일 저장	① [파일]-[내보내기]를 눌러서 저장 ② 저장위치 : [바탕화면]-[KAIT]-[제출파일]	
이미지 파일명	JPG	dpi_02_수검번호(6자리)_성명	※ 예시 : 수검번호가 DPI-XXXX-123456인 경우 "dpi_02_123456_성명"으로 저장할 것
	GPDP	dpi_02_수검번호(6자리)_성명	

※ 'JPG'와 'GPDP' 파일 중 하나라도 누락하여 저장할 시에는 "0점" 처리됩니다.

디지털정보활용능력 : 멀티미디어제작

[시험시간: 40분] 3/3

※ GOM Mix for DIAT 프로그램을 활용하여 [문제 3]을 작업하시오.

【문제 3】 처리조건에 따라 출력형태와 같이 완성하시오. (70점)

《출력형태》

동영상.mp4, 이미지2.jpg, 이미지1.jpg, 이미지3.jpg

《처리조건》

원본 파일	이미지1.jpg, 이미지2.jpg, 이미지3.jpg, 동영상.mp4, 음악.mp3

▶ 미디어 소스의 순서를 다음과 같이 지정하시오.
  • 미디어 소스 순서 ⇒ 동영상.mp4 > 이미지2.jpg > 이미지1.jpg > 이미지3.jpg

▶ 동영상 파일('동영상.mp4')을 다음과 같이 처리하시오.
  • 배속 : 1.4x   • 자르기 : 시작 시간(0.00), 재생 시간(14.00)
  • 이펙트 : 이미지 보정-부드럽게(강도 : 20)
  • 텍스트 ⇒ 텍스트 입력 : 임진강역에서의 하루
           텍스트 서식 : 기본 자막(휴먼옛체, 크기 130, ecd31c), 윤곽선 설정(없음)
           위치 설정(화면 정가운데 아래), 시작 시간(5.20), 클립 길이(5.00)
  • 재생 속도 설정 후 자르기를 하여야 하며, 잘라진 뒷부분의 동영상 및 트랙의 모든 공백을 삭제할 것
  • 원본 동영상에 포함된 오디오는 모두 음소거 할 것

▶ 이미지 파일을 다음과 같이 처리하시오.
  • '이미지2.jpg' ⇒ 이미지 클립 길이 : 6.00, 오버레이 : 지나가는 01(속도 : 10),
              클립 트랜지션 : 디졸브(오버랩, 재생 시간 : 2.00)
  • '이미지1.jpg' ⇒ 이미지 클립 길이 : 5.00, 오버레이 : 흩날림(개수/양 : 35),
              클립 트랜지션 : 아래로 밀기(앞으로 이동, 재생 시간 : 1.00)
  • '이미지3.jpg' ⇒ 이미지 클립 길이 : 6.00, 오버레이 : 원형 비넷(반경 : 65, 페더 : 80),
              클립 트랜지션 : 마름모 열기(앞으로 이동, 재생 시간 : 1.00)
  • 지시사항이 없는 경우는 기본 값을 적용하시오.

▶ 다음 조건에 따라 동영상 시작 부분에 텍스트를 지정하시오.
  • 텍스트 입력 : 대한민국의 철도 (Railways of Korea)

  텍스트 서식(휴먼엑스포, 크기 120, 009511), 윤곽선 설정(색상 : ffffff, 두께 : 50),
  나타나기(오른쪽으로 닦아내기, 지속 시간 : 2.00), 시작 시간(0.00), 텍스트 클립 길이(5.00)

▶ 다음 조건에 따라 동영상 전체에 음악 파일('음악.mp3')을 삽입하시오.
  • 시작 시간 : 0.00, 재생 시간 : 30.10, 페이드 아웃 : 2.00
  • 재생 시간 설정 후 자르기 하여야 하며, 잘라진 뒷부분의 음악 파일은 삭제할 것

동영상 파일 저장	① [파일]-[프로젝트 전체저장]을 눌러서 저장 ② 저장위치 : [바탕화면]-[KAIT]-[제출파일]	
동영상 파일명	GMEP dpi_03_수검번호(6자리)_성명	※ 예시 : 수검번호가 DPI-XXXX-123456인 경우 "dpi_03_123456_성명"으로 저장할 것

※ 파일 확장자를 'GMDP'로 저장할 시에는 "0점" 처리됩니다.

곰픽 for DIAT/곰믹스 for DIAT

제11회 실전모의고사

▸ 시험과목 : 멀티미디어제작 (곰픽, 곰믹스)
▸ 시험일자 : 20XX. 00. 00.(토)
▸ 응시자 기재사항 및 감독위원 확인

수 검 번 호	DPI - XXXX -	감독위원 확인
성 명		

응시자 유의사항

1. 응시자는 신분증을 지참하여야 시험에 응시할 수 있으며, 시험이 종료될 때까지 신분증을 제시하지 못 할 경우 해당 시험은 0점 처리됩니다.
2. 시스템(PC작동여부, 네트워크 상태 등)의 이상여부를 반드시 확인하여야 하며, 시스템 이상이 있을 시 감독위원에게 조치를 받으셔야 합니다.
3. 시험 중 부주의 또는 고의로 시스템을 파손한 경우는 응시자 부담으로 합니다.
4. 답안 전송 프로그램을 통해 다운로드 받은 파일을 이용하여 답안파일을 작성하시기 바랍니다.
5. 작성한 답안 파일은 답안 전송 프로그램을 통하여 전송됩니다. 감독위원의 지시에 따라 주시기 바랍니다.
6. 다음사항의 경우 실격(0점) 혹은 부정행위 처리됩니다.
   ❶ 답안파일을 저장하지 않았거나, 저장한 파일이 손상되었을 경우
   ❷ 답안파일을 지정된 폴더(바탕화면 "KAIT" 폴더)에 저장하지 않았을 경우
      ※ 답안 전송 프로그램 로그인 시 바탕화면에 자동 생성됨
   ❸ 답안파일을 다른 보조 기억장치(USB) 혹은 네트워크(메신저, 게시판 등)로 전송할 경우
   ❹ 휴대용 전화기 등 통신기기를 사용할 경우
7. **답안은 Gom Pic for DIAT와 Gom Mix for DIAT를 활용하여 작성하십시오.**
   ※ Gom Mix for DIAT는 'DIAT 시험 프로젝트 생성하기'로 진입하여 작성하십시오.
   ※ Gom Mix for DIAT 답안파일은 반드시 프로그램 전체저장으로 저장하십시오.(미준수시 0점 처리)
8. 시험지에 제시된 글꼴이 응시 프로그램에 없는 경우, 반드시 감독위원에게 해당 내용을 통보한 뒤 조치를 받아야 합니다.
9. 시험의 완료는 작성이 완료된 답안을 저장하고, 답안 전송이 완료된 상태를 확인한 것으로 합니다. 답안 전송 확인 후 문제지는 감독위원에게 제출한 후 퇴실하여야 합니다.
10. 답안전송이 완료된 경우에는 수정 또는 정정이 불가능합니다.
11. 시험시행 후 문제 공개 및 합격자 발표는 홈페이지(www.ihd.or.kr)에서 확인하시기 바랍니다.
    ❶ 문제 및 모범답안 공개 : 20XX. XX. XX.(X)
    ❷ 합격자 발표 : 20XX. XX. XX.(X)

디지털정보활용능력 : 멀티미디어제작

[시험시간: 40분] 1/3

※ Gom Pic for DIAT 프로그램을 활용하여 [문제 1], [문제 2]를 작업하시오.

【문제 1】 원본 파일을 처리조건에 따라 결과파일로 완성하시오. (50점)

원본 파일	결과 파일

《처리조건》

▶ 다음과 같이 캔버스를 설정하시오.
  • 크기 ⇒ 너비(650 픽셀) × 높이(350 픽셀)

▶ '사진1.jpg' 이미지를 불러와 기존 캔버스에 복사한 후 다음과 같이 처리하시오.
  • 이미지 복사 ⇒ 크기 변형으로 캔버스 크기에 맞게 변형, 레이어 이름 – Forest
  • 필터 효과 ⇒ 선명하게를 이용하여 이미지 조정(양 : 14)
  • ① ⇒ 복제 도장을 이용하여 이미지 복사
  • ② ⇒ 색조/채도를 이용하여 초록색 계열로 조정

▶ 도형 도구를 이용하여 다음과 같이 처리하시오.
  • ③ ⇒ 사각형(크기 : 380 × 45), 채우기(색상 : DF66A7), 혼합모드(밝게, 불투명도 : 80)

▶ 지시사항이 없는 경우는 기본 값을 적용하시오.

이미지 파일 저장	① [파일]-[내보내기]를 눌러서 저장 ② 저장위치 : [바탕화면]-[KAIT]-[제출파일]	
이미지 파일명	JPG	dpi_01_수검번호(6자리)_성명	※ 예시 : 수검번호가 DPI-XXXX-123456인 경우 "dpi_01_123456_성명"으로 저장할 것
	GPDP	dpi_01_수검번호(6자리)_성명	

※ 'JPG'와 'GPDP' 파일 중 하나라도 누락하여 저장할 시에는 "0점" 처리됩니다.

디지털정보활용능력 : 멀티미디어제작

[시험시간: 40분]

【문제 2】 원본 파일을 처리조건에 따라 결과파일로 완성하시오. (80점)

원본 파일	결과 파일

《처리조건》

▶ 다음과 같이 캔버스를 설정하시오.
  · 크기 ⇒ 너비(650 픽셀) × 높이(450 픽셀)   · 배경 ⇒ 색상 : (FF6644)

▶ '사진2.jpg' 이미지를 불러와 기존 캔버스에 복사한 후 다음과 같이 처리하시오.
  · 이미지 복사 ⇒ 레이어 마스크 설정, 세로 방향으로 흐릿하게

▶ 도형 도구와 텍스트를 이용하여 다음과 같이 처리하시오.
  · ① ⇒ 모서리가 둥근 사각형(크기 : 300×55), 그라데이션(색상 : E1E1E1 - 1E1E1A)
  · Maple Forest ⇒ 글꼴(맑은 고딕), 글꼴 스타일(굵게), 크기(26pt), 채우기(색상 : B13407),
          외곽선(두께 : 5px, 색상 : FFFFFF)

▶ 도형 도구와 '사진3.jpg'를 이용하여 클리핑 마스크를 생성하시오.
  · ② ⇒ 사각형(크기 : 160×120), 외곽선(두께 : 6px, 색상 : F4F657),
       그림자(두께 : 18px, 거리 : 10px, 분산도 : 5px, 각도 : 320°)

▶ 지시사항이 없는 경우는 기본 값을 적용하시오.

이미지 파일 저장	① [파일]-[내보내기]를 눌러서 저장 ② 저장위치 : [바탕화면]-[KAIT]-[제출파일]	
이미지 파일명	JPG	dpi_02_수검번호(6자리)_성명	※ 예시 : 수검번호가 DPI-XXXX-123456인 경우 "dpi_02_123456_성명"으로 저장할 것
	GPDP	dpi_02_수검번호(6자리)_성명	

※ 'JPG'와 'GPDP' 파일 중 하나라도 누락하여 저장할 시에는 "0점" 처리됩니다.

디지털정보활용능력 : 멀티미디어제작 [시험시간: 40분]

※ GOM Mix for DIAT 프로그램을 활용하여 [문제 3]을 작업하시오.

【문제 3】 처리조건에 따라 출력형태와 같이 완성하시오. (70점)

《출력형태》

《처리조건》

원본 파일	이미지1.jpg, 이미지2.jpg, 이미지3.jpg, 동영상.mp4, 음악.mp3

▶ 미디어 소스의 순서를 다음과 같이 지정하시오.
  • 미디어 소스 순서 ⇒ 동영상.mp4 > 이미지2.jpg > 이미지1.jpg > 이미지3.jpg

▶ 동영상 파일('동영상.mp4')을 다음과 같이 처리하시오.
  • 배속 : 1.2x
  • 자르기 : 시작 시간(0.00), 재생 시간(13.00)
  • 이펙트 : 색상 보정-명도/대비(명도 : -30, 대비 : 20)
  • 텍스트 ⇒ 텍스트 입력 : 단풍 숲길
      텍스트 서식 : 기본 자막(굴림체, 크기 150, ff5400), 윤곽선 설정(없음)
      위치 설정(화면 정가운데 아래), 시작 시간(5.20), 클립 길이(5.00)
  • 재생 속도 설정 후 자르기를 하여야 하며, 잘라진 뒷부분의 동영상 및 트랙의 모든 공백을 삭제할 것
  • 원본 동영상에 포함된 오디오는 모두 음소거 할 것

▶ 이미지 파일을 다음과 같이 처리하시오.
  • '이미지2.jpg' ⇒ 이미지 클립 길이 : 6.00, 오버레이 : 레디얼 라이트(노출 : 50, 명도 : 20),
      클립 트랜지션 : 디졸브(오버랩, 재생 시간 : 2.00)
  • '이미지1.jpg' ⇒ 이미지 클립 길이 : 6.00, 오버레이 : 떠오르는 하트(간격 : 20),
      클립 트랜지션 : 교차 줌(앞으로 이동, 재생 시간 : 1.00)
  • '이미지3.jpg' ⇒ 이미지 클립 길이 : 5.00, 오버레이 : 영롱한(밝기 강도 : 50),
      클립 트랜지션 : 세로 나누기(앞으로 이동, 재생 시간 : 1.00)
  • 지시사항이 없는 경우는 기본 값을 적용하시오.

▶ 다음 조건에 따라 동영상 시작 부분에 텍스트를 지정하시오.
  • 텍스트 입력 : 가을의 낭만 (Romance of Autumn)

  텍스트 서식(휴먼옛체, 크기 120, ffffff), 윤곽선 설정(색상 : cf0000, 두께 : 20),
  나타나기(클립 아래에서 나타나기, 지속 시간 : 2.00), 시작 시간(0.00), 텍스트 클립 길이(5.00)

▶ 다음 조건에 따라 동영상 전체에 음악 파일('음악.mp3')을 삽입하시오.
  • 시작 시간 : 0.00, 재생 시간 : 29.10, 페이드 아웃 : 2.00
  • 재생 시간 설정 후 자르기 하여야 하며, 잘라진 뒷부분의 음악 파일은 삭제할 것

동영상 파일 저장	① [파일]-[프로젝트 전체저장]을 눌러서 저장 ② 저장위치 : [바탕화면]-[KAIT]-[제출파일]	
동영상 파일명	GMEP dpi_03_수검번호(6자리)_성명	※ 예시 : 수검번호가 DPI-XXXX-123456인 경우 "dpi_03_123456_성명"으로 저장할 것

※ 파일 확장자를 'GMDP'로 저장할 시에는 "0점" 처리됩니다.

제12회 실전모의고사

▶ 시험과목 : 멀티미디어제작 (곰픽, 곰믹스)
▶ 시험일자 : 20XX. 00. 00.(토)
▶ 응시자 기재사항 및 감독위원 확인

A

수검번호 DPI - XXXX -

감독위원 확인

성   명

응시자 유의사항

1. 응시자는 신분증을 지참하여야 시험에 응시할 수 있으며, 시험이 종료될 때까지 신분증을 제시하지 못 할 경우 해당 시험은 0점 처리됩니다.
2. 시스템(PC작동여부, 네트워크 상태 등)의 이상여부를 반드시 확인하여야 하며, 시스템 이상이 있을 시 감독위원에게 조치를 받으셔야 합니다.
3. 시험 중 부주의 또는 고의로 시스템을 파손한 경우는 응시자 부담으로 합니다.
4. 답안 전송 프로그램을 통해 다운로드 받은 파일을 이용하여 답안파일을 작성하시기 바랍니다.
5. 작성한 답안 파일은 답안 전송 프로그램을 통하여 전송됩니다. 감독위원의 지시에 따라 주시기 바랍니다.
6. 다음사항의 경우 실격(0점) 혹은 부정행위 처리됩니다.
   ① 답안파일을 저장하지 않았거나, 저장한 파일이 손상되었을 경우
   ② 답안파일을 지정된 폴더(바탕화면 "KAIT" 폴더)에 저장하지 않았을 경우
      ※ 답안 전송 프로그램 로그인 시 바탕화면에 자동 생성됨
   ③ 답안파일을 다른 보조 기억장치(USB) 혹은 네트워크(메신저, 게시판 등)로 전송할 경우
   ④ 휴대용 전화기 등 통신기기를 사용할 경우
7. **답안은 Gom Pic for DIAT와 Gom Mix for DIAT를 활용하여 작성하십시오.**
   ※ Gom Mix for DIAT는 'DIAT 시험 프로젝트 생성하기'로 진입하여 작성하십시오.
   ※ Gom Mix for DIAT 답안파일은 반드시 프로그램 전체저장으로 저장하십시오.(미준수시 0점 처리)
8. 시험지에 제시된 글꼴이 응시 프로그램에 없는 경우, 반드시 감독위원에게 해당 내용을 통보한 뒤 조치를 받아야 합니다.
9. 시험의 완료는 작성이 완료된 답안을 저장하고, 답안 전송이 완료된 상태를 확인한 것으로 합니다. 답안 전송 확인 후 문제지는 감독위원에게 제출한 후 퇴실하여야 합니다.
10. 답안전송이 완료된 경우에는 수정 또는 정정이 불가능합니다.
11. 시험시행 후 문제 공개 및 합격자 발표는 홈페이지(www.ihd.or.kr)에서 확인하시기 바랍니다.
    ① 문제 및 모범답안 공개 : 20XX. XX. XX.(X)
    ② 합격자 발표 : 20XX. XX. XX.(X)

디지털정보활용능력 : 멀티미디어제작

[시험시간: 40분] 1/3

※ Gom Pic for DIAT 프로그램을 활용하여 [문제 1], [문제 2]를 작업하시오.

[문제 1] 원본 파일을 처리조건에 따라 결과파일로 완성하시오. (50점)

원본 파일	결과 파일

《처리조건》

▶ 다음과 같이 캔버스를 설정하시오.
- 크기 ⇒ 너비(650 픽셀) × 높이(350 픽셀)

▶ '사진1.jpg' 이미지를 불러와 기존 캔버스에 복사한 후 다음과 같이 처리하시오.
- 이미지 복사 ⇒ 크기 변형으로 캔버스 크기에 맞게 변형, 레이어 이름 – Nature
- 필터 효과 ⇒ 픽셀 효과를 이용하여 이미지 조정(셀 크기 : 2)
- ① ⇒ 복제 도장을 이용하여 이미지 복사
- ② ⇒ 색조/채도를 이용하여 파란색 계열로 조정

▶ 도형 도구를 이용하여 다음과 같이 처리하시오.
- ③ ⇒ 사각형(크기 : 100 × 100), 채우기(색상 : 000777), 혼합모드(곱하기, 불투명도 : 55)

▶ 지시사항이 없는 경우는 기본 값을 적용하시오.

이미지 파일 저장	① [파일]-[내보내기]를 눌러서 저장 ② 저장위치 : [바탕화면]-[KAIT]-[제출파일]	
이미지 파일명	JPG	dpi_01_수검번호(6자리)_성명	※ 예시 : 수검번호가 DPI-XXXX-123456인 경우 "dpi_01_123456_성명"으로 저장할 것
	GPDP	dpi_01_수검번호(6자리)_성명	

※ 'JPG'와 'GPDP' 파일 중 하나라도 누락하여 저장할 시에는 "0점" 처리됩니다.

디지털정보활용능력 : 멀티미디어제작

[시험시간: 40분] 2/3

【문제 2】 원본 파일을 처리조건에 따라 결과파일로 완성하시오. (80점)

원본 파일	결과 파일

《처리조건》

▶ 다음과 같이 캔버스를 설정하시오.
  • 크기 ⇒ 너비(650 픽셀) × 높이(450 픽셀)   • 배경 ⇒ 색상 : (07CB22)

▶ '사진2.jpg' 이미지를 불러와 기존 캔버스에 복사한 후 다음과 같이 처리하시오.
  • 이미지 복사 ⇒ 레이어 마스크 설정, 가로 방향으로 흐릿하게

▶ 도형 도구와 텍스트를 이용하여 다음과 같이 처리하시오.
  • ① ⇒ 원형/타원형(크기 : 240 × 85), 그라데이션(색상 : 148EFF – 00FF3B)
  • 산과 자연 ⇒ 글꼴(궁서체), 글꼴 스타일(기울임꼴), 크기(30pt), 채우기(색상 : CAFF00),
      외곽선(두께 : 6px, 색상 : 3C3C04)

▶ 도형 도구와 '사진3.jpg'를 이용하여 클리핑 마스크를 생성하시오.
  • ② ⇒ 모서리가 둥근 사각형(크기 : 300 × 130), 외곽선(두께 : 4px, 색상 : C17E00),
      그림자(두께 : 3px, 거리 : 10px, 분산도 : 2px, 각도 : 135°)

▶ 지시사항이 없는 경우는 기본 값을 적용하시오.

이미지 파일 저장	① [파일]-[내보내기]를 눌러서 저장 ② 저장위치 : [바탕화면]-[KAIT]-[제출파일]	
이미지 파일명	JPG	dpi_02_수검번호(6자리)_성명
	GPDP	dpi_02_수검번호(6자리)_성명

※ 예시 : 수검번호가 DPI-XXXX-123456인 경우 "dpi_02_123456_성명"으로 저장할 것

※ 'JPG'와 'GPDP' 파일 중 하나라도 누락하여 저장할 시에는 "0점" 처리됩니다.

디지털정보활용능력 : 멀티미디어제작 [시험시간: 40분] 3/3

※ GOM Mix for DIAT 프로그램을 활용하여 [문제 3]을 작업하시오.

【문제 3】 처리조건에 따라 출력형태와 같이 완성하시오. (70점)

《출력형태》

《처리조건》

원본 파일	이미지1.jpg, 이미지2.jpg, 이미지3.jpg, 동영상.mp4, 음악.mp3

▶ 미디어 소스의 순서를 다음과 같이 지정하시오.
  • 미디어 소스 순서 ⇒ 동영상.mp4 > 이미지2.jpg > 이미지3.jpg > 이미지1.jpg

▶ 동영상 파일('동영상.mp4')을 다음과 같이 처리하시오.
  • 배속 : 1.5x
  • 자르기 : 시작 시간(0.00), 재생 시간(14.20)
  • 이펙트 : LUT 필터-파스텔-파스텔 05(노출 : 25, 감마 : 0.6)
  • 텍스트 ⇒ 텍스트 입력 : 산에서의 추억
      텍스트 서식 : 기본 자막(돋움체, 크기 120, 43dc30), 윤곽선 설정(없음)
      위치 설정(화면 정가운데 아래), 시작 시간(5.20), 클립 길이(5.00)
  • 재생 속도 설정 후 자르기를 하여야 하며, 잘라진 뒷부분의 동영상 및 트랙의 모든 공백을 삭제할 것
  • 원본 동영상에 포함된 오디오는 모두 음소거 할 것

▶ 이미지 파일을 다음과 같이 처리하시오.
  • '이미지2.jpg' ⇒ 이미지 클립 길이 : 5.00, 오버레이 : 가우스(강도 : 70),
      클립 트랜지션 : 가로 순차 블라인드(앞으로 이동, 재생 시간 : 3.00)
  • '이미지3.jpg' ⇒ 이미지 클립 길이 : 6.00, 오버레이 : 집중선 01(반경 : 60),
      클립 트랜지션 : 타원 열기(앞으로 이동, 재생 시간 : 1.00)
  • '이미지1.jpg' ⇒ 이미지 클립 길이 : 5.00, 오버레이 : 스페이스 01(개수/양 : 10),
      클립 트랜지션 : 검정색 페이드(앞으로 이동, 재생 시간 : 1.00)
  • 지시사항이 없는 경우는 기본 값을 적용하시오.

▶ 다음 조건에 따라 동영상 시작 부분에 텍스트를 지정하시오.
  • 텍스트 입력 : 자연의 향기 (The scene of Nature)

  텍스트 서식(휴먼엑스포, 크기 120, 330000), 윤곽선 설정(색상 : d1d1d1, 두께 : 20),
  나타나기(오른쪽으로 당기기, 지속 시간 : 2.50), 시작 시간(0.00), 텍스트 클립 길이(5.00)

▶ 다음 조건에 따라 동영상 전체에 음악 파일('음악.mp3')을 삽입하시오.
  • 시작 시간 : 0.00, 재생 시간 : 30.10, 페이드 아웃 : 2.00
  • 재생 시간 설정 후 자르기 하여야 하며, 잘라진 뒷부분의 음악 파일은 삭제할 것

동영상 파일 저장	① [파일]-[프로젝트 전체저장]을 눌러서 저장 ② 저장위치 : [바탕화면]-[KAIT]-[제출파일]	
동영상 파일명	GMEP dpi_03_수검번호(6자리)_성명	※ 예시 : 수검번호가 DPI-XXXX-123456인 경우 "dpi_03_123456_성명"으로 저장할 것

※ 파일 확장자를 'GMDP'로 저장할 시에는 "0점" 처리됩니다.

곰픽 for DIAT/곰믹스 for DIAT

제13회 실전모의고사

▷ 시험과목 : 멀티미디어제작 (곰픽, 곰믹스)
▷ 시험일자 : 20XX. 00. 00.(토)
▷ 응시자 기재사항 및 감독위원 확인

수 검 번 호	DPI - XXXX -	감독위원 확인
성 명		

응시자 유의사항

1. 응시자는 신분증을 지참하여야 시험에 응시할 수 있으며, 시험이 종료될 때까지 신분증을 제시하지 못 할 경우 해당 시험은 0점 처리됩니다.
2. 시스템(PC작동여부, 네트워크 상태 등)의 이상여부를 반드시 확인하여야 하며, 시스템 이상이 있을 시 감독위원에게 조치를 받으셔야 합니다.
3. 시험 중 부주의 또는 고의로 시스템을 파손한 경우는 응시자 부담으로 합니다.
4. 답안 전송 프로그램을 통해 다운로드 받은 파일을 이용하여 답안파일을 작성하시기 바랍니다.
5. 작성한 답안 파일은 답안 전송 프로그램을 통하여 전송됩니다. 감독위원의 지시에 따라 주시기 바랍니다.
6. 다음사항의 경우 실격(0점) 혹은 부정행위 처리됩니다.
   ❶ 답안파일을 저장하지 않았거나, 저장한 파일이 손상되었을 경우
   ❷ 답안파일을 지정된 폴더(바탕화면 "KAIT" 폴더)에 저장하지 않았을 경우
      ※ 답안 전송 프로그램 로그인 시 바탕화면에 자동 생성됨
   ❸ 답안파일을 다른 보조 기억장치(USB) 혹은 네트워크(메신저, 게시판 등)로 전송할 경우
   ❹ 휴대용 전화기 등 통신기기를 사용할 경우
7. **답안은 Gom Pic for DIAT와 Gom Mix for DIAT를 활용하여 작성하십시오.**
   ※ Gom Mix for DIAT는 'DIAT 시험 프로젝트 생성하기'로 진입하여 작성하십시오.
   ※ Gom Mix for DIAT 답안파일은 반드시 프로그램 전체저장으로 저장하십시오.(미준수시 0점 처리)
8. 시험지에 제시된 글꼴이 응시 프로그램에 없는 경우, 반드시 감독위원에게 해당 내용을 통보한 뒤 조치를 받아야 합니다.
9. 시험의 완료는 작성이 완료된 답안을 저장하고, 답안 전송이 완료된 상태를 확인한 것으로 합니다. 답안 전송 확인 후 문제지는 감독위원에게 제출한 후 퇴실하여야 합니다.
10. 답안전송이 완료된 경우에는 수정 또는 정정이 불가능합니다.
11. 시험시행 후 문제 공개 및 합격자 발표는 홈페이지(www.ihd.or.kr)에서 확인하시기 바랍니다.
    ❶ 문제 및 모범답안 공개 : 20XX. XX. XX.(X)
    ❷ 합격자 발표 : 20XX. XX. XX.(X)

디지털정보활용능력 : 멀티미디어제작

[시험시간: 40분] 1/3

※ Gom Pic for DIAT 프로그램을 활용하여 [문제 1], [문제 2]를 작업하시오.

【문제 1】 원본 파일을 처리조건에 따라 결과파일로 완성하시오. (50점)

원본 파일	결과 파일

《처리조건》

▶ 다음과 같이 캔버스를 설정하시오.
  · 크기 ⇒ 너비(650 픽셀) × 높이(350 픽셀)

▶ '사진1.jpg' 이미지를 불러와 기존 캔버스에 복사한 후 다음과 같이 처리하시오.
  · 이미지 복사 ⇒ 크기 변형으로 캔버스 크기에 맞게 변형, 레이어 이름 - Character
  · 밝기 조정 ⇒ 감마를 이용하여 이미지 조정(어두운 영역 : 0.80, 밝은 영역 : 1.20)
  · ① ⇒ 복제 도장을 이용하여 이미지 제거
  · ② ⇒ 세피아를 이용하여 빨간색 계열로 조정

▶ 도형 도구를 이용하여 다음과 같이 처리하시오.
  · ③ ⇒ 모서리가 둥근 사각형(크기 : 40 × 300), 채우기(색상 : 320096), 혼합모드(곱하기, 불투명도 : 60)

▶ 지시사항이 없는 경우는 기본 값을 적용하시오.

이미지 파일 저장	① [파일]-[내보내기]를 눌러서 저장 ② 저장위치 : [바탕화면]-[KAIT]-[제출파일]		
이미지 파일명	JPG	dpi_01_수검번호(6자리)_성명	※ 예시 : 수검번호가 DPI-XXXX-123456인 경우 "dpi_01_123456_성명"으로 저장할 것
	GPDP	dpi_01_수검번호(6자리)_성명	

※ 'JPG'와 'GPDP' 파일 중 하나라도 누락하여 저장할 시에는 "0점" 처리됩니다.

디지털정보활용능력 : 멀티미디어제작 　[시험시간: 40분]

【문제 2】 원본 파일을 처리조건에 따라 결과파일로 완성하시오. (80점)

| 원본 파일 | 결과 파일 |

《처리조건》

▶ 다음과 같이 캔버스를 설정하시오.
　• 크기 ⇒ 너비(650 픽셀) × 높이(450 픽셀)　　• 배경 ⇒ 색상 : (12E6FF)

▶ '사진2.jpg' 이미지를 불러와 기존 캔버스에 복사한 후 다음과 같이 처리하시오.
　• 이미지 복사 ⇒ 레이어 마스크 설정, 가로 방향으로 흐릿하게

▶ 도형 도구와 텍스트를 이용하여 다음과 같이 처리하시오.
　• ① ⇒ 사각형(크기 : 250 × 60), 그라데이션(색상 : 1F3FCA – E934F5)
　• 시원한 여름 ⇒ 글꼴(궁서), 글꼴 스타일(기울임꼴), 크기(28pt), 채우기(색상 : 2E2A2C),
　　　　　　　　　외곽선(두께 : 3px, 색상 : FFFF00)

▶ 도형 도구와 '사진3.jpg'를 이용하여 클리핑 마스크를 생성하시오.
　• ② ⇒ 원형/타원형(크기 : 250 × 150), 외곽선(두께 : 5px, 색상 : 0084FF),
　　　　그림자(두께 : 3px, 거리 : 10px, 분산도 : 5px, 각도 : 320˚)

▶ 지시사항이 없는 경우는 기본 값을 적용하시오.

이미지 파일 저장	① [파일]-[내보내기]를 눌러서 저장 ② 저장위치 : [바탕화면]-[KAIT]-[제출파일]	
이미지 파일명	JPG	dpi_02_수검번호(6자리)_성명	※ 예시 : 수검번호가 DPI-XXXX-123456인 경우 "dpi_02_123456_성명"으로 저장할 것
	GPDP	dpi_02_수검번호(6자리)_성명	

※ 'JPG'와 'GPDP' 파일 중 하나라도 누락하여 저장할 시에는 "0점" 처리됩니다.

디지털정보활용능력 : 멀티미디어제작

[시험시간: 40분] 3/3

※ GOM Mix for DIAT 프로그램을 활용하여 [문제 3]을 작업하시오.

【문제 3】 처리조건에 따라 출력형태와 같이 완성하시오. (70점)

《출력형태》

《처리조건》

원본 파일	이미지1.jpg, 이미지2.jpg, 이미지3.jpg, 동영상.mp4, 음악.mp3

▶ 미디어 소스의 순서를 다음과 같이 지정하시오.
 • 미디어 소스 순서 ⇒ 동영상.mp4 > 이미지3.jpg > 이미지1.jpg > 이미지2.jpg

▶ 동영상 파일('동영상.mp4')을 다음과 같이 처리하시오.
 • 배속 : 1.3x   • 자르기 : 시작 시간(0.00), 재생 시간(12.20)
 • 이펙트 : LUT 필터-맑은 햇살-맑은 햇살 03(노출 : 30, 감마 : 0.8)
 • 텍스트 ⇒ 텍스트 입력 : 재미있는 캐릭터
   텍스트 서식 : 기본 자막(휴먼옛체, 크기 120, 65007e), 윤곽선 설정(없음)
   위치 설정(화면 정가운데 아래), 시작 시간(6.00), 클립 길이(6.00)
 • 재생 속도 설정 후 자르기를 하여야 하며, 잘라진 뒷부분의 동영상 및 트랙의 모든 공백을 삭제할 것
 • 원본 동영상에 포함된 오디오는 모두 음소거 할 것

▶ 이미지 파일을 다음과 같이 처리하시오.
 • '이미지3.jpg' ⇒ 이미지 클립 길이 : 6.00, 오버레이 : 좋아요(개수/양 : 60),
         클립 트랜지션 : 왼쪽으로 밀기(오버랩, 재생 시간 : 3.00)
 • '이미지1.jpg' ⇒ 이미지 클립 길이 : 5.00, 오버레이 : 불꽃 스파크(크기 : 10),
         클립 트랜지션 : 흰색 페이드(앞으로 이동, 재생 시간 : 1.00)
 • '이미지2.jpg' ⇒ 이미지 클립 길이 : 6.00, 오버레이 : 색종이 조각(개수/양 : 80),
         클립 트랜지션 : 가로 순차 블라인드(앞으로 이동, 재생 시간 : 2.00)
 • 지시사항이 없는 경우는 기본 값을 적용하시오.

▶ 다음 조건에 따라 동영상 시작 부분에 텍스트를 지정하시오.
 • 텍스트 입력 : 재밌는 캐릭터 여행 (Fun Character Travel)

 텍스트 서식(휴먼엑스포, 크기 140, 7f00ff), 윤곽선 설정(색상 : ffffff, 두께 : 30),
 나타나기(왼쪽으로 닦아내기, 지속 시간 : 2.00), 시작 시간(0.00), 텍스트 클립 길이(5.00)

▶ 다음 조건에 따라 동영상 전체에 음악 파일('음악.mp3')을 삽입하시오.
 • 시작 시간 : 0.00, 재생 시간 : 29.10, 페이드 아웃 : 2.00
 • 재생 시간 설정 후 자르기 하여야 하며, 잘라진 뒷부분의 음악 파일은 삭제할 것

동영상 파일 저장	① [파일]-[프로젝트 전체저장]을 눌러서 저장 ② 저장위치 : [바탕화면]-[KAIT]-[제출파일]	
동영상 파일명	GMEP dpi_03_수검번호(6자리)_성명	※ 예시 : 수검번호가 DPI-XXXX-123456인 경우 "dpi_03_123456_성명"으로 저장할 것

※ 파일 확장자를 'GMDP'로 저장할 시에는 "0점" 처리됩니다.

제14회 실전모의고사

곰픽 for DIAT/곰믹스 for DIAT

▶ 시험과목 : 멀티미디어제작 (곰픽, 곰믹스)
▶ 시험일자 : 20XX. 00. 00.(토)
▶ 응시자 기재사항 및 감독위원 확인

| 수 검 번 호 | DPI - XXXX - | 감독위원 확인 |
| 성   명 | | |

응시자 유의사항

1. 응시자는 신분증을 지참하여야 시험에 응시할 수 있으며, 시험이 종료될 때까지 신분증을 제시하지 못 할 경우 해당 시험은 0점 처리됩니다.
2. 시스템(PC작동여부, 네트워크 상태 등)의 이상여부를 반드시 확인하여야 하며, 시스템 이상이 있을 시 감독위원에게 조치를 받으셔야 합니다.
3. 시험 중 부주의 또는 고의로 시스템을 파손한 경우는 응시자 부담으로 합니다.
4. 답안 전송 프로그램을 통해 다운로드 받은 파일을 이용하여 답안파일을 작성하시기 바랍니다.
5. 작성한 답안 파일은 답안 전송 프로그램을 통하여 전송됩니다. 감독위원의 지시에 따라 주시기 바랍니다.
6. 다음사항의 경우 실격(0점) 혹은 부정행위 처리됩니다.
   ❶ 답안파일을 저장하지 않았거나, 저장한 파일이 손상되었을 경우
   ❷ 답안파일을 지정된 폴더(바탕화면 "KAIT" 폴더)에 저장하지 않았을 경우
      ※ 답안 전송 프로그램 로그인 시 바탕화면에 자동 생성됨
   ❸ 답안파일을 다른 보조 기억장치(USB) 혹은 네트워크(메신저, 게시판 등)로 전송할 경우
   ❹ 휴대용 전화기 등 통신기기를 사용할 경우
7. **답안은 Gom Pic for DIAT와 Gom Mix for DIAT를 활용하여 작성하십시오.**
   ※ Gom Mix for DIAT는 'DIAT 시험 프로젝트 생성하기'로 진입하여 작성하십시오.
   ※ Gom Mix for DIAT 답안파일은 반드시 프로그램 전체저장으로 저장하십시오.(미준수시 0점 처리)
8. 시험지에 제시된 글꼴이 응시 프로그램에 없는 경우, 반드시 감독위원에게 해당 내용을 통보한 뒤 조치를 받아야 합니다.
9. 시험의 완료는 작성이 완료된 답안을 저장하고, 답안 전송이 완료된 상태를 확인한 것으로 합니다. 답안 전송 확인 후 문제지는 감독위원에게 제출한 후 퇴실하여야 합니다.
10. 답안전송이 완료된 경우에는 수정 또는 정정이 불가능합니다.
11. 시험시행 후 문제 공개 및 합격자 발표는 홈페이지(www.ihd.or.kr)에서 확인하시기 바랍니다.
    ❶ 문제 및 모범답안 공개 : 20XX. XX. XX.(X)
    ❷ 합격자 발표 : 20XX. XX. XX.(X)

디지털정보활용능력 : 멀티미디어제작

[시험시간: 40분]

※ Gom Pic for DIAT 프로그램을 활용하여 [문제 1], [문제 2]를 작업하시오.

【문제 1】 원본 파일을 처리조건에 따라 결과파일로 완성하시오. (50점)

| 원본 파일 | 결과 파일 |

《처리조건》

▶ 다음과 같이 캔버스를 설정하시오.
- 크기 ⇒ 너비(650 픽셀) × 높이(350 픽셀)

▶ '사진1.jpg' 이미지를 불러와 기존 캔버스에 복사한 후 다음과 같이 처리하시오.
- 이미지 복사 ⇒ 크기 변형으로 캔버스 크기에 맞게 변형, 레이어 이름 – Fall
- 필터 효과 ⇒ 선명하게를 이용하여 이미지 조정(양 : 6)
- ① ⇒ 올가미 선택을 이용하여 이미지 제거
- ② ⇒ 색조/채도를 이용하여 초록색 계열로 조정

▶ 도형 도구를 이용하여 다음과 같이 처리하시오.
- ③ ⇒ 사각형(크기 : 65 × 230), 채우기(색상 : 989898), 혼합모드(색 굽기, 불투명도 : 75)

▶ 지시사항이 없는 경우는 기본 값을 적용하시오.

이미지 파일 저장	① [파일]-[내보내기]를 눌러서 저장 ② 저장위치 : [바탕화면]-[KAIT]-[제출파일]	
이미지 파일명	JPG	dpi_01_수검번호(6자리)_성명
	GPDP	dpi_01_수검번호(6자리)_성명

※ 예시 : 수검번호가 DPI-XXXX-123456인 경우 "dpi_01_123456_성명"으로 저장할 것

※ 'JPG'와 'GPDP' 파일 중 하나라도 누락하여 저장할 시에는 "0점" 처리됩니다.

디지털정보활용능력 : 멀티미디어제작

[시험시간: 40분]

【문제 2】 원본 파일을 처리조건에 따라 결과파일로 완성하시오. (80점)

원본 파일	결과 파일

《처리조건》

▶ 다음과 같이 캔버스를 설정하시오.
  • 크기 ⇒ 너비(650 픽셀) × 높이(450 픽셀)   • 배경 ⇒ 색상 : (B7772E)

▶ '사진2.jpg' 이미지를 불러와 기존 캔버스에 복사한 후 다음과 같이 처리하시오.
  • 이미지 복사 ⇒ 레이어 마스크 설정, 대각선 방향으로 흐릿하게

▶ 도형 도구와 텍스트를 이용하여 다음과 같이 처리하시오.
  • ① ⇒ 모서리가 둥근 사각형(크기 : 380×55), 그라데이션(색상 : EF004C - FFFFFF)
  • 도심에서의 휴식공간 ⇒ 글꼴(맑은 고딕), 글꼴 스타일(굵게), 크기(25pt), 채우기(색상 : F4F49B),
          외곽선(두께 : 3px, 색상 : 3F073E)

▶ 도형 도구와 '사진3.jpg'를 이용하여 클리핑 마스크를 생성하시오.
  • ② ⇒ 사각형(크기 : 125×125), 외곽선(두께 : 3px, 색상 : 46FB70),
       그림자(두께 : 3px, 거리 : 8px, 분산도 : 1px, 각도 : 320°)

▶ 지시사항이 없는 경우는 기본 값을 적용하시오.

이미지 파일 저장	① [파일]-[내보내기]를 눌러서 저장 ② 저장위치 : [바탕화면]-[KAIT]-[제출파일]	
이미지 파일명	JPG	dpi_02_수검번호(6자리)_성명	※ 예시 : 수검번호가 DPI-XXXX-123456인 경우 "dpi_02_123456_성명"으로 저장할 것
	GPDP	dpi_02_수검번호(6자리)_성명	

※ 'JPG'와 'GPDP' 파일 중 하나라도 누락하여 저장할 시에는 "0점" 처리됩니다.

디지털정보활용능력 : 멀티미디어제작

[시험시간: 40분] 3/3

※ GOM Mix for DIAT 프로그램을 활용하여 [문제 3]을 작업하시오.

【문제 3】 처리조건에 따라 출력형태와 같이 완성하시오. (70점)

《출력형태》

《처리조건》

원본 파일	이미지1.jpg, 이미지2.jpg, 이미지3.jpg, 동영상.mp4, 음악.mp3

▶ 미디어 소스의 순서를 다음과 같이 지정하시오.
 • 미디어 소스 순서 ⇒ 동영상.mp4 > 이미지1.jpg > 이미지3.jpg > 이미지2.jpg

▶ 동영상 파일('동영상.mp4')을 다음과 같이 처리하시오.
 • 배속 : 1.3x
 • 자르기 : 시작 시간(0.00), 재생 시간(12.00)
 • 이펙트 : LUT 필터-맑은 햇살-맑은 햇살 01(노출 : 15, 감마 : 1.0)
 • 텍스트 ⇒ 텍스트 입력 : 호수 안의 분수
    텍스트 서식 : 기본 자막(돋움체, 크기 130, ff0000), 윤곽선 설정(없음)
    위치 설정(화면 정가운데 아래), 시작 시간(5.00), 클립 길이(3.00)
 • 재생 속도 설정 후 자르기를 하여야 하며, 잘라진 뒷부분의 동영상 및 트랙의 모든 공백을 삭제할 것
 • 원본 동영상에 포함된 오디오는 모두 음소거 할 것

▶ 이미지 파일을 다음과 같이 처리하시오.
 • '이미지1.jpg' ⇒ 이미지 클립 길이 : 6.00, 오버레이 : 원형 비넷(반경 : 60, 페더 : 40),
    클립 트랜지션 : 타원 열기(앞으로 이동, 재생 시간 : 2.00)
 • '이미지3.jpg' ⇒ 이미지 클립 길이 : 6.00, 오버레이 : 지나가는 01(속도 : 10),
    클립 트랜지션 : 가로 나누기(오버랩, 재생 시간 : 1.00)
 • '이미지2.jpg' ⇒ 이미지 클립 길이 : 5.00, 오버레이 : 레디얼 라이트(노출 : -55),
    클립 트랜지션 : 가로 순차 블라인드(앞으로 이동, 재생 시간 : 2.00)
 • 지시사항이 없는 경우는 기본 값을 적용하시오.

▶ 다음 조건에 따라 동영상 시작 부분에 텍스트를 지정하시오.
 • 텍스트 입력 : 호수의 풍경 (View of Lake)

  텍스트 서식(휴먼엑스포, 크기 140, ffffff), 윤곽선 설정(색상 : 9700fc, 두께 : 30),
  나타나기(오른쪽으로 닦아내기, 지속 시간 : 2.00), 시작 시간(0.00), 텍스트 클립 길이(3.00)

▶ 다음 조건에 따라 동영상 전체에 음악 파일('음악.mp3')을 삽입하시오.
 • 시작 시간 : 0.00, 재생 시간 : 28.20, 페이드 아웃 : 2.00
 • 재생 시간 설정 후 자르기 하여야 하며, 잘라진 뒷부분의 음악 파일은 삭제할 것

동영상 파일 저장	① [파일]-[프로젝트 전체저장]을 눌러서 저장 ② 저장위치 : [바탕화면]-[KAIT]-[제출파일]	
동영상 파일명	GMEP dpi_03_수검번호(6자리)_성명	※ 예시 : 수검번호가 DPI-XXXX-123456인 경우 "dpi_03_123456_성명"으로 저장할 것

※ 파일 확장자를 'GMDP'로 저장할 시에는 "0점" 처리됩니다.

제15회 실전모의고사

곰픽 for DIAT/곰믹스 for DIAT

▸ 시험과목 : 멀티미디어제작 (곰픽, 곰믹스)
▸ 시험일자 : 20XX. 00. 00.(토)
▸ 응시자 기재사항 및 감독위원 확인

수 검 번 호	DPI - XXXX -	감독위원 확인
성 명		

응시자 유의사항

1. 응시자는 신분증을 지참하여야 시험에 응시할 수 있으며, 시험이 종료될 때까지 신분증을 제시하지 못 할 경우 해당 시험은 0점 처리됩니다.
2. 시스템(PC작동여부, 네트워크 상태 등)의 이상여부를 반드시 확인하여야 하며, 시스템 이상이 있을 시 감독위원에게 조치를 받으셔야 합니다.
3. 시험 중 부주의 또는 고의로 시스템을 파손한 경우는 응시자 부담으로 합니다.
4. 답안 전송 프로그램을 통해 다운로드 받은 파일을 이용하여 답안파일을 작성하시기 바랍니다.
5. 작성한 답안 파일은 답안 전송 프로그램을 통하여 전송됩니다. 감독위원의 지시에 따라 주시기 바랍니다.
6. 다음사항의 경우 실격(0점) 혹은 부정행위 처리됩니다.
   ❶ 답안파일을 저장하지 않았거나, 저장한 파일이 손상되었을 경우
   ❷ 답안파일을 지정된 폴더(바탕화면 "KAIT" 폴더)에 저장하지 않았을 경우
      ※ 답안 전송 프로그램 로그인 시 바탕화면에 자동 생성됨
   ❸ 답안파일을 다른 보조 기억장치(USB) 혹은 네트워크(메신저, 게시판 등)로 전송할 경우
   ❹ 휴대용 전화기 등 통신기기를 사용할 경우
7. **답안은 Gom Pic for DIAT와 Gom Mix for DIAT를 활용하여 작성하십시오.**
   ※ Gom Mix for DIAT는 'DIAT 시험 프로젝트 생성하기'로 진입하여 작성하십시오.
   ※ Gom Mix for DIAT 답안파일은 반드시 프로그램 전체저장으로 저장하십시오.(미준수시 0점 처리)
8. 시험지에 제시된 글꼴이 응시 프로그램에 없는 경우, 반드시 감독위원에게 해당 내용을 통보한 뒤 조치를 받아야 합니다.
9. 시험의 완료는 작성이 완료된 답안을 저장하고, 답안 전송이 완료된 상태를 확인한 것으로 합니다. 답안 전송 확인 후 문제지는 감독위원에게 제출한 후 퇴실하여야 합니다.
10. 답안전송이 완료된 경우에는 수정 또는 정정이 불가능합니다.
11. 시험시행 후 문제 공개 및 합격자 발표는 홈페이지(www.ihd.or.kr)에서 확인하시기 바랍니다.
    ❶ 문제 및 모범답안 공개 : 20XX. XX. XX.(X)
    ❷ 합격자 발표 : 20XX. XX. XX.(X)

디지털정보활용능력 : 멀티미디어제작

[시험시간: 40분] 1/3

※ Gom Pic for DIAT 프로그램을 활용하여 [문제 1], [문제 2]를 작업하시오.

【문제 1】 원본 파일을 처리조건에 따라 결과파일로 완성하시오. (50점)

원본 파일	결과 파일

《처리조건》

▶ 다음과 같이 캔버스를 설정하시오.
  • 크기 ⇒ 너비(650 픽셀) × 높이(350 픽셀)

▶ '사진1.jpg' 이미지를 불러와 기존 캔버스에 복사한 후 다음과 같이 처리하시오.
  • 이미지 복사 ⇒ 크기 변형으로 캔버스 크기에 맞게 변형, 레이어 이름 – Fantasy
  • 밝기 조정 ⇒ 노출을 이용하여 이미지 조정(노출 : 35)
  • ① ⇒ 복제 도장을 이용하여 이미지 복사
  • ② ⇒ 흑백을 이용하여 회색 계열로 조정

▶ 도형 도구를 이용하여 다음과 같이 처리하시오.
  • ③ ⇒ 원형/타원형(크기 : 200 × 200), 채우기(색상 : 5B2DB7), 혼합모드(반사, 불투명도 : 90)

▶ 지시사항이 없는 경우는 기본 값을 적용하시오.

이미지 파일 저장	① [파일]-[내보내기]를 눌러서 저장 ② 저장위치 : [바탕화면]-[KAIT]-[제출파일]	
이미지 파일명	JPG	dpi_01_수검번호(6자리)_성명	※ 예시 : 수검번호가 DPI-XXXX-123456인 경우 "dpi_01_123456_성명"으로 저장할 것
	GPDP	dpi_01_수검번호(6자리)_성명	

※ 'JPG'와 'GPDP' 파일 중 하나라도 누락하여 저장할 시에는 "0점" 처리됩니다.

디지털정보활용능력 : 멀티미디어제작

[시험시간: 40분]

【문제 2】 원본 파일을 처리조건에 따라 결과파일로 완성하시오. (80점)

원본 파일	결과 파일

《처리조건》

▶ 다음과 같이 캔버스를 설정하시오.
  • 크기 ⇒ 너비(650 픽셀) × 높이(450 픽셀)   • 배경 ⇒ 색상 : (FF55DC)

▶ '사진2.jpg' 이미지를 불러와 기존 캔버스에 복사한 후 다음과 같이 처리하시오.
  • 이미지 복사 ⇒ 레이어 마스크 설정, 가로 방향으로 흐릿하게

▶ 도형 도구와 텍스트를 이용하여 다음과 같이 처리하시오.
  • ① ⇒ 사각형(크기 : 320 × 60), 그라데이션(색상 : 9477CE - 5A057E)
  • 동화 나라 이야기 ⇒ 글꼴(돋움), 글꼴 스타일(굵게, 기울임꼴), 크기(26pt), 채우기(색상 : 8344FF),
                외곽선(두께 : 5px, 색상 : FFFFFF)

▶ 도형 도구와 '사진3.jpg'를 이용하여 클리핑 마스크를 생성하시오.
  • ② ⇒ 원형/타원형(크기 : 150 × 150), 외곽선(두께 : 8px, 색상 : 9399E4),
        그림자(두께 : 10px, 거리 : 15px, 분산도 : 1px, 각도 : 320°)

▶ 지시사항이 없는 경우는 기본 값을 적용하시오.

이미지 파일 저장	① [파일]-[내보내기]를 눌러서 저장 ② 저장위치 : [바탕화면]-[KAIT]-[제출파일]	
이미지 파일명	JPG	dpi_02_수검번호(6자리)_성명
	GPDP	dpi_02_수검번호(6자리)_성명

※ 예시 : 수검번호가 DPI-XXXX-123456인 경우 "dpi_02_123456_성명"으로 저장할 것

※ 'JPG'와 'GPDP' 파일 중 하나라도 누락하여 저장할 시에는 "0점" 처리됩니다.

디지털정보활용능력 : 멀티미디어제작   [시험시간: 40분] 3/3

※ GOM Mix for DIAT 프로그램을 활용하여 [문제 3]을 작업하시오.

【문제 3】 처리조건에 따라 출력형태와 같이 완성하시오. (70점)

《출력형태》

동영상.mp4, 이미지3.jpg, 이미지1.jpg, 이미지2.jpg

《처리조건》

원본 파일	이미지1.jpg, 이미지2.jpg, 이미지3.jpg, 동영상.mp4, 음악.mp3

▶ 미디어 소스의 순서를 다음과 같이 지정하시오.
  • 미디어 소스 순서 ⇒ 동영상.mp4 > 이미지3.jpg > 이미지1.jpg > 이미지2.jpg

▶ 동영상 파일('동영상.mp4')을 다음과 같이 처리하시오.
  • 배속 : 1.5x   • 자르기 : 시작 시간(0.00), 재생 시간(13.00)
  • 이펙트 : LUT 필터-빈티지-빈티지 01(노출 : 20, 감마 : 0.8)
  • 텍스트 ⇒ 텍스트 입력 : 동화나라의 숲에서 한가롭게
             텍스트 서식 : 기본 자막(굴림체, 크기 120, 1b3299), 윤곽선 설정(없음)
             위치 설정(화면 정가운데 아래), 시작 시간(5.20), 클립 길이(5.00)
  • 재생 속도 설정 후 자르기를 하여야 하며, 잘라진 뒷부분의 동영상 및 트랙의 모든 공백을 삭제할 것
  • 원본 동영상에 포함된 오디오는 모두 음소거 할 것

▶ 이미지 파일을 다음과 같이 처리하시오.
  • '이미지3.jpg' ⇒ 이미지 클립 길이 : 4.00, 오버레이 : 떠오르는 하트(개수/양 : 90),
                  클립 트랜지션 : 줌 인(오버랩, 재생 시간 : 2.00)
  • '이미지1.jpg' ⇒ 이미지 클립 길이 : 5.00, 오버레이 : 집중선 01(선 굵기 : 10),
                  클립 트랜지션 : 타원 열기(앞으로 이동, 재생 시간 : 1.00)
  • '이미지2.jpg' ⇒ 이미지 클립 길이 : 7.00, 오버레이 : 색종이 조각(크기 : 10),
                  클립 트랜지션 : 세로 나누기(앞으로 이동, 재생 시간 : 3.00)
  • 지시사항이 없는 경우는 기본 값을 적용하시오.

▶ 다음 조건에 따라 동영상 시작 부분에 텍스트를 지정하시오.
  • 텍스트 입력 : 평화로운 숲
                (Peaceful Forest)

  텍스트 서식(휴먼옛체, 크기 140, 2b4ea0), 윤곽선 설정(색상 : ffffff, 두께 : 20),
  나타나기(클립 위에서 나타나기, 지속 시간 : 2.00), 시작 시간(0.00), 텍스트 클립 길이(5.00)

▶ 다음 조건에 따라 동영상 전체에 음악 파일('음악.mp3')을 삽입하시오.
  • 시작 시간 : 0.00, 재생 시간 : 28.10, 페이드 아웃 : 2.00
  • 재생 시간 설정 후 자르기 하여야 하며, 잘라진 뒷부분의 음악 파일은 삭제할 것

동영상 파일 저장	① [파일]-[프로젝트 전체저장]을 눌러서 저장 ② 저장위치 : [바탕화면]-[KAIT]-[제출파일]	
동영상 파일명	GMEP dpi_03_수검번호(6자리)_성명	※ 예시 : 수검번호가 DPI-XXXX-123456인 경우 "dpi_03_123456_성명"으로 저장할 것

※ 파일 확장자를 'GMDP'로 저장할 시에는 "0점" 처리됩니다.

제16회 실전모의고사

곰픽 for DIAT/곰믹스 for DIAT

▶ 시험과목 : 멀티미디어제작 (곰픽, 곰믹스)
▶ 시험일자 : 20XX. 00. 00.(토)
▶ 응시자 기재사항 및 감독위원 확인

수 검 번 호	DPI - XXXX -	감독위원 확인
성 명		

응시자 유의사항

1. 응시자는 신분증을 지참하여야 시험에 응시할 수 있으며, 시험이 종료될 때까지 신분증을 제시하지 못 할 경우 해당 시험은 0점 처리됩니다.
2. 시스템(PC작동여부, 네트워크 상태 등)의 이상여부를 반드시 확인하여야 하며, 시스템 이상이 있을 시 감독위원에게 조치를 받으셔야 합니다.
3. 시험 중 부주의 또는 고의로 시스템을 파손한 경우는 응시자 부담으로 합니다.
4. 답안 전송 프로그램을 통해 다운로드 받은 파일을 이용하여 답안파일을 작성하시기 바랍니다.
5. 작성한 답안 파일은 답안 전송 프로그램을 통하여 전송됩니다. 감독위원의 지시에 따라 주시기 바랍니다.
6. 다음사항의 경우 실격(0점) 혹은 부정행위 처리됩니다.
   ❶ 답안파일을 저장하지 않았거나, 저장한 파일이 손상되었을 경우
   ❷ 답안파일을 지정된 폴더(바탕화면 "KAIT" 폴더)에 저장하지 않았을 경우
      ※ 답안 전송 프로그램 로그인 시 바탕화면에 자동 생성됨
   ❸ 답안파일을 다른 보조 기억장치(USB) 혹은 네트워크(메신저, 게시판 등)로 전송할 경우
   ❹ 휴대용 전화기 등 통신기기를 사용할 경우
7. **답안은 Gom Pic for DIAT와 Gom Mix for DIAT를 활용하여 작성하십시오.**
   ※ Gom Mix for DIAT는 'DIAT 시험 프로젝트 생성하기'로 진입하여 작성하십시오.
   ※ Gom Mix for DIAT 답안파일은 반드시 프로그램 전체저장으로 저장하십시오.(미준수시 0점 처리)
8. 시험지에 제시된 글꼴이 응시 프로그램에 없는 경우, 반드시 감독위원에게 해당 내용을 통보한 뒤 조치를 받아야 합니다.
9. 시험의 완료는 작성이 완료된 답안을 저장하고, 답안 전송이 완료된 상태를 확인한 것으로 합니다. 답안 전송 확인 후 문제지는 감독위원에게 제출한 후 퇴실하여야 합니다.
10. 답안전송이 완료된 경우에는 수정 또는 정정이 불가능합니다.
11. 시험시행 후 문제 공개 및 합격자 발표는 홈페이지(www.ihd.or.kr)에서 확인하시기 바랍니다.
    ❶ 문제 및 모범답안 공개 : 20XX. XX. XX.(X)
    ❷ 합격자 발표 : 20XX. XX. XX.(X)

디지털정보활용능력 : 멀티미디어제작

[시험시간: 40분]

※ Gom Pic for DIAT 프로그램을 활용하여 [문제 1], [문제 2]를 작업하시오.

【문제 1】 원본 파일을 처리조건에 따라 결과파일로 완성하시오. (50점)

| 원본 파일 | 결과 파일 |

《처리조건》

▶ 다음과 같이 캔버스를 설정하시오.
  • 크기 ⇒ 너비(650 픽셀) × 높이(350 픽셀)

▶ '사진1.jpg' 이미지를 불러와 기존 캔버스에 복사한 후 다음과 같이 처리하시오.
  • 이미지 복사 ⇒ 크기 변형으로 캔버스 크기에 맞게 변형, 레이어 이름 – House
  • 필터 효과 ⇒ 선명하게를 이용하여 이미지 조정(양 : 12)
  • ① ⇒ 올가미 선택을 이용하여 이미지 복사
  • ② ⇒ 색조/채도를 이용하여 노란색 계열로 조정

▶ 도형 도구를 이용하여 다음과 같이 처리하시오.
  • ③ ⇒ 사각형(크기 : 110 × 75), 채우기(색상 : 000BF1), 혼합모드(밝게, 불투명도 : 65)

▶ 지시사항이 없는 경우는 기본 값을 적용하시오.

이미지 파일 저장	① [파일]-[내보내기]를 눌러서 저장 ② 저장위치 : [바탕화면]-[KAIT]-[제출파일]	
이미지 파일명	JPG	dpi_01_수검번호(6자리)_성명	※ 예시 : 수검번호가 DPI-XXXX-123456인 경우 "dpi_01_123456_성명"으로 저장할 것
	GPDP	dpi_01_수검번호(6자리)_성명	

※ 'JPG'와 'GPDP' 파일 중 하나라도 누락하여 저장할 시에는 "0점" 처리됩니다.

디지털정보활용능력 : 멀티미디어제작

[시험시간: 40분]

【문제 2】 원본 파일을 처리조건에 따라 결과파일로 완성하시오. (80점)

원본 파일	결과 파일

《처리조건》

▶ 다음과 같이 캔버스를 설정하시오.
  • 크기 ⇒ 너비(650 픽셀) × 높이(450 픽셀)   • 배경 ⇒ 색상 : (837E82)

▶ '사진2.jpg' 이미지를 불러와 기존 캔버스에 복사한 후 다음과 같이 처리하시오.
  • 이미지 복사 ⇒ 레이어 마스크 설정, 세로 방향으로 흐릿하게

▶ 도형 도구와 텍스트를 이용하여 다음과 같이 처리하시오.
  • ① ⇒ 모서리가 둥근 사각형(크기 : 130 × 200), 그라데이션(색상 : FFC900 - 06BE08)
  • 한국 전통 가옥 ⇒ 글꼴(궁서체), 글꼴 스타일(기울임꼴), 크기(32pt), 채우기(색상 : BFE4E8),
       외곽선(두께 : 3px, 색상 : 07184B)

▶ 도형 도구와 '사진3.jpg'를 이용하여 클리핑 마스크를 생성하시오.
  • ② ⇒ 사각형(크기 : 150 × 150), 외곽선(두께 : 5px, 색상 : 363FAF),
       그림자(두께 : 10px, 거리 : 10px, 분산도 : 5px, 각도 : 0°)

▶ 지시사항이 없는 경우는 기본 값을 적용하시오.

이미지 파일 저장	① [파일]-[내보내기]를 눌러서 저장 ② 저장위치 : [바탕화면]-[KAIT]-[제출파일]	
이미지 파일명	JPG	dpi_02_수검번호(6자리)_성명
	GPDP	dpi_02_수검번호(6자리)_성명

※ 예시 : 수검번호가 DPI-XXXX-123456인 경우 "dpi_02_123456_성명"으로 저장할 것

※ 'JPG'와 'GPDP' 파일 중 하나라도 누락하여 저장할 시에는 "0점" 처리됩니다.

디지털정보활용능력 : 멀티미디어제작

[시험시간: 40분]

※ GOM Mix for DIAT 프로그램을 활용하여 [문제 3]을 작업하시오.

【문제 3】 처리조건에 따라 출력형태와 같이 완성하시오. (70점)

《출력형태》

《처리조건》

원본 파일	이미지1.jpg, 이미지2.jpg, 이미지3.jpg, 동영상.mp4, 음악.mp3

▶ 미디어 소스의 순서를 다음과 같이 지정하시오.
  • 미디어 소스 순서 ⇒ 동영상.mp4 > 이미지1.jpg > 이미지3.jpg > 이미지2.jpg

▶ 동영상 파일('동영상.mp4')을 다음과 같이 처리하시오.
  • 배속 : 1.5x
  • 자르기 : 시작 시간(0.00), 재생 시간(12.20)
  • 이펙트 : 이미지 보정-부드럽게(강도 : 40)
  • 텍스트 ⇒ 텍스트 입력 : 나무로 만든 문
    텍스트 서식 : 기본 자막(바탕체, 크기 110, ffffff), 윤곽선 설정(없음)
    위치 설정(화면 정가운데 아래), 시작 시간(5.10), 클립 길이(5.00)
  • 재생 속도 설정 후 자르기를 하여야 하며, 잘라진 뒷부분의 동영상 및 트랙의 모든 공백을 삭제할 것
  • 원본 동영상에 포함된 오디오는 모두 음소거 할 것

▶ 이미지 파일을 다음과 같이 처리하시오.
  • '이미지1.jpg' ⇒ 이미지 클립 길이 : 6.00, 오버레이 : 후광 프레임(내부 반경 : 50),
                클립 트랜지션 : 위로 덮기(앞으로 이동, 재생 시간 : 2.00)
  • '이미지3.jpg' ⇒ 이미지 클립 길이 : 5.00, 오버레이 : 내려앉는(속도 : 7),
                클립 트랜지션 : 교차 줌(앞으로 이동, 재생 시간 : 1.00)
  • '이미지2.jpg' ⇒ 이미지 클립 길이 : 6.00, 오버레이 : 좋아요(개수/양 : 60),
                클립 트랜지션 : 가로 나누기(앞으로 이동, 재생 시간 : 2.00)
  • 지시사항이 없는 경우는 기본 값을 적용하시오.

▶ 다음 조건에 따라 동영상 시작 부분에 텍스트를 지정하시오.
  • 텍스트 입력 : 전통 집 풍경
              (Traditional House Scenery)

  텍스트 서식(휴먼옛체, 크기 120, f50000), 윤곽선 설정(색상 : ffffff, 두께 : 20),
  나타나기(오른쪽으로 당기기, 지속 시간 : 2.00), 시작 시간(0.00), 텍스트 클립 길이(5.00)

▶ 다음 조건에 따라 동영상 전체에 음악 파일('음악.mp3')을 삽입하시오.
  • 시작 시간 : 0.00, 재생 시간 : 29.10, 페이드 인 : 2.00
  • 재생 시간 설정 후 자르기 하여야 하며, 잘라진 뒷부분의 음악 파일은 삭제할 것

동영상 파일 저장	① [파일]-[프로젝트 전체저장]을 눌러서 저장 ② 저장위치 : [바탕화면]-[KAIT]-[제출파일]	
동영상 파일명	GMEP	dpi_03_수검번호(6자리)_성명	※ 예시 : 수검번호가 DPI-XXXX-123456인 경우 "dpi_03_123456_성명"으로 저장할 것

※ 파일 확장자를 'GMDP'로 저장할 시에는 "0점" 처리됩니다.

제17회 실전모의고사

곰픽 for DIAT/곰믹스 for DIAT

- 시험과목 : 멀티미디어제작 (곰픽, 곰믹스)
- 시험일자 : 20XX. 00. 00.(토)
- 응시자 기재사항 및 감독위원 확인

수검번호	DPI - XXXX -	감독위원 확인
성 명		

응시자 유의사항

1. 응시자는 신분증을 지참하여야 시험에 응시할 수 있으며, 시험이 종료될 때까지 신분증을 제시하지 못 할 경우 해당 시험은 0점 처리됩니다.
2. 시스템(PC작동여부, 네트워크 상태 등)의 이상여부를 반드시 확인하여야 하며, 시스템 이상이 있을 시 감독위원에게 조치를 받으셔야 합니다.
3. 시험 중 부주의 또는 고의로 시스템을 파손한 경우는 응시자 부담으로 합니다.
4. 답안 전송 프로그램을 통해 다운로드 받은 파일을 이용하여 답안파일을 작성하시기 바랍니다.
5. 작성한 답안 파일은 답안 전송 프로그램을 통하여 전송됩니다. 감독위원의 지시에 따라 주시기 바랍니다.
6. 다음사항의 경우 실격(0점) 혹은 부정행위 처리됩니다.
   ① 답안파일을 저장하지 않았거나, 저장한 파일이 손상되었을 경우
   ② 답안파일을 지정된 폴더(바탕화면 "KAIT" 폴더)에 저장하지 않았을 경우
      ※ 답안 전송 프로그램 로그인 시 바탕화면에 자동 생성됨
   ③ 답안파일을 다른 보조 기억장치(USB) 혹은 네트워크(메신저, 게시판 등)로 전송할 경우
   ④ 휴대용 전화기 등 통신기기를 사용할 경우
7. **답안은 Gom Pic for DIAT와 Gom Mix for DIAT를 활용하여 작성하십시오.**
   ※ Gom Mix for DIAT는 'DIAT 시험 프로젝트 생성하기'로 진입하여 작성하십시오.
   ※ Gom Mix for DIAT 답안파일은 반드시 프로그램 전체저장으로 저장하십시오.(미준수시 0점 처리)
8. 시험지에 제시된 글꼴이 응시 프로그램에 없는 경우, 반드시 감독위원에게 해당 내용을 통보한 뒤 조치를 받아야 합니다.
9. 시험의 완료는 작성이 완료된 답안을 저장하고, 답안 전송이 완료된 상태를 확인한 것으로 합니다. 답안 전송 확인 후 문제지는 감독위원에게 제출한 후 퇴실하여야 합니다.
10. 답안전송이 완료된 경우에는 수정 또는 정정이 불가능합니다.
11. 시험시행 후 문제 공개 및 합격자 발표는 홈페이지(www.ihd.or.kr)에서 확인하시기 바랍니다.
    ① 문제 및 모범답안 공개 : 20XX. XX. XX.(X)
    ② 합격자 발표 : 20XX. XX. XX.(X)

디지털정보활용능력 : 멀티미디어제작

[시험시간: 40분]

※ Gom Pic for DIAT 프로그램을 활용하여 [문제 1], [문제 2]를 작업하시오.

【문제 1】 원본 파일을 처리조건에 따라 결과파일로 완성하시오. (50점)

원본 파일	결과 파일
	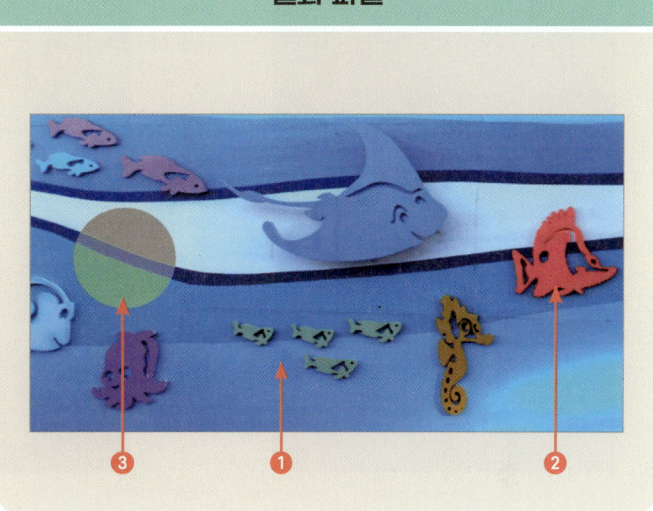

《처리조건》

▶ 다음과 같이 캔버스를 설정하시오.
  • 크기 ⇒ 너비(650 픽셀) × 높이(350 픽셀)

▶ '사진1.jpg' 이미지를 불러와 기존 캔버스에 복사한 후 다음과 같이 처리하시오.
  • 이미지 복사 ⇒ 크기 변형으로 캔버스 크기에 맞게 변형, 레이어 이름 – Sea
  • 밝기 조정 ⇒ 감마를 이용하여 이미지 조정(어두운 영역 : 0.65, 밝은 영역 : 1.15)
  • ① ⇒ 올가미 선택을 이용하여 이미지 제거
  • ② ⇒ 세피아를 이용하여 빨간색 계열로 조정

▶ 도형 도구를 이용하여 다음과 같이 처리하시오.
  • ③ ⇒ 원형/타원형(크기 : 110 × 110), 채우기(색상 : A1A1A1), 혼합모드(음수, 불투명도 : 65)

▶ 지시사항이 없는 경우는 기본 값을 적용하시오.

이미지 파일 저장	① [파일]-[내보내기]를 눌러서 저장 ② 저장위치 : [바탕화면]-[KAIT]-[제출파일]	
이미지 파일명	JPG	dpi_01_수검번호(6자리)_성명	※ 예시 : 수검번호가 DPI-XXXX-123456인 경우 "dpi_01_123456_성명"으로 저장할 것
	GPDP	dpi_01_수검번호(6자리)_성명	

※ 'JPG'와 'GPDP' 파일 중 하나라도 누락하여 저장할 시에는 "0점" 처리됩니다.

디지털정보활용능력 : 멀티미디어제작

[시험시간: 40분] 2/3

【문제 2】 원본 파일을 처리조건에 따라 결과파일로 완성하시오. (80점)

원본 파일	결과 파일

《처리조건》

▶ 다음과 같이 캔버스를 설정하시오.
  • 크기 ⇒ 너비(650 픽셀) × 높이(450 픽셀)   • 배경 ⇒ 색상 : (1C1A55)

▶ '사진2.jpg' 이미지를 불러와 기존 캔버스에 복사한 후 다음과 같이 처리하시오.
  • 이미지 복사 ⇒ 레이어 마스크 설정, 세로 방향으로 흐릿하게

▶ 도형 도구와 텍스트를 이용하여 다음과 같이 처리하시오.
  • ① ⇒ 원형/타원형(크기 : 250×80), 그라데이션(색상 : 00FFB6 - FF9103)
  • Sea Story ⇒ 글꼴(굴림), 글꼴 스타일(굵게, 밑줄), 크기(28pt), 채우기(색상 : 082D31),
       외곽선(두께 : 3px, 색상 : FFFFFF)

▶ 도형 도구와 '사진3.jpg'를 이용하여 클리핑 마스크를 생성하시오.
  • ② ⇒ 모서리가 둥근 사각형(크기 : 160×100), 외곽선(두께 : 10px, 색상 : 5F5F5F),
       그림자(두께 : 30px, 거리 : 10px, 분산도 : 3px, 각도 : 320°)

▶ 지시사항이 없는 경우는 기본 값을 적용하시오.

이미지 파일 저장	① [파일]-[내보내기]를 눌러서 저장 ② 저장위치 : [바탕화면]-[KAIT]-[제출파일]		
이미지 파일명	JPG	dpi_02_수검번호(6자리)_성명	※ 예시 : 수검번호가 DPI-XXXX-123456인 경우 "dpi_02_123456_성명"으로 저장할 것
	GPDP	dpi_02_수검번호(6자리)_성명	

※ 'JPG'와 'GPDP' 파일 중 하나라도 누락하여 저장할 시에는 "0점" 처리됩니다.

디지털정보활용능력 : 멀티미디어제작 [시험시간: 40분]

※ GOM Mix for DIAT 프로그램을 활용하여 [문제 3]을 작업하시오.

[문제 3] 처리조건에 따라 출력형태와 같이 완성하시오. (70점)

《출력형태》

동영상.mp4   이미지2.jpg   이미지3.jpg   이미지1.jpg

《처리조건》

원본 파일	이미지1.jpg, 이미지2.jpg, 이미지3.jpg, 동영상.mp4, 음악.mp3

▶ 미디어 소스의 순서를 다음과 같이 지정하시오.
 • 미디어 소스 순서 ⇒ 동영상.mp4 > 이미지2.jpg > 이미지3.jpg > 이미지1.jpg

▶ 동영상 파일('동영상.mp4')을 다음과 같이 처리하시오.
 • 배속 : 1.3x   • 자르기 : 시작 시간(0.00), 재생 시간(13.10)
 • 이펙트 : 이미지 보정-방향성 블러(강도 : 4)
 • 텍스트 ⇒ 텍스트 입력 : 벽화 속 바다생물
  텍스트 서식 : 기본 자막(궁서체, 크기 126, fbe31e), 윤곽선 설정(없음)
  위치 설정(화면 정가운데 아래), 시작 시간(5.20), 클립 길이(5.00)
 • 재생 속도 설정 후 자르기를 하여야 하며, 잘라진 뒷부분의 동영상 및 트랙의 모든 공백을 삭제할 것
 • 원본 동영상에 포함된 오디오는 모두 음소거 할 것

▶ 이미지 파일을 다음과 같이 처리하시오.
 • '이미지2.jpg' ⇒ 이미지 클립 길이 : 6.00, 오버레이 : 레디얼 라이트(노출 : 30, 명도 : 45),
   클립 트랜지션 : 십자형 나누기(앞으로 이동, 재생 시간 : 2.00)
 • '이미지3.jpg' ⇒ 이미지 클립 길이 : 5.00, 오버레이 : 흩날림(개수/양 : 50),
   클립 트랜지션 : 위로 덮기(뒤로 이동, 재생 시간 : 1.00)
 • '이미지1.jpg' ⇒ 이미지 클립 길이 : 5.00, 오버레이 : 지나가는 01(속도 : 8),
   클립 트랜지션 : 가로 순차 블라인드(앞으로 이동, 재생 시간 : 1.00)
 • 지시사항이 없는 경우는 기본 값을 적용하시오.

▶ 다음 조건에 따라 동영상 시작 부분에 텍스트를 지정하시오.
 • 텍스트 입력 : 벽화 마을 (Mural Village)

 텍스트 서식(휴먼엑스포, 크기 132, f77200), 윤곽선 설정(색상 : ffffff, 두께 : 20),
 나타나기(왼쪽으로 닦아내기, 지속 시간 : 1.00), 시작 시간(0.00), 텍스트 클립 길이(4.00)

▶ 다음 조건에 따라 동영상 전체에 음악 파일('음악.mp3')을 삽입하시오.
 • 시작 시간 : 0.00, 재생 시간 : 29.10, 페이드 아웃 : 2.00
 • 재생 시간 설정 후 자르기 하여야 하며, 잘라진 뒷부분의 음악 파일은 삭제할 것

동영상 파일 저장	① [파일]-[프로젝트 전체저장]을 눌러서 저장 ② 저장위치 : [바탕화면]-[KAIT]-[제출파일]	
동영상 파일명	GMEP	dpi_03_수검번호(6자리)_성명	※ 예시 : 수검번호가 DPI-XXXX-123456인 경우 "dpi_03_123456_성명"으로 저장할 것

※ 파일 확장자를 'GMDP'로 저장할 시에는 "0점" 처리됩니다.

곰픽 for DIAT/곰믹스 for DIAT

제18회 실전모의고사

▶ 시험과목 : 멀티미디어제작 (곰픽, 곰믹스)
▶ 시험일자 : 20XX. 00. 00.(토)
▶ 응시자 기재사항 및 감독위원 확인

수검번호	DPI - XXXX -	감독위원 확인
성 명		

응시자 유의사항

1. 응시자는 신분증을 지참하여야 시험에 응시할 수 있으며, 시험이 종료될 때까지 신분증을 제시하지 못 할 경우 해당 시험은 0점 처리됩니다.
2. 시스템(PC작동여부, 네트워크 상태 등)의 이상여부를 반드시 확인하여야 하며, 시스템 이상이 있을 시 감독위원에게 조치를 받으셔야 합니다.
3. 시험 중 부주의 또는 고의로 시스템을 파손한 경우는 응시자 부담으로 합니다.
4. 답안 전송 프로그램을 통해 다운로드 받은 파일을 이용하여 답안파일을 작성하시기 바랍니다.
5. 작성한 답안 파일은 답안 전송 프로그램을 통하여 전송됩니다. 감독위원의 지시에 따라 주시기 바랍니다.
6. 다음사항의 경우 실격(0점) 혹은 부정행위 처리됩니다.
   ❶ 답안파일을 저장하지 않았거나, 저장한 파일이 손상되었을 경우
   ❷ 답안파일을 지정된 폴더(바탕화면 "KAIT" 폴더)에 저장하지 않았을 경우
      ※ 답안 전송 프로그램 로그인 시 바탕화면에 자동 생성됨
   ❸ 답안파일을 다른 보조 기억장치(USB) 혹은 네트워크(메신저, 게시판 등)로 전송할 경우
   ❹ 휴대용 전화기 등 통신기기를 사용할 경우
7. **답안은 Gom Pic for DIAT와 Gom Mix for DIAT를 활용하여 작성하십시오.**
   ※ Gom Mix for DIAT는 'DIAT 시험 프로젝트 생성하기'로 진입하여 작성하십시오.
   ※ Gom Mix for DIAT 답안파일은 반드시 프로그램 전체저장으로 저장하십시오.(미준수시 0점 처리)
8. 시험지에 제시된 글꼴이 응시 프로그램에 없는 경우, 반드시 감독위원에게 해당 내용을 통보한 뒤 조치를 받아야 합니다.
9. 시험의 완료는 작성이 완료된 답안을 저장하고, 답안 전송이 완료된 상태를 확인한 것으로 합니다. 답안 전송 확인 후 문제지는 감독위원에게 제출한 후 퇴실하여야 합니다.
10. 답안전송이 완료된 경우에는 수정 또는 정정이 불가능합니다.
11. 시험시행 후 문제 공개 및 합격자 발표는 홈페이지(www.ihd.or.kr)에서 확인하시기 바랍니다.
    ❶ 문제 및 모범답안 공개 : 20XX. XX. XX.(X)
    ❷ 합격자 발표 : 20XX. XX. XX.(X)

디지털정보활용능력 : 멀티미디어제작

[시험시간: 40분] 1/3

※ Gom Pic for DIAT 프로그램을 활용하여 [문제 1], [문제 2]를 작업하시오.

【문제 1】 원본 파일을 처리조건에 따라 결과파일로 완성하시오. (50점)

| 원본 파일 | 결과 파일 |

《처리조건》

▶ 다음과 같이 캔버스를 설정하시오.
  • 크기 ⇒ 너비(650 픽셀) × 높이(350 픽셀)

▶ '사진1.jpg' 이미지를 불러와 기존 캔버스에 복사한 후 다음과 같이 처리하시오.
  • 이미지 복사 ⇒ 크기 변형으로 캔버스 크기에 맞게 변형, 레이어 이름 – Mural
  • 필터 효과 ⇒ 선명하게를 이용하여 이미지 조정(양:15)
  • ① ⇒ 복제 도장을 이용하여 이미지 복사
  • ② ⇒ 색조/채도를 이용하여 빨간색 계열로 조정

▶ 도형 도구를 이용하여 다음과 같이 처리하시오.
  • ③ ⇒ 모서리가 둥근 사각형(크기 : 155 × 155), 채우기(색상 : FFFF00), 혼합모드(중첩, 불투명도 : 75)

▶ 지시사항이 없는 경우는 기본 값을 적용하시오.

이미지 파일 저장	① [파일]-[내보내기]를 눌러서 저장 ② 저장위치 : [바탕화면]-[KAIT]-[제출파일]	
이미지 파일명	JPG	dpi_01_수검번호(6자리)_성명	※ 예시 : 수검번호가 DPI-XXXX-123456인 경우 "dpi_01_123456_성명"으로 저장할 것
	GPDP	dpi_01_수검번호(6자리)_성명	

※ 'JPG'와 'GPDP' 파일 중 하나라도 누락하여 저장할 시에는 "0점" 처리됩니다.

디지털정보활용능력 : 멀티미디어제작

[시험시간: 40분] 2/3

【문제 2】 원본 파일을 처리조건에 따라 결과파일로 완성하시오. (80점)

원본 파일	결과 파일
	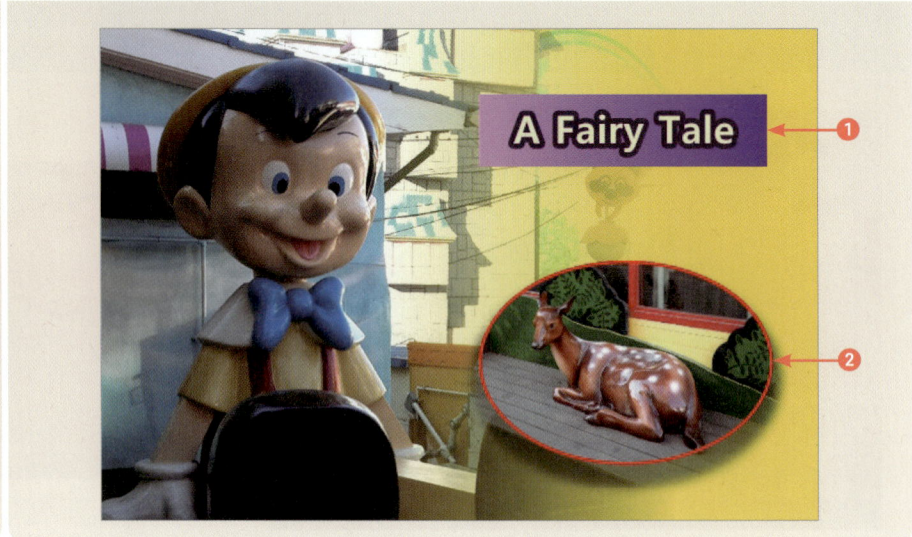

《처리조건》

▶ 다음과 같이 캔버스를 설정하시오.
  • 크기 ⇒ 너비(650 픽셀) × 높이(450 픽셀)　　• 배경 ⇒ 색상 : (FFE000)

▶ '사진2.jpg' 이미지를 불러와 기존 캔버스에 복사한 후 다음과 같이 처리하시오.
  • 이미지 복사 ⇒ 레이어 마스크 설정, 가로 방향으로 흐릿하게

▶ 도형 도구와 텍스트를 이용하여 다음과 같이 처리하시오.
  • ① ⇒ 사각형(크기 : 260 × 65), 그라데이션(색상 : F28AF3 - 67219F)
  • A Fairy Tale ⇒ 글꼴(맑은 고딕), 글꼴 스타일(굵게), 크기(26pt), 채우기(색상 : F2F5BF),
　　　　　　　외곽선(두께 : 5px, 색상 : 3A0648)

▶ 도형 도구와 '사진3.jpg'를 이용하여 클리핑 마스크를 생성하시오.
  • ② ⇒ 원형/타원형(크기 : 260 × 180), 외곽선(두께 : 3px, 색상 : FF0000),
　　　그림자(두께 : 15px, 거리 : 15px, 분산도 : 5px, 각도 : 270˚)

▶ 지시사항이 없는 경우는 기본 값을 적용하시오.

이미지 파일 저장	① [파일]-[내보내기]를 눌러서 저장 ② 저장위치 : [바탕화면]-[KAIT]-[제출파일]	
이미지 파일명	JPG	dpi_02_수검번호(6자리)_성명	※ 예시 : 수검번호가 DPI-XXXX-123456인 경우 "dpi_02_123456_성명"으로 저장할 것
	GPDP	dpi_02_수검번호(6자리)_성명	

※ 'JPG'와 'GPDP' 파일 중 하나라도 누락하여 저장할 시에는 "0점" 처리됩니다.

디지털정보활용능력 : 멀티미디어제작 [시험시간: 40분] 3/3

※ GOM Mix for DIAT 프로그램을 활용하여 [문제 3]을 작업하시오.

【문제 3】 처리조건에 따라 출력형태와 같이 완성하시오. (70점)

《출력형태》

《처리조건》

원본 파일	이미지1.jpg, 이미지2.jpg, 이미지3.jpg, 동영상.mp4, 음악.mp3

▶ 미디어 소스의 순서를 다음과 같이 지정하시오.
  • 미디어 소스 순서 ⇒ 동영상.mp4 > 이미지2.jpg > 이미지1.jpg > 이미지3.jpg

▶ 동영상 파일('동영상.mp4')을 다음과 같이 처리하시오.
  • 배속 : 1.3x   • 자르기 : 시작 시간(0.00), 재생 시간(12.00)
  • 이펙트 : 색상 보정-명도/대비(명도 : -30, 대비 : 50)
  • 텍스트 ⇒ 텍스트 입력 : 동화 속 그림들
          텍스트 서식 : 기본 자막(궁서체, 크기 126, 43dc30), 윤곽선 설정(없음)
          위치 설정(화면 정가운데 아래), 시작 시간(5.00), 클립 길이(5.00)
  • 재생 속도 설정 후 자르기를 하여야 하며, 잘라진 뒷부분의 동영상 및 트랙의 모든 공백을 삭제할 것
  • 원본 동영상에 포함된 오디오는 모두 음소거 할 것

▶ 이미지 파일을 다음과 같이 처리하시오.
  • '이미지2.jpg' ⇒ 이미지 클립 길이 : 6.00, 오버레이 : 난기류(크기 : 250, 속도 : 50),
              클립 트랜지션 : 십자형 나누기(앞으로 이동, 재생 시간 : 1.00)
  • '이미지1.jpg' ⇒ 이미지 클립 길이 : 6.00, 오버레이 : 흩날림(개수/양 : 50),
              클립 트랜지션 : 디졸브(오버랩, 재생 시간 : 3.00)
  • '이미지2.jpg' ⇒ 이미지 클립 길이 : 6.00, 오버레이 : 지나가는 01(속도 : 6),
              클립 트랜지션 : 타원 열기(앞으로 이동, 재생 시간 : 2.00)
  • 지시사항이 없는 경우는 기본 값을 적용하시오.

▶ 다음 조건에 따라 동영상 시작 부분에 텍스트를 지정하시오.
  • 텍스트 입력 : 벽화 속 동화
              (Mural Fairy Tale)
    텍스트 서식(휴먼옛체, 크기 120, ffffff), 윤곽선 설정(색상 : 83a7ef, 두께 : 40),
    나타나기(오른쪽으로 닦아내기, 지속 시간 : 2.00), 시작 시간(0.00), 텍스트 클립 길이(4.00)

▶ 다음 조건에 따라 동영상 전체에 음악 파일('음악.mp3')을 삽입하시오.
  • 시작 시간 : 0.00, 재생 시간 : 29.10, 페이드 아웃 : 3.00
  • 재생 시간 설정 후 자르기 하여야 하며, 잘라진 뒷부분의 음악 파일은 삭제할 것

동영상 파일 저장	① [파일]-[프로젝트 전체저장]을 눌러서 저장 ② 저장위치 : [바탕화면]-[KAIT]-[제출파일]	
동영상 파일명	GMEP dpi_03_수검번호(6자리)_성명	※ 예시 : 수검번호가 DPI-XXXX-123456인 경우 "dpi_03_123456_성명"으로 저장할 것

※ 파일 확장자를 'GMDP'로 저장할 시에는 "0점" 처리됩니다.

곰픽 for DIAT/곰믹스 for DIAT

제19회 실전모의고사

▶ 시험과목 : 멀티미디어제작 (곰픽, 곰믹스)
▶ 시험일자 : 20XX. 00. 00.(토)
▶ 응시자 기재사항 및 감독위원 확인

수 검 번 호	DPI - XXXX -	감독위원 확인
성 명		

응시자 유의사항

1. 응시자는 신분증을 지참하여야 시험에 응시할 수 있으며, 시험이 종료될 때까지 신분증을 제시하지 못 할 경우 해당 시험은 0점 처리됩니다.
2. 시스템(PC작동여부, 네트워크 상태 등)의 이상여부를 반드시 확인하여야 하며, 시스템 이상이 있을 시 감독위원에게 조치를 받으셔야 합니다.
3. 시험 중 부주의 또는 고의로 시스템을 파손한 경우는 응시자 부담으로 합니다.
4. 답안 전송 프로그램을 통해 다운로드 받은 파일을 이용하여 답안파일을 작성하시기 바랍니다.
5. 작성한 답안 파일은 답안 전송 프로그램을 통하여 전송됩니다. 감독위원의 지시에 따라 주시기 바랍니다.
6. 다음사항의 경우 실격(0점) 혹은 부정행위 처리됩니다.
   ① 답안파일을 저장하지 않았거나, 저장한 파일이 손상되었을 경우
   ② 답안파일을 지정된 폴더(바탕화면 "KAIT" 폴더)에 저장하지 않았을 경우
      ※ 답안 전송 프로그램 로그인 시 바탕화면에 자동 생성됨
   ③ 답안파일을 다른 보조 기억장치(USB) 혹은 네트워크(메신저, 게시판 등)로 전송할 경우
   ④ 휴대용 전화기 등 통신기기를 사용할 경우
7. **답안은 Gom Pic for DIAT와 Gom Mix for DIAT를 활용하여 작성하십시오.**
   ※ Gom Mix for DIAT는 'DIAT 시험 프로젝트 생성하기'로 진입하여 작성하십시오.
   ※ Gom Mix for DIAT 답안파일은 반드시 프로그램 전체저장으로 저장하십시오.(미준수시 0점 처리)
8. 시험지에 제시된 글꼴이 응시 프로그램에 없는 경우, 반드시 감독위원에게 해당 내용을 통보한 뒤 조치를 받아야 합니다.
9. 시험의 완료는 작성이 완료된 답안을 저장하고, 답안 전송이 완료된 상태를 확인한 것으로 합니다. 답안 전송 확인 후 문제지는 감독위원에게 제출한 후 퇴실하여야 합니다.
10. 답안전송이 완료된 경우에는 수정 또는 정정이 불가능합니다.
11. 시험시행 후 문제 공개 및 합격자 발표는 홈페이지(www.ihd.or.kr)에서 확인하시기 바랍니다.
    ① 문제 및 모범답안 공개 : 20XX. XX. XX.(X)
    ② 합격자 발표 : 20XX. XX. XX.(X)

디지털정보활용능력 : 멀티미디어제작

[시험시간: 40분] 1/3

※ Gom Pic for DIAT 프로그램을 활용하여 [문제 1], [문제 2]를 작업하시오.

【문제 1】 원본 파일을 처리조건에 따라 결과파일로 완성하시오. (50점)

| 원본 파일 | 결과 파일 |

《처리조건》

▶ 다음과 같이 캔버스를 설정하시오.
  • 크기 ⇒ 너비(650 픽셀) × 높이(350 픽셀)

▶ '사진1.jpg' 이미지를 불러와 기존 캔버스에 복사한 후 다음과 같이 처리하시오.
  • 이미지 복사 ⇒ 크기 변형으로 캔버스 크기에 맞게 변형, 레이어 이름 - Green
  • 필터 효과 ⇒ 선명하게를 이용하여 이미지 조정(양 : 6)
  • ① ⇒ 올가미 선택을 이용하여 이미지 제거
  • ② ⇒ 흑백을 이용하여 회색 계열로 조정

▶ 도형 도구를 이용하여 다음과 같이 처리하시오.
  • ③ ⇒ 사각형(크기 : 35 × 350), 채우기(색상 : 00A4FF), 혼합모드(색 회피율, 불투명도 : 75)

▶ 지시사항이 없는 경우는 기본 값을 적용하시오.

이미지 파일 저장	① [파일]-[내보내기]를 눌러서 저장 ② 저장위치 : [바탕화면]-[KAIT]-[제출파일]	
이미지 파일명	JPG	dpi_01_수검번호(6자리)_성명
	GPDP	dpi_01_수검번호(6자리)_성명

※ 예시 : 수검번호가 DPI-XXXX-123456인 경우 "dpi_01_123456_성명"으로 저장할 것

※ 'JPG'와 'GPDP' 파일 중 하나라도 누락하여 저장할 시에는 "0점" 처리됩니다.

디지털정보활용능력 : 멀티미디어제작

【문제 2】 원본 파일을 처리조건에 따라 결과파일로 완성하시오. (80점)

원본 파일	결과 파일
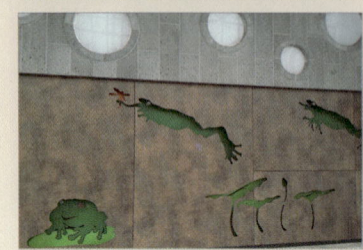	

《처리조건》

▶ 다음과 같이 캔버스를 설정하시오.
  • 크기 ⇒ 너비(650 픽셀) × 높이(450 픽셀)   • 배경 ⇒ 색상 : (88E500)

▶ '사진2.jpg' 이미지를 불러와 기존 캔버스에 복사한 후 다음과 같이 처리하시오.
  • 이미지 복사 ⇒ 레이어 마스크 설정, 세로 방향으로 흐릿하게

▶ 도형 도구와 텍스트를 이용하여 다음과 같이 처리하시오.
  • ① ⇒ 모서리가 둥근 사각형(크기 : 420 × 60), 그라데이션(색상 : FFCC00 - FF0000)
  • 도심 속의 초록을 찾아서! ⇒ 글꼴(맑은 고딕), 글꼴 스타일(굵게), 크기(22pt), 채우기(색상 : 053E0A),
          외곽선(두께 : 3px, 색상 : FFFFFF)

▶ 도형 도구와 '사진3.jpg'를 이용하여 클리핑 마스크를 생성하시오.
  • ② ⇒ 사각형(크기 : 180 × 130), 외곽선(두께 : 5px, 색상 : FF9700),
        그림자(두께 : 15px, 거리 : 20px, 분산도 : 1px, 각도 : 135°)

▶ 지시사항이 없는 경우는 기본 값을 적용하시오.

이미지 파일 저장	① [파일]-[내보내기]를 눌러서 저장 ② 저장위치 : [바탕화면]-[KAIT]-[제출파일]	
이미지 파일명	JPG	dpi_02_수검번호(6자리)_성명
	GPDP	dpi_02_수검번호(6자리)_성명

※ 예시 : 수검번호가 DPI-XXXX-123456인 경우 "dpi_02_123456_성명"으로 저장할 것

※ 'JPG'와 'GPDP' 파일 중 하나라도 누락하여 저장할 시에는 "0점" 처리됩니다.

디지털정보활용능력 : 멀티미디어제작 [시험시간: 40분] 3/3

※ GOM Mix for DIAT 프로그램을 활용하여 [문제 3]을 작업하시오.

【문제 3】 처리조건에 따라 출력형태와 같이 완성하시오. (70점)

《출력형태》

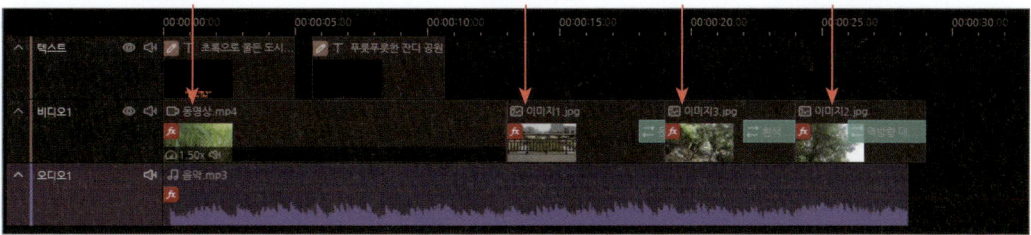

《처리조건》

원본 파일	이미지1.jpg, 이미지2.jpg, 이미지3.jpg, 동영상.mp4, 음악.mp3

▶ 미디어 소스의 순서를 다음과 같이 지정하시오.
  • 미디어 소스 순서 ⇒ 동영상.mp4 > 이미지1.jpg > 이미지3.jpg > 이미지2.jpg

▶ 동영상 파일('동영상.mp4')을 다음과 같이 처리하시오.
  • 배속 : 1.5x   • 자르기 : 시작 시간(0.00), 재생 시간(13.00)
  • 이펙트 : 변환-노이즈 페이드(나타나는 : 2.0, 사라지는 : 3.0)
  • 텍스트 ⇒ 텍스트 입력 : 푸릇푸릇한 잔디 공원
           텍스트 서식 : 기본 자막(궁서체, 크기 110, f700da), 윤곽선 설정(없음)
           위치 설정(화면 정가운데 아래), 시작 시간(5.20), 클립 길이(5.00)
  • 재생 속도 설정 후 자르기를 하여야 하며, 잘라진 뒷부분의 동영상 및 트랙의 모든 공백을 삭제할 것
  • 원본 동영상에 포함된 오디오는 모두 음소거 할 것

▶ 이미지 파일을 다음과 같이 처리하시오.
  • '이미지1.jpg' ⇒ 이미지 클립 길이 : 6.00, 오버레이 : 비누 방울(개수/양 : 6, 방울 속성 02 : 8),
           클립 트랜지션 : 문 열기(앞으로 이동, 재생 시간 : 1.00)
  • '이미지3.jpg' ⇒ 이미지 클립 길이 : 5.00, 오버레이 : 수면 아래 01(강도 : 73),
           클립 트랜지션 : 흰색 페이드(앞으로 이동, 재생 시간 : 2.00)
  • '이미지2.jpg' ⇒ 이미지 클립 길이 : 5.00, 오버레이 : 레디얼 라이트(크기 : 80),
           클립 트랜지션 : 역방향 대각선 블라인드(앞으로 이동, 재생 시간 : 3.00)
  • 지시사항이 없는 경우는 기본 값을 적용하시오.

▶ 다음 조건에 따라 동영상 시작 부분에 텍스트를 지정하시오.
  • 텍스트 입력 : 초록으로 물든 도시 (Green City)

  텍스트 서식(휴먼엑스포, 크기 120, c80000), 윤곽선 설정(색상 : f9ef98, 두께 : 35),
  나타나기(서서히 나타나기, 지속 시간 : 2.00), 시작 시간(0.00), 텍스트 클립 길이(5.00)

▶ 다음 조건에 따라 동영상 전체에 음악 파일('음악.mp3')을 삽입하시오.
  • 시작 시간 : 0.00, 재생 시간 : 28.10, 페이드 아웃 : 2.00
  • 재생 시간 설정 후 자르기 하여야 하며, 잘라진 뒷부분의 음악 파일은 삭제할 것

동영상 파일 저장	① [파일]-[프로젝트 전체저장]을 눌러서 저장 ② 저장위치 : [바탕화면]-[KAIT]-[제출파일]	
동영상 파일명	GMEP dpi_03_수검번호(6자리)_성명	※ 예시 : 수검번호가 DPI-XXXX-123456인 경우 "dpi_03_123456_성명"으로 저장할 것

※ 파일 확장자를 'GMDP'로 저장할 시에는 "0점" 처리됩니다.

곰픽 for DIAT/곰믹스 for DIAT

제20회 실전모의고사

▸ 시험과목 : 멀티미디어제작 (곰픽, 곰믹스)
▸ 시험일자 : 20XX. 00. 00.(토)
▸ 응시자 기재사항 및 감독위원 확인

| 수 검 번 호 | DPI - XXXX - | 감독위원 확인 |
| 성 명 | | |

응시자 유의사항

1. 응시자는 신분증을 지참하여야 시험에 응시할 수 있으며, 시험이 종료될 때까지 신분증을 제시하지 못 할 경우 해당 시험은 0점 처리됩니다.
2. 시스템(PC작동여부, 네트워크 상태 등)의 이상여부를 반드시 확인하여야 하며, 시스템 이상이 있을 시 감독위원에게 조치를 받으셔야 합니다.
3. 시험 중 부주의 또는 고의로 시스템을 파손한 경우는 응시자 부담으로 합니다.
4. 답안 전송 프로그램을 통해 다운로드 받은 파일을 이용하여 답안파일을 작성하시기 바랍니다.
5. 작성한 답안 파일은 답안 전송 프로그램을 통하여 전송됩니다. 감독위원의 지시에 따라 주시기 바랍니다.
6. 다음사항의 경우 실격(0점) 혹은 부정행위 처리됩니다.
   ① 답안파일을 저장하지 않았거나, 저장한 파일이 손상되었을 경우
   ② 답안파일을 지정된 폴더(바탕화면 "KAIT" 폴더)에 저장하지 않았을 경우
      ※ 답안 전송 프로그램 로그인 시 바탕화면에 자동 생성됨
   ③ 답안파일을 다른 보조 기억장치(USB) 혹은 네트워크(메신저, 게시판 등)로 전송할 경우
   ④ 휴대용 전화기 등 통신기기를 사용할 경우
7. **답안은 Gom Pic for DIAT와 Gom Mix for DIAT를 활용하여 작성하십시오.**
   ※ Gom Mix for DIAT는 'DIAT 시험 프로젝트 생성하기'로 진입하여 작성하십시오.
   ※ Gom Mix for DIAT 답안파일은 반드시 프로그램 전체저장으로 저장하십시오.(미준수시 0점 처리)
8. 시험지에 제시된 글꼴이 응시 프로그램에 없는 경우, 반드시 감독위원에게 해당 내용을 통보한 뒤 조치를 받아야 합니다.
9. 시험의 완료는 작성이 완료된 답안을 저장하고, 답안 전송이 완료된 상태를 확인한 것으로 합니다. 답안 전송 확인 후 문제지는 감독위원에게 제출한 후 퇴실하여야 합니다.
10. 답안전송이 완료된 경우에는 수정 또는 정정이 불가능합니다.
11. 시험시행 후 문제 공개 및 합격자 발표는 홈페이지(www.ihd.or.kr)에서 확인하시기 바랍니다.
    ① 문제 및 모범답안 공개 : 20XX. XX. XX.(X)
    ② 합격자 발표 : 20XX. XX. XX.(X)

디지털정보활용능력 : 멀티미디어제작

[시험시간: 40분]

※ Gom Pic for DIAT 프로그램을 활용하여 [문제 1], [문제 2]를 작업하시오.

【문제 1】 원본 파일을 처리조건에 따라 결과파일로 완성하시오. (50점)

원본 파일	결과 파일

《처리조건》

▶ 다음과 같이 캔버스를 설정하시오.
  • 크기 ⇒ 너비(650 픽셀) × 높이(350 픽셀)

▶ '사진1.jpg' 이미지를 불러와 기존 캔버스에 복사한 후 다음과 같이 처리하시오.
  • 이미지 복사 ⇒ 크기 변형으로 캔버스 크기에 맞게 변형, 레이어 이름 – Train
  • 필터 효과 ⇒ 픽셀효과를 이용하여 이미지 조정(셀 크기 : 2)
  • ① ⇒ 복제 도장을 이용하여 이미지 복사
  • ② ⇒ 세피아를 이용하여 보라색 계열로 조정

▶ 도형 도구를 이용하여 다음과 같이 처리하시오.
  • ③ ⇒ 사각형(크기 : 160 × 48), 채우기(색상 : B1002C), 혼합모드(곱하기, 불투명도 : 52)

▶ 지시사항이 없는 경우는 기본 값을 적용하시오.

이미지 파일 저장	① [파일]-[내보내기]를 눌러서 저장 ② 저장위치 : [바탕화면]-[KAIT]-[제출파일]	
이미지 파일명	JPG	dpi_01_수검번호(6자리)_성명
	GPDP	dpi_01_수검번호(6자리)_성명

※ 예시 : 수검번호가 DPI-XXXX-123456인 경우 "dpi_01_123456_성명"으로 저장할 것

※ 'JPG'와 'GPDP' 파일 중 하나라도 누락하여 저장할 시에는 "0점" 처리됩니다.

디지털정보활용능력 : 멀티미디어제작

[시험시간: 40분]

【문제 2】 원본 파일을 처리조건에 따라 결과파일로 완성하시오. (80점)

원본 파일	결과 파일

《처리조건》

▶ 다음과 같이 캔버스를 설정하시오.
 • 크기 ⇒ 너비(650 픽셀) × 높이(450 픽셀)   • 배경 ⇒ 색상 : (6B6B6B)

▶ '사진2.jpg' 이미지를 불러와 기존 캔버스에 복사한 후 다음과 같이 처리하시오.
 • 이미지 복사 ⇒ 레이어 마스크 설정, 가로 방향으로 흐릿하게

▶ 도형 도구와 텍스트를 이용하여 다음과 같이 처리하시오.
 • ① ⇒ 사각형(크기 : 275 × 55), 그라데이션(색상 : 3C6BFF - FF00FC)
 • 증기 기관차 Mika ⇒ 글꼴(궁서체), 글꼴 스타일(밑줄), 크기(22pt), 채우기(색상 : 2E2121),
   외곽선(두께 : 3px, 색상 : FFFF00)

▶ 도형 도구와 '사진3.jpg'를 이용하여 클리핑 마스크를 생성하시오.
 • ② ⇒ 모서리가 둥근 사각형(크기 : 150 × 150), 외곽선(두께 : 10px, 색상 : AC00BB),
   그림자(두께 : 10px, 거리 : 5px, 분산도 : 5px, 각도 : 320°)

▶ 지시사항이 없는 경우는 기본 값을 적용하시오.

이미지 파일 저장	① [파일]-[내보내기]를 눌러서 저장 ② 저장위치 : [바탕화면]-[KAIT]-[제출파일]	
이미지 파일명	JPG	dpi_02_수검번호(6자리)_성명	※ 예시 : 수검번호가 DPI-XXXX-123456인 경우 "dpi_02_123456_성명"으로 저장할 것
	GPDP	dpi_02_수검번호(6자리)_성명	

※ 'JPG'와 'GPDP' 파일 중 하나라도 누락하여 저장할 시에는 "0점" 처리됩니다.

디지털정보활용능력 : 멀티미디어제작　　[시험시간: 40분]

※ GOM Mix for DIAT 프로그램을 활용하여 [문제 3]을 작업하시오.

【문제 3】 처리조건에 따라 출력형태와 같이 완성하시오. (70점)

《출력형태》

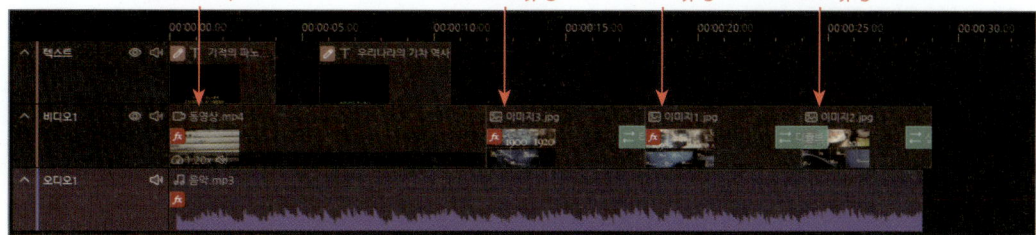

《처리조건》

원본 파일	이미지1.jpg, 이미지2.jpg, 이미지3.jpg, 동영상.mp4, 음악.mp3

▶ 미디어 소스의 순서를 다음과 같이 지정하시오.
　• 미디어 소스 순서 ⇒ 동영상.mp4 > 이미지3.jpg > 이미지1.jpg > 이미지2.jpg

▶ 동영상 파일('동영상.mp4')을 다음과 같이 처리하시오.
　• 배속 : 1.2x　　　　　　• 자르기 : 시작 시간(0.00), 재생 시간(12.00)
　• 이펙트 : 이미지 보정-그런지 스탬프(강도 : 20, 경곗값 : 30)
　• 텍스트 ⇒ 텍스트 입력 : ┌ 우리나라의 기차 역사 ┐
　　　　　텍스트 서식 : 기본 자막(휴먼엑스포, 크기 120, 00fff3), 윤곽선 설정(없음)
　　　　　위치 설정(화면 정가운데 아래), 시작 시간(5.20), 클립 길이(5.00)
　• 재생 속도 설정 후 자르기를 하여야 하며, 잘라진 뒷부분의 동영상 및 트랙의 모든 공백을 삭제할 것
　• 원본 동영상에 포함된 오디오는 모두 음소거 할 것

▶ 이미지 파일을 다음과 같이 처리하시오.
　• '이미지3.jpg' ⇒ 이미지 클립 길이 : 6.00, 오버레이 : 가우스(강도 : 40, 속도 : 6),
　　　　　　　　　클립 트랜지션 : 타원 닫기(앞으로 이동, 재생 시간 : 1.00)
　• '이미지1.jpg' ⇒ 이미지 클립 길이 : 6.00, 오버레이 : 좋아요(개수/양 : 30),
　　　　　　　　　클립 트랜지션 : 디졸브(오버랩, 재생 시간 : 2.00)
　• '이미지2.jpg' ⇒ 이미지 클립 길이 : 5.00, 오버레이 : 가랜드(줄 색상 : fe00ba),
　　　　　　　　　클립 트랜지션 : 십자형 나누기(앞으로 이동, 재생 시간 : 1.00)
　• 지시사항이 없는 경우는 기본 값을 적용하시오.

▶ 다음 조건에 따라 동영상 시작 부분에 텍스트를 지정하시오.
　• 텍스트 입력 : ┌ 기적의 파노라마 ┐
　　　　　　　　└ (Panorama of whistle) ┘
　　텍스트 서식(휴먼옛체, 크기 150, 000000), 윤곽선 설정(색상 : ffff02, 두께 : 25),
　　나타나기(회전하며 나타나기, 지속 시간 : 2.00), 시작 시간(0.00), 텍스트 클립 길이(4.00)

▶ 다음 조건에 따라 동영상 전체에 음악 파일('음악.mp3')을 삽입하시오.
　• 시작 시간 : 0.00, 재생 시간 : 28.20, 페이드 아웃 : 2.00
　• 재생 시간 설정 후 자르기 하여야 하며, 잘라진 뒷부분의 음악 파일은 삭제할 것

동영상 파일 저장	① [파일]-[프로젝트 전체저장]을 눌러서 저장 ② 저장위치 : [바탕화면]-[KAIT]-[제출파일]		
동영상 파일명	GMEP	dpi_03_수검번호(6자리)_성명	※ 예시 : 수검번호가 DPI-XXXX-123456인 경우 "dpi_03_123456_성명"으로 저장할 것

※ 파일 확장자를 'GMDP'로 저장할 시에는 "0점" 처리됩니다.

제21회 실전모의고사

곰픽 for DIAT/곰믹스 for DIAT

▶ 시험과목 : 멀티미디어제작 (곰픽, 곰믹스)
▶ 시험일자 : 20XX. 00. 00.(토)
▶ 응시자 기재사항 및 감독위원 확인

수 검 번 호	DPI - XXXX -	감독위원 확인
성 명		

응시자 유의사항

1. 응시자는 신분증을 지참하여야 시험에 응시할 수 있으며, 시험이 종료될 때까지 신분증을 제시하지 못 할 경우 해당 시험은 0점 처리됩니다.
2. 시스템(PC작동여부, 네트워크 상태 등)의 이상여부를 반드시 확인하여야 하며, 시스템 이상이 있을 시 감독위원에게 조치를 받으셔야 합니다.
3. 시험 중 부주의 또는 고의로 시스템을 파손한 경우는 응시자 부담으로 합니다.
4. 답안 전송 프로그램을 통해 다운로드 받은 파일을 이용하여 답안파일을 작성하시기 바랍니다.
5. 작성한 답안 파일은 답안 전송 프로그램을 통하여 전송됩니다. 감독위원의 지시에 따라 주시기 바랍니다.
6. 다음사항의 경우 실격(0점) 혹은 부정행위 처리됩니다.
   ① 답안파일을 저장하지 않았거나, 저장한 파일이 손상되었을 경우
   ② 답안파일을 지정된 폴더(바탕화면 "KAIT" 폴더)에 저장하지 않았을 경우
      ※ 답안 전송 프로그램 로그인 시 바탕화면에 자동 생성됨
   ③ 답안파일을 다른 보조 기억장치(USB) 혹은 네트워크(메신저, 게시판 등)로 전송할 경우
   ④ 휴대용 전화기 등 통신기기를 사용할 경우
7. **답안은 Gom Pic for DIAT와 Gom Mix for DIAT를 활용하여 작성하십시오.**
   ※ Gom Mix for DIAT는 'DIAT 시험 프로젝트 생성하기'로 진입하여 작성하십시오.
   ※ Gom Mix for DIAT 답안파일은 반드시 프로그램 전체저장으로 저장하십시오.(미준수시 0점 처리)
8. 시험지에 제시된 글꼴이 응시 프로그램에 없는 경우, 반드시 감독위원에게 해당 내용을 통보한 뒤 조치를 받아야 합니다.
9. 시험의 완료는 작성이 완료된 답안을 저장하고, 답안 전송이 완료된 상태를 확인한 것으로 합니다. 답안 전송 확인 후 문제지는 감독위원에게 제출한 후 퇴실하여야 합니다.
10. 답안전송이 완료된 경우에는 수정 또는 정정이 불가능합니다.
11. 시험시행 후 문제 공개 및 합격자 발표는 홈페이지(www.ihd.or.kr)에서 확인하시기 바랍니다.
    ① 문제 및 모범답안 공개 : 20XX. XX. XX.(X)
    ② 합격자 발표 : 20XX. XX. XX.(X)

디지털정보활용능력 : 멀티미디어제작

[시험시간: 40분] 1/3

※ Gom Pic for DIAT 프로그램을 활용하여 [문제 1], [문제 2]를 작업하시오.

【문제 1】 원본 파일을 처리조건에 따라 결과파일로 완성하시오. (50점)

원본 파일	결과 파일

《처리조건》

▶ 다음과 같이 캔버스를 설정하시오.
  • 크기 ⇒ 너비(650 픽셀) × 높이(350 픽셀)

▶ '사진1.jpg' 이미지를 불러와 기존 캔버스에 복사한 후 다음과 같이 처리하시오.
  • 이미지 복사 ⇒ 크기 변형으로 캔버스 크기에 맞게 변형, 레이어 이름 – Penguin
  • 밝기 조정 ⇒ 노출을 이용하여 이미지 조정(노출 : 33)
  • ① ⇒ 올가미 선택을 이용하여 이미지 복사
  • ② ⇒ 색조/채도를 이용하여 빨간색 계열로 조정

▶ 도형 도구를 이용하여 다음과 같이 처리하시오.
  • ③ ⇒ 모서리가 둥근 사각형(크기 : 630 × 20), 채우기(색상 : 55FF4F), 혼합모드(중첩, 불투명도 : 75)

▶ 지시사항이 없는 경우는 기본 값을 적용하시오.

이미지 파일 저장	① [파일]-[내보내기]를 눌러서 저장 ② 저장위치 : [바탕화면]-[KAIT]-[제출파일]	
이미지 파일명	JPG	dpi_01_수검번호(6자리)_성명	※ 예시 : 수검번호가 DPI-XXXX-123456인 경우 "dpi_01_123456_성명"으로 저장할 것
	GPDP	dpi_01_수검번호(6자리)_성명	

※ 'JPG'와 'GPDP' 파일 중 하나라도 누락하여 저장할 시에는 "0점" 처리됩니다.

디지털정보활용능력 : 멀티미디어제작

[시험시간: 40분]

【문제 2】 원본 파일을 처리조건에 따라 결과파일로 완성하시오. (80점)

원본 파일	결과 파일

《처리조건》

▶ 다음과 같이 캔버스를 설정하시오.
  • 크기 ⇒ 너비(650 픽셀) × 높이(450 픽셀)   • 배경 ⇒ 색상 : (0A0583)

▶ '사진2.jpg' 이미지를 불러와 기존 캔버스에 복사한 후 다음과 같이 처리하시오.
  • 이미지 복사 ⇒ 레이어 마스크 설정, 가로 방향으로 흐릿하게

▶ 도형 도구와 텍스트를 이용하여 다음과 같이 처리하시오.
  • ① ⇒ 원형/타원형(크기 : 150 × 150), 그라데이션(색상 : 00FFF0 - CFFF3F)
  • 겨울 마을 ⇒ 글꼴(굴림), 글꼴 스타일(굵게), 크기(28pt), 채우기(색상 : FC60B4),
         외곽선(두께 : 6px, 색상 : 5B104D)

▶ 도형 도구와 '사진3.jpg'를 이용하여 클리핑 마스크를 생성하시오.
  • ② ⇒ 사각형(크기 : 250 × 130), 외곽선(두께 : 5px, 색상 : 05FFB3),
       그림자(두께 : 10px, 거리 : 10px, 분산도 : 10px, 각도 : 320°)

▶ 지시사항이 없는 경우는 기본 값을 적용하시오.

이미지 파일 저장	① [파일]-[내보내기]를 눌러서 저장 ② 저장위치 : [바탕화면]-[KAIT]-[제출파일]	
이미지 파일명	JPG	dpi_02_수검번호(6자리)_성명
	GPDP	dpi_02_수검번호(6자리)_성명

※ 예시 : 수검번호가 DPI-XXXX-123456인 경우 "dpi_02_123456_성명"으로 저장할 것

※ 'JPG'와 'GPDP' 파일 중 하나라도 누락하여 저장할 시에는 "0점" 처리됩니다.

디지털정보활용능력 : 멀티미디어제작

[시험시간: 40분] 3/3

※ GOM Mix for DIAT 프로그램을 활용하여 [문제 3]을 작업하시오.

【문제 3】 처리조건에 따라 출력형태와 같이 완성하시오. (70점)

《출력형태》

동영상.mp4, 이미지2.jpg, 이미지3.jpg, 이미지1.jpg

《처리조건》

원본 파일	이미지1.jpg, 이미지2.jpg, 이미지3.jpg, 동영상.mp4, 음악.mp3

▶ 미디어 소스의 순서를 다음과 같이 지정하시오.
  • 미디어 소스 순서 ⇒ 동영상.mp4 > 이미지2.jpg > 이미지3.jpg > 이미지1.jpg

▶ 동영상 파일('동영상.mp4')을 다음과 같이 처리하시오.
  • 배속 : 1.3x   • 자르기 : 시작 시간(0.00), 재생 시간(12.20)
  • 이펙트 : 이미지 보정-그런지 스탬프(강도 : 10, 경곗값 : 20)
  • 텍스트 ⇒ 텍스트 입력 : 겨울 나라 동물들
           텍스트 서식 : 기본 자막(돋움체, 크기 124, fbe31e), 윤곽선 설정(없음)
           위치 설정(화면 정가운데 아래), 시작 시간(5.10), 클립 길이(5.00)
  • 재생 속도 설정 후 자르기를 하여야 하며, 잘라진 뒷부분의 동영상 및 트랙의 모든 공백을 삭제할 것
  • 원본 동영상에 포함된 오디오는 모두 음소거 할 것

▶ 이미지 파일을 다음과 같이 처리하시오.
  • '이미지2.jpg' ⇒ 이미지 클립 길이 : 6.00, 오버레이 : 흩날림(개수/양 : 90),
                클립 트랜지션 : 가로 나누기(오버랩, 재생 시간 : 3.00)
  • '이미지3.jpg' ⇒ 이미지 클립 길이 : 7.00, 오버레이 : 영롱한(크기 15),
                클립 트랜지션 : 세로 나누기(오버랩, 재생 시간 : 1.00)
  • '이미지1.jpg' ⇒ 이미지 클립 길이 : 6.00, 오버레이 : 스페이스 01(속도 : 8),
                클립 트랜지션 : 디졸브(앞으로 이동, 재생 시간 : 2.00)
  • 지시사항이 없는 경우는 기본 값을 적용하시오.

▶ 다음 조건에 따라 동영상 시작 부분에 텍스트를 지정하시오.
  • 텍스트 입력 : 이글루와 북극곰
              (Igloos And Polar Bears)

  텍스트 서식(휴먼엑스포, 크기 120, fcdf35), 윤곽선 설정(색상 : 2c51fd, 두께 : 40),
  나타나기(클립 왼쪽에서 나타나기, 지속 시간 : 2.00), 시작 시간(0.00), 텍스트 클립 길이(4.00)

▶ 다음 조건에 따라 동영상 전체에 음악 파일('음악.mp3')을 삽입하시오.
  • 시작 시간 : 0.00, 재생 시간 : 31.10, 페이드 아웃 : 2.00
  • 재생 시간 설정 후 자르기 하여야 하며, 잘라진 뒷부분의 음악 파일은 삭제할 것

동영상 파일 저장	① [파일]-[프로젝트 전체저장]을 눌러서 저장 ② 저장위치 : [바탕화면]-[KAIT]-[제출파일]	
동영상 파일명	GMEP dpi_03_수검번호(6자리)_성명	※ 예시 : 수검번호가 DPI-XXXX-123456인 경우 "dpi_03_123456_성명"으로 저장할 것

※ 파일 확장자를 'GMDP'로 저장할 시에는 "0점" 처리됩니다.

제22회 실전모의고사

▶ 시험과목 : 멀티미디어제작 (곰픽, 곰믹스)
▶ 시험일자 : 20XX. 00. 00.(토)
▶ 응시자 기재사항 및 감독위원 확인

수검번호	DPI - XXXX -	감독위원 확인
성 명		

응시자 유의사항

1. 응시자는 신분증을 지참하여야 시험에 응시할 수 있으며, 시험이 종료될 때까지 신분증을 제시하지 못 할 경우 해당 시험은 0점 처리됩니다.
2. 시스템(PC작동여부, 네트워크 상태 등)의 이상여부를 반드시 확인하여야 하며, 시스템 이상이 있을 시 감독위원에게 조치를 받으셔야 합니다.
3. 시험 중 부주의 또는 고의로 시스템을 파손한 경우는 응시자 부담으로 합니다.
4. 답안 전송 프로그램을 통해 다운로드 받은 파일을 이용하여 답안파일을 작성하시기 바랍니다.
5. 작성한 답안 파일은 답안 전송 프로그램을 통하여 전송됩니다. 감독위원의 지시에 따라 주시기 바랍니다.
6. 다음사항의 경우 실격(0점) 혹은 부정행위 처리됩니다.
   ❶ 답안파일을 저장하지 않았거나, 저장한 파일이 손상되었을 경우
   ❷ 답안파일을 지정된 폴더(바탕화면 "KAIT" 폴더)에 저장하지 않았을 경우
      ※ 답안 전송 프로그램 로그인 시 바탕화면에 자동 생성됨
   ❸ 답안파일을 다른 보조 기억장치(USB) 혹은 네트워크(메신저, 게시판 등)로 전송할 경우
   ❹ 휴대용 전화기 등 통신기기를 사용할 경우
7. **답안은 Gom Pic for DIAT와 Gom Mix for DIAT를 활용하여 작성하십시오.**
   ※ Gom Mix for DIAT는 'DIAT 시험 프로젝트 생성하기'로 진입하여 작성하십시오.
   ※ Gom Mix for DIAT 답안파일은 반드시 프로그램 전체저장으로 저장하십시오.(미준수시 0점 처리)
8. 시험지에 제시된 글꼴이 응시 프로그램에 없는 경우, 반드시 감독위원에게 해당 내용을 통보한 뒤 조치를 받아야 합니다.
9. 시험의 완료는 작성이 완료된 답안을 저장하고, 답안 전송이 완료된 상태를 확인한 것으로 합니다. 답안 전송 확인 후 문제지는 감독위원에게 제출한 후 퇴실하여야 합니다.
10. 답안전송이 완료된 경우에는 수정 또는 정정이 불가능합니다.
11. 시험시행 후 문제 공개 및 합격자 발표는 홈페이지(www.ihd.or.kr)에서 확인하시기 바랍니다.
    ❶ 문제 및 모범답안 공개 : 20XX. XX. XX.(X)
    ❷ 합격자 발표 : 20XX. XX. XX.(X)

디지털정보활용능력 : 멀티미디어제작

[시험시간: 40분] 1/3

※ Gom Pic for DIAT 프로그램을 활용하여 [문제 1], [문제 2]를 작업하시오.

【문제 1】 원본 파일을 처리조건에 따라 결과파일로 완성하시오. (50점)

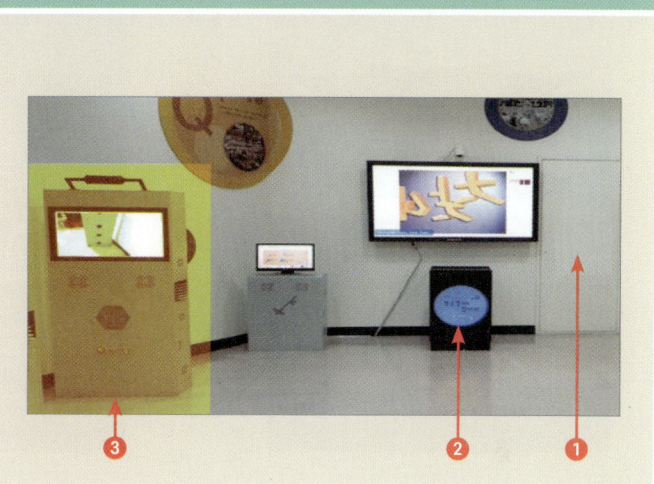

| 원본 파일 | 결과 파일 |

《처리조건》

▶ 다음과 같이 캔버스를 설정하시오.
- 크기 ⇒ 너비(650 픽셀) × 높이(350 픽셀)

▶ '사진1.jpg' 이미지를 불러와 기존 캔버스에 복사한 후 다음과 같이 처리하시오.
- 이미지 복사 ⇒ 크기 변형으로 캔버스 크기에 맞게 변형, 레이어 이름 - National
- 밝기 조정 ⇒ 감마를 이용하여 이미지 조정(어두운 영역 : 1.20, 미드톤 : 1.20, 밝은 영역 : 1.20)
- ① ⇒ 올가미 선택을 이용하여 이미지 제거
- ② ⇒ 색조/채도를 이용하여 파란색 계열로 조정

▶ 도형 도구를 이용하여 다음과 같이 처리하시오.
- ③ ⇒ 사각형(크기 : 200 × 275), 채우기(색상 : FF9100), 혼합모드(글로우, 불투명도 : 55)

▶ 지시사항이 없는 경우는 기본 값을 적용하시오.

이미지 파일 저장	① [파일]-[내보내기]를 눌러서 저장 ② 저장위치 : [바탕화면]-[KAIT]-[제출파일]	
이미지 파일명	JPG	dpi_01_수검번호(6자리)_성명	※ 예시 : 수검번호가 DPI-XXXX-123456인 경우 "dpi_01_123456_성명"으로 저장할 것
	GPDP	dpi_01_수검번호(6자리)_성명	

※ 'JPG'와 'GPDP' 파일 중 하나라도 누락하여 저장할 시에는 "0점" 처리됩니다.

디지털정보활용능력 : 멀티미디어제작

[시험시간: 40분]

【문제 2】 원본 파일을 처리조건에 따라 결과파일로 완성하시오. (80점)

원본 파일	결과 파일

《처리조건》

▶ 다음과 같이 캔버스를 설정하시오.
  • 크기 ⇒ 너비(650 픽셀) × 높이(450 픽셀)   • 배경 ⇒ 색상 : (6BACF5)

▶ '사진2.jpg' 이미지를 불러와 기존 캔버스에 복사한 후 다음과 같이 처리하시오.
  • 이미지 복사 ⇒ 레이어 마스크 설정, 세로 방향으로 흐릿하게

▶ 도형 도구와 텍스트를 이용하여 다음과 같이 처리하시오.
  • ① ⇒ 사각형(크기 : 430 × 60), 그라데이션(색상 : D900FF - ADE600)
  • 보훈의 성지, 민족의 성역 ⇒ 글꼴(궁서), 글꼴 스타일(굵게), 크기(24pt), 채우기(색상 : CFFF00),
            외곽선(두께 : 4px, 색상 : 0F0F0F)

▶ 도형 도구와 '사진3.jpg'를 이용하여 클리핑 마스크를 생성하시오.
  • ② ⇒ 원형/타원형(크기 : 130 × 130), 외곽선(두께 : 5px, 색상 : 8910FB),
       그림자(두께 : 15px, 거리 : 15px, 분산도 : 3px, 각도 : 180˚)

▶ 지시사항이 없는 경우는 기본 값을 적용하시오.

이미지 파일 저장	① [파일]-[내보내기]를 눌러서 저장 ② 저장위치 : [바탕화면]-[KAIT]-[제출파일]		
이미지 파일명	JPG	dpi_02_수검번호(6자리)_성명	※ 예시 : 수검번호가 DPI-XXXX-123456인 경우 "dpi_02_123456_성명"으로 저장할 것
	GPDP	dpi_02_수검번호(6자리)_성명	

※ 'JPG'와 'GPDP' 파일 중 하나라도 누락하여 저장할 시에는 "0점" 처리됩니다.

디지털정보활용능력 : 멀티미디어제작 [시험시간: 40분]

※ GOM Mix for DIAT 프로그램을 활용하여 [문제 3]을 작업하시오.

【문제 3】 처리조건에 따라 출력형태와 같이 완성하시오. (70점)

《출력형태》

동영상.mp4 / 이미지2.jpg / 이미지3.jpg / 이미지1.jpg

《처리조건》

원본 파일	이미지1.jpg, 이미지2.jpg, 이미지3.jpg, 동영상.mp4, 음악.mp3

▶ 미디어 소스의 순서를 다음과 같이 지정하시오.
- 미디어 소스 순서 ⇒ 동영상.mp4 > 이미지2.jpg > 이미지3.jpg > 이미지1.jpg

▶ 동영상 파일('동영상.mp4')을 다음과 같이 처리하시오.
- 배속 : 1.5x
- 자르기 : 시작 시간(0.00), 재생 시간(14.20)
- 이펙트 : LUT 필터-카메라 필름-카메라 필름 07(노출 : 6, 감마 : 0.6)
- 텍스트 ⇒ 텍스트 입력 : 국가와 민족을 위해 희생하다
  텍스트 서식 : 기본 자막(휴먼옛체, 크기 100, ed5dd9), 윤곽선 설정(없음)
  위치 설정(화면 정가운데 아래), 시작 시간(5.00), 클립 길이(5.00)
- 재생 속도 설정 후 자르기를 하여야 하며, 잘라진 뒷부분의 동영상 및 트랙의 모든 공백을 삭제할 것
- 원본 동영상에 포함된 오디오는 모두 음소거 할 것

▶ 이미지 파일을 다음과 같이 처리하시오.
- '이미지2.jpg' ⇒ 이미지 클립 길이 : 6.00, 오버레이 : 사각 비넷(페더 : 80),
  클립 트랜지션 : 가로 나누기(오버랩, 재생 시간 : 2.00)
- '이미지3.jpg' ⇒ 이미지 클립 길이 : 6.00, 오버레이 : 영롱한(크기 : 15, 밝기 강도 : 50)
  클립 트랜지션 : 문 열기(뒤로 이동, 재생 시간 : 1.00)
- '이미지1.jpg' ⇒ 이미지 클립 길이 : 5.00, 오버레이 : 스페이스 01(속도 : 10),
  클립 트랜지션 : 문 닫기(앞으로 이동, 재생 시간 : 1.00)
- 지시사항이 없는 경우는 기본 값을 적용하시오.

▶ 다음 조건에 따라 동영상 시작 부분에 텍스트를 지정하시오.
- 텍스트 입력 : 국립대전현충원 (Daejeon National Cemetery)

  텍스트 서식(휴먼엑스포, 크기 120, fbe31e), 윤곽선 설정(색상 : 000000, 두께 : 20),
  나타나기(커지면서 나타나기, 지속 시간 : 2.00), 시작 시간(0.00), 텍스트 클립 길이(3.00)

▶ 다음 조건에 따라 동영상 전체에 음악 파일('음악.mp3')을 삽입하시오.
- 시작 시간 : 0.00, 재생 시간 : 30.10, 페이드 아웃 : 3.00
- 재생 시간 설정 후 자르기 하여야 하며, 잘라진 뒷부분의 음악 파일은 삭제할 것

동영상 파일 저장	① [파일]-[프로젝트 전체저장]을 눌러서 저장 ② 저장위치 : [바탕화면]-[KAIT]-[제출파일]	
동영상 파일명	GMEP	dpi_03_수검번호(6자리)_성명	※ 예시 : 수검번호가 DPI-XXXX-123456인 경우 "dpi_03_123456_성명"으로 저장할 것

※ 파일 확장자를 'GMDP'로 저장할 시에는 "0점" 처리됩니다.

곰픽 for DIAT/곰믹스 for DIAT

제23회 실전모의고사

▷ 시험과목 : 멀티미디어제작 (곰픽, 곰믹스)
▷ 시험일자 : 20XX. 00. 00.(토)
▷ 응시자 기재사항 및 감독위원 확인

| 수 검 번 호 | DPI - XXXX - | 감독위원 확인 |
| 성 명 | | |

응시자 유의사항

1. 응시자는 신분증을 지참하여야 시험에 응시할 수 있으며, 시험이 종료될 때까지 신분증을 제시하지 못 할 경우 해당 시험은 0점 처리됩니다.
2. 시스템(PC작동여부, 네트워크 상태 등)의 이상여부를 반드시 확인하여야 하며, 시스템 이상이 있을 시 감독위원에게 조치를 받으셔야 합니다.
3. 시험 중 부주의 또는 고의로 시스템을 파손한 경우는 응시자 부담으로 합니다.
4. 답안 전송 프로그램을 통해 다운로드 받은 파일을 이용하여 답안파일을 작성하시기 바랍니다.
5. 작성한 답안 파일은 답안 전송 프로그램을 통하여 전송됩니다. 감독위원의 지시에 따라 주시기 바랍니다.
6. 다음사항의 경우 실격(0점) 혹은 부정행위 처리됩니다.
   ❶ 답안파일을 저장하지 않았거나, 저장한 파일이 손상되었을 경우
   ❷ 답안파일을 지정된 폴더(바탕화면 "KAIT" 폴더)에 저장하지 않았을 경우
     ※ 답안 전송 프로그램 로그인 시 바탕화면에 자동 생성됨
   ❸ 답안파일을 다른 보조 기억장치(USB) 혹은 네트워크(메신저, 게시판 등)로 전송할 경우
   ❹ 휴대용 전화기 등 통신기기를 사용할 경우
7. **답안은 Gom Pic for DIAT와 Gom Mix for DIAT를 활용하여 작성하십시오.**
   ※ Gom Mix for DIAT는 'DIAT 시험 프로젝트 생성하기'로 진입하여 작성하십시오.
   ※ Gom Mix for DIAT 답안파일은 반드시 프로그램 전체저장으로 저장하십시오.(미준수시 0점 처리)
8. 시험지에 제시된 글꼴이 응시 프로그램에 없는 경우, 반드시 감독위원에게 해당 내용을 통보한 뒤 조치를 받아야 합니다.
9. 시험의 완료는 작성이 완료된 답안을 저장하고, 답안 전송이 완료된 상태를 확인한 것으로 합니다. 답안 전송 확인 후 문제지는 감독위원에게 제출한 후 퇴실하여야 합니다.
10. 답안전송이 완료된 경우에는 수정 또는 정정이 불가능합니다.
11. 시험시행 후 문제 공개 및 합격자 발표는 홈페이지(www.ihd.or.kr)에서 확인하시기 바랍니다.
    ❶ 문제 및 모범답안 공개 : 20XX. XX. XX.(X)
    ❷ 합격자 발표 : 20XX. XX. XX.(X)

디지털정보활용능력 : 멀티미디어제작

[시험시간: 40분]

※ Gom Pic for DIAT 프로그램을 활용하여 [문제 1], [문제 2]를 작업하시오.

[문제 1] 원본 파일을 처리조건에 따라 결과파일로 완성하시오. (50점)

원본 파일	결과 파일

《처리조건》

▶ 다음과 같이 캔버스를 설정하시오.
- 크기 ⇒ 너비(650 픽셀) × 높이(350 픽셀)

▶ '사진1.jpg' 이미지를 불러와 기존 캔버스에 복사한 후 다음과 같이 처리하시오.
- 이미지 복사 ⇒ 크기 변형으로 캔버스 크기에 맞게 변형, 레이어 이름 – Machine
- 필터 효과 ⇒ 선명하게를 이용하여 이미지 조정(양 : 7)
- ① ⇒ 올가미 선택을 이용하여 이미지 복사
- ② ⇒ 세피아를 이용하여 초록색 계열로 조정

▶ 도형 도구를 이용하여 다음과 같이 처리하시오.
- ③ ⇒ 모서리가 둥근 사각형(크기 : 40 × 220), 채우기(색상 : FFFF7F), 혼합모드(차이, 불투명도 : 77)

▶ 지시사항이 없는 경우는 기본 값을 적용하시오.

이미지 파일 저장	① [파일]-[내보내기]를 눌러서 저장 ② 저장위치 : [바탕화면]-[KAIT]-[제출파일]	
이미지 파일명	JPG	dpi_01_수검번호(6자리)_성명	※ 예시 : 수검번호가 DPI-XXXX-123456인 경우 "dpi_01_123456_성명"으로 저장할 것
	GPDP	dpi_01_수검번호(6자리)_성명	

※ 'JPG'와 'GPDP' 파일 중 하나라도 누락하여 저장할 시에는 "0점" 처리됩니다.

디지털정보활용능력 : 멀티미디어제작

[시험시간: 40분]

【문제 2】 원본 파일을 처리조건에 따라 결과파일로 완성하시오. (80점)

원본 파일	결과 파일

《처리조건》

▶ 다음과 같이 캔버스를 설정하시오.
- 크기 ⇒ 너비(650 픽셀) × 높이(450 픽셀)
- 배경 ⇒ 색상 : (C600FC)

▶ '사진2.jpg' 이미지를 불러와 기존 캔버스에 복사한 후 다음과 같이 처리하시오.
- 이미지 복사 ⇒ 레이어 마스크 설정, 대각선 방향으로 흐릿하게

▶ 도형 도구와 텍스트를 이용하여 다음과 같이 처리하시오.
- ① ⇒ 원형/타원형(크기 : 200 × 110), 그라데이션(색상 : F8E708 - FFFFFF)
- 증기기관 ⇒ 글꼴(궁서), 글꼴 스타일(굵게, 밑줄), 크기(24pt), 채우기(색상 : 5BFFDB), 외곽선(두께 : 5px, 색상 : 1B14AB)

▶ 도형 도구와 '사진3.jpg'를 이용하여 클리핑 마스크를 생성하시오.
- ② ⇒ 모서리가 둥근 사각형(크기 : 140 × 140), 외곽선(두께 : 8px, 색상 : A71958), 그림자(두께 : 20px, 거리 : 10px, 분산도 : 1px, 각도 : 320°)

▶ 지시사항이 없는 경우는 기본 값을 적용하시오.

이미지 파일 저장	① [파일]-[내보내기]를 눌러서 저장 ② 저장위치 : [바탕화면]-[KAIT]-[제출파일]	
이미지 파일명	JPG	dpi_02_수검번호(6자리)_성명
	GPDP	dpi_02_수검번호(6자리)_성명

※ 예시 : 수검번호가 DPI-XXXX-123456인 경우 "dpi_02_123456_성명"으로 저장할 것

※ 'JPG'와 'GPDP' 파일 중 하나라도 누락하여 저장할 시에는 "0점" 처리됩니다.

디지털정보활용능력 : 멀티미디어제작
[시험시간: 40분] 3/3

※ GOM Mix for DIAT 프로그램을 활용하여 [문제 3]을 작업하시오.

【문제 3】 처리조건에 따라 출력형태와 같이 완성하시오. (70점)

《출력형태》

동영상.mp4, 이미지3.jpg, 이미지2.jpg, 이미지1.jpg

《처리조건》

원본 파일	이미지1.jpg, 이미지2.jpg, 이미지3.jpg, 동영상.mp4, 음악.mp3

▶ 미디어 소스의 순서를 다음과 같이 지정하시오.
  • 미디어 소스 순서 ⇒ 동영상.mp4 > 이미지3.jpg > 이미지2.jpg > 이미지1.jpg

▶ 동영상 파일('동영상.mp4')을 다음과 같이 처리하시오.
  • 배속 : 1.3x   • 자르기 : 시작 시간(0.00), 재생 시간(12.00)
  • 이펙트 : 색상 보정-명도/대비(명도 : -30, 대비 : 55)
  • 텍스트 ⇒ 텍스트 입력 : 칙칙폭폭 칙칙폭폭
              텍스트 서식 : 기본 자막(궁서체, 크기 110, fff100), 윤곽선 설정(없음)
              위치 설정(화면 정가운데 아래), 시작 시간(5.20), 클립 길이(5.00)
  • 재생 속도 설정 후 자르기를 하여야 하며, 잘라진 뒷부분의 동영상 및 트랙의 모든 공백을 삭제할 것
  • 원본 동영상에 포함된 오디오는 모두 음소거 할 것

▶ 이미지 파일을 다음과 같이 처리하시오.
  • '이미지3.jpg' ⇒ 이미지 클립 길이 : 7.00, 오버레이 : 내려앉는(속도 : 9),
                  클립 트랜지션 : 위로 덮기(앞으로 이동, 재생 시간 : 1.00)
  • '이미지2.jpg' ⇒ 이미지 클립 길이 : 7.00, 오버레이 : 후광 프레임(내부 반경 : 45),
                  클립 트랜지션 : 문 열기(오버랩, 재생 시간 : 1.00)
  • '이미지1.jpg' ⇒ 이미지 클립 길이 : 5.00, 오버레이 : 난기류(밝기 강도 : 60, 속도 : 60),
                  클립 트랜지션 : 왼쪽으로 스크롤(앞으로 이동, 재생 시간 : 2.00)
  • 지시사항이 없는 경우는 기본 값을 적용하시오.

▶ 다음 조건에 따라 동영상 시작 부분에 텍스트를 지정하시오.
  • 텍스트 입력 : 증기로 움직이는 기계
                  (Steam-operated Machines)

  텍스트 서식(휴먼엑스포, 크기 100, e3fe37), 윤곽선 설정(색상 : ff0000, 두께 : 20),
  나타나기(오른쪽으로 닦아내기, 지속 시간 : 2.00), 시작 시간(0.00), 텍스트 클립 길이(5.00)

▶ 다음 조건에 따라 동영상 전체에 음악 파일('음악.mp3')을 삽입하시오.
  • 시작 시간 : 0.00, 재생 시간 : 30.20, 페이드 아웃 : 3.00
  • 재생 시간 설정 후 자르기 하여야 하며, 잘라진 뒷부분의 음악 파일은 삭제할 것

동영상 파일 저장	① [파일]-[프로젝트 전체저장]을 눌러서 저장 ② 저장위치 : [바탕화면]-[KAIT]-[제출파일]	
동영상 파일명	GMEP	dpi_03_수검번호(6자리)_성명	※ 예시 : 수검번호가 DPI-XXXX-123456인 경우 "dpi_03_123456_성명"으로 저장할 것

※ 파일 확장자를 'GMDP'로 저장할 시에는 "0점" 처리됩니다.

memo